Frank Naumann, geboren 1956 in Leipzig, 1977 bis 1982 Studium der Philosophie, Psychologie und Biologie an der Humboldt-Universität zu Berlin. 1984 Dissertation, 1989 Habilitation zu philosophischen Themen der Naturwissenschaften. Von 1989 bis 1998 arbeitete er als Kommunikationspsychologe an der Humboldt-Universität zu Berlin. Seitdem ist er freier Autor. Frank Naumann ist Autor der rororo-Sachbücher «Die Kunst des Smalltalk» (60847), «Miteinander streiten» (19795) und «Die Kunst der Diplomatie» (61570).

Frank Naumann

Die Kunst der Sympathie
Die selbstbewusste Art, sich beliebt zu machen

Rowohlt Taschenbuch Verlag

Originalausgabe
Lektorat Bernd Gottwald
Veröffentlicht im Rowohlt Taschenbuch Verlag,
Reinbek bei Hamburg, August 2007
Copyright © 2007 by Rowohlt Verlag GmbH,
Reinbek bei Hamburg
Umschlaggestaltung ZERO Werbeagentur, München
(Foto: Pando Hall/Getty Images)
Satz Adobe Garamond PostScript (InDesign)
Gesamtherstellung Clausen & Bosse, Leck
Printed in Germany
ISBN 978 3 499 62239 7

Inhalt

Einführung 9
   Wie der Sympathie-Faktor
      über das Lebensglück entscheidet 9
   Keine Begegnung ohne Sympathie-Check 10
   Ist Beliebtheit Schicksal? 13

Schritt 1:
Erkennen Sie, wie Sympathien
und Antipathien entstehen 16
   Die drei Stufen sozialen Erfolgs 16
   Das Rätsel der gleichen Wellenlänge 18
   Das Prinzip des I-Sharing 19
   Äußere, soziale und subjektive Ähnlichkeit 21
   Das Wunder der Spiegelneuronen 23
   Auf die Leidenschaft kommt es an 24
   Die sechs Trümpfe beliebter Menschen 26
   Das Drama innerer Zerrissenheit 32
   Die fünf Quellen der Antipathie 35
   Die Rolle von Schönheit und Prestige 40
   Sympathiefischer und Einzelkämpfer 41

Schritt 2:
Testen Sie Ihre Sympathiewerte 44
   Wo liegen Ihre Sympathiestärken und -defizite? 44
   Test: Wie beliebt sind Sie? 46
   Quantitative Auswertung 51
   Qualitative Auswertung 52
   Wie viel Sympathie herrscht in Ihren
      Beziehungen? 57

Schritt 3:
Experte, Anführer oder guter Freund –
finden Sie die richtige Balance 59
    Autorität schafft Abstand 59
    Sympathie ist wichtiger als Können 62
    Drei Quellen für fehlende Beliebtheit im Team 64
    Sieben vermeidbare Sympathiebremsen 65
    Vier extreme Führungstypen 70
    Die fünf Trümpfe starker Anführer 75
    Drei Zusatztipps für Experten 79

Schritt 4:
Schüchtern, forsch oder selbstsicher –
beseitigen Sie Kontaktbarrieren 82
    Was ein stilles Mäuschen und ein sturer Bock
      gemeinsam haben 82
    Massenphänomen Schüchternheit 83
    Ausweichen und provozieren – zwei Teufelskreise 85
    Neue Gewohnheiten statt starker Wille 87
    Überprüfen Sie Ihre Einstellungen 89
    Mit fünfzehn Übungen vom Kontaktmuffel
      zum Kontaktprofi 92
    Zusatzübung: Nie mehr ignoriert werden 98
    Wie Sie Hemmschwellen leichter überwinden 100
    Mit Smalltalk Kontakte ausbauen 101

Schritt 5:
Bauen Sie sich ein Sympathie-Image auf 104
    Wie wir uns ein Bild von anderen Personen machen 104
    Starten Sie mit Ihrem Markennamen 106
    Erkennen Sie Ihre Stärken und Schwächen 108
    Filtern Sie Ihre drei wichtigsten Eigenheiten heraus 109
    Bestimmen Sie Ihren Sympathietyp 112
    Erproben Sie Ihr neues Sympathie-Image
      in der Praxis 116

Schritt 6:
Knüpfen Sie ein Netz aus Zuneigungen 119
  Quantität bringt Qualität 119
  Ermitteln Sie Ihre Wunschkontakte 121
  Sechs Ecken hat die Welt 123
  Der «Würde-er-wirklich»-Test 124
  Die drei Hürden erfolgreichen Networkings 125
  Die besten Kontakttipps der Netzwerkprofis 127
  Weitere Gelegenheiten der Kontaktsuche 129
  Wie Sie die richtigen Kontakte auswählen 130
  Namen merken – die Dialog-Methode 133
  Namen merken – die Profi-Methode 135
  Kontaktpflege leicht gemacht 137

Schritt 7:
Optimieren Sie Ihre Körpersprache 141
  Ähnlichkeit ist wichtiger als Schönheit 141
  Nutzen Sie den Ganzheitseffekt 143
  Beliebtheit ist eine Frage des Stils 144
  Gerade – wegen der Haltung 147
  Ein kurzes Lächeln, ein klarer Blick 150
  Was einen Händedruck sympathisch macht 154
  Kommen Sie näher, indem Sie Abstand halten 156
  Gute Stimme schafft gute Stimmung 158

Schritt 8:
Führen Sie das Sympathiegespräch 163
  Wenn das Gehirn Fehlalarm auslöst 164
  Für den ersten Eindruck gibt es keine
    zweite Chance 165
  Warum Argumente Sympathie kosten 167
  Die Kunst der offenen Frage 169
  Zuhören ist gut, Umschreiben ist besser 171
  Warum wir ausrasten 174
  Auf die Art des Streits kommt es an 176

Vom zerstörerischen Zank zum fairen Streit 177
Streiten und dabei Sympathie gewinnen 179
Sieben magische Sätze,
    die Ihnen Zuneigung verschaffen 181

Schritt 9:
Überwinden Sie Sympathiehürden 183
Kampfplatz Alltag 183
Die fünf häufigsten Peinlichkeiten 184
Wie Sie elegant aus dem Fettnapf springen 186
Der Umgang mit unsympathischen
    Zeitgenossen 188

Schritt 10:
Entfalten Sie Ihre Sympathie im Alltag 199
Ihr Zwei-Wochen-Sympathie-Einsteigerprogramm 199

Literatur 207

Einführung

«Karin?»

«Kann ich dir helfen, Peggy?»

«Ich muss hier einen spanischen Namen schreiben, Nuñoz. Da brauche ich ein ‹n› mit einer Wellenlinie drüber. Wo finde ich das auf der Tastatur?»

«Keine Ahnung. Frag doch unsern Computerfreak, den Boeckmann.»

«Besser nicht, der hat so eine unsympathische Art an sich. Lieber suche ich in der ‹Hilfe› vom Textprogramm ...»

Haben Sie auch schon Gespräche dieser Art erlebt? Wir überlegen uns sehr genau, wen wir um Rat fragen. Was lässt uns den Kontakt zu dem einen suchen, zu einem anderen aber vermeiden? Wenn Sie mit einem Satz sagen sollten, was Sympathie ausmacht – wüssten Sie auf Anhieb eine Antwort?

Gewöhnlich antworten wir: «Auf einer Wellenlänge liegen» oder «Wenn die Chemie stimmt». Aber das sind auch nur Umschreibungen für ein intuitives Gespür, dessen Gründe wir nicht genau benennen können. Vielleicht ist Peggys Kollege Boeckmann wenig hilfsbereit. Möglicherweise zögert Peggy aber, weil Boeckmann im Gegenteil auf jede Gelegenheit lauert, seine Kompetenz unter Beweis zu stellen. Weil er ellenlange, belehrende Vorträge hält. Vielleicht gibt es aber überhaupt keine fassbaren Gründe für Peggys Abneigung. Und wenn Peggy sie nicht kennt – woher soll dann der arme Boeckmann wissen, warum er bei seiner Kollegin auf Ablehnung stößt?

Wie der Sympathiefaktor über das Lebensglück entscheidet

Jeder von uns hat schon Zurückweisungen erlebt. Ohne sich die Gründe erklären zu können. Das kann jeden Lebensbereich betreffen:

- *Freundeskreis.* Kennen Sie Menschen, die weniger geistreich und verständnisvoll sind als Sie, aber viel mehr Telefonanrufe und Einladungen bekommen? Wie schaffen es manche Zicken und Stiesel, so viele nette Leute um sich zu scharen?
- *Beruf.* Die einen bewerben sich einmal und werden sofort eingestellt. Andere sind fleißig und hochqualifiziert, werden auch zu Vorstellungsgesprächen eingeladen – die Firma nimmt jedoch jemand anderes mit einem Durchschnittszeugnis. Ihre Begründung: «Er passt besser in unser Team.»
- *Liebe.* Manche sehen nicht gut aus, kleiden sich nachlässig und haben auch nicht viel auf dem Kasten. Trotzdem müssen sie nicht nach der großen Liebe suchen, weil sie von Singles geradezu umlagert werden. Andere kleiden sich stilvoll, haben ein halbes Dutzend Flirtratgeber gelesen, befolgen alle Tipps aufs i-Tüpfelchen genau und landen doch keinen Treffer. Sobald sie jemanden ansprechen, handeln sie sich abschätzige Blicke und einen Korb nach dem anderen ein.

Sie können kompetent sein und über die besten Umgangsformen verfügen – ohne den S(ympathie)-Faktor läuft nichts! Ob Urlaubsflirt oder Geschäftsabschluss – der S-Faktor regiert überall, wo Menschen einander begegnen. Die gute Nachricht lautet: Von heute an brauchen Sie seine Wirkung nicht mehr dem Zufall zu überlassen. Sie können ihn genauso trainieren wie Höflichkeit, Redegewandtheit und andere soziale Fähigkeiten. Alles, was Sie dazu wissen müssen, finden Sie in diesem Buch. Beginnen wir am Anfang – bei den ersten Sekunden, die über Sympathie und Antipathie entscheiden.

Keine Begegnung ohne Sympathie-Check

Wenn Sie fremde Menschen treffen, führen Sie einen schnellen Sympathietest durch. Jeder von uns tut es. Meistens bemerken wir es nicht einmal. Wir prüfen einander unbewusst. Sie entscheiden auf einen Blick, wie gut Sie die Fremden leiden können, die Ihnen begegnen. Sie wissen im Nu, wen Sie nett und vertrauenswürdig finden. Und zu wem Sie lieber auf Abstand gehen. Die amerikanischen Forscher Janine Willis und Alex Todorov von der Princeton Universität fanden 2006 im Experiment heraus, dass dieser Bewertungsprozess nur eine Zehntelsekunde dauert. Ein kurzer Blick auf ein Foto genügte. Und schon wussten die Versuchsteilnehmer, ob die abgebildete Person attraktiv, sympathisch, vertrauenswürdig, kompetent oder aggressiv war – oder nicht. Längeres Hinschauen veränderte ihre Einschätzung nicht mehr. Die Teilnehmer wurden sich lediglich immer sicherer, dass ihr spontanes Soforturteil richtig war.

Der Haken an der Sache ist: Nicht nur Sie urteilen so. Ihre Mitmenschen fällen vergleichbare Urteile über Sie. Doch selbst wenn der erste Eindruck misslang: Sie können durch Ihr weiteres Verhalten immer noch Pluspunkte sammeln. Am Ende kommen Sie mit manchen gut klar, mit anderen leider nicht. Zum Glück beruht Sympathie oft auf Gegenseitigkeit. Die Personen, die Sie mögen, mögen auch Sie.

Manchmal aber geht die Sache schief. Eine wichtige Person, deren Unterstützung Sie brauchen, verweigert Ihnen Ihre Sympathie. Schlimm, wenn es sich um den Mann/die Frau Ihrer Träume handelt. Oder einen Personalchef, der Sie zum Bewerbungsgespräch eingeladen hat. Ihre Argumente sind treffsicher, Ihre Referenzen und Zeugnisse hervorragend – wenn die Chemie nicht stimmt, kriegt Ihren Traumjob ein anderer. Es gibt keine Instanz, bei der Sie sich beschweren können. Gegen Antipathie helfen keine Anwälte und keine Paragraphen. Auf diesem Feld herrscht keine Gerechtigkeit. Hier entscheidet das Unbewusste, die Intuition. Sie können nur hoffen, dass Sie zu der nächsten Person, an die Sie sich wenden, einen besseren Draht finden. Oder einen Dreh entdecken, um mehr Sympathie auszustrahlen. Die besten Methoden stelle ich Ihnen in diesem Buch vor. Sie brauchen nicht alle zu beherrschen und anzuwenden. Suchen Sie sich aus, welche am besten zu Ihnen passen. Oft genügt schon eine einzige, um den sozialen Erfolg nachhaltig zu verbessern.

Zunächst möchte ich mit einer Legende aufräumen, die sich hartnäckig in vielen Köpfen hält. Sie besagt, ein Mensch sei von Natur entweder sympathisch – oder er sei es eben nicht. Weil Sympathie mit dem Unbewussten zu tun habe, sei sie bewussten Änderungen nicht zugänglich. Falsch! Seit Sigmund Freud vor über 100 Jahren seine *Traumdeutung* veröffentlichte, ist klar: Unbewusste Vorgänge können bewusst gemacht und dann beeinflusst werden. Das gilt auch für die Sympathie. Wenige Änderungen in Ihrem Auftreten genügen – und Ihre Mitmenschen werden Sie mit freundlicheren Augen betrachten. Haben Sie sich oft vergeblich um Kontakte bemüht? Wenn Sie anwenden, was Sie in diesem Buch erfahren, können Sie den Spieß umdrehen. In Zukunft werden Ihre Mitmenschen um Ihre Zuneigung kämpfen.

Wer wenig Sympathien empfängt, führt ein trauriges Leben. Oft ohne eigene Schuld. Meine Klassenkameradin Katrin war so ein Fall. Sie war weder zickig noch hässlich. Dennoch hatte sie keine Freunde. Die Mädchen spotteten, die Jungs übersahen sie. Klassenfeten erlebte sie in der Rolle des Mauerblümchens. Sie hatte sicherlich wie jeder von uns Interessen und Talente. Aber wir kannten sie nicht. Das Traurige war: Mit der Zeit verinnerlichte sie die Ablehnung ihrer Umgebung. Sie fing an, auf jeden, der sie ansprach, misstrauisch zu reagieren. Damit bestätigte sie das allgemeine Urteil – na bitte, sie ist unsympathisch.

Meine Sympathiewerte waren damals in der Schule auch nicht die besten. Ich war gerade aus dreihundert Kilometer Entfernung hergezogen und sprach einen südlichen Dialekt. Ich war kein Ass in Sport, galt jedoch als Streber, weil ich viel über Büchern hockte. Doch glauben Sie, ich wäre auf die Idee gekommen, mich mit Katrin zu verbünden? Keineswegs. Wie jeder wollte ich mit denen befreundet sein, die ohnehin schon bei allen beliebt waren. Ich brauchte Jahre und eine Wiederbegegnung auf einem Klassentreffen, ehe ich zu einem gerechteren Urteil gelangte.

Einer von denen, die auf der Sonnenseite standen, war Hannes aus der Parallelklasse. Er strahlte so etwas Leutseliges, Liebenswertes aus – man musste ihn einfach mögen. Zugegeben, wenn er den Mund aufmachte, kam selten eine intelligente Bemerkung heraus. Doch wie er seine Banalitäten äußerte, bezauberte jeden. Hausaufgaben sollte man lieber nicht bei ihm abschreiben, wenn man eine gute Note wollte. Wenn aber Hannes seine Aufgaben vergessen hatte, hielten ihm mindestens fünf von uns ihr Heft hin. Einmal trafen wir uns zum Fußball, aber Hannes meinte: «Ich würde lieber schwimmen gehen.» Sofort ließen wir den Ball fallen und stürzten uns eine halbe Stunde später gemeinsam in die Fluten des nahe gelegenen Sees.

Ist Beliebtheit Schicksal?

Unser Selbstwertgefühl führt insgeheim eine Strichliste. Jedes Mal, wenn es auf Zuneigung trifft, blüht es auf. Wir fühlen uns gut und anerkannt. Wenn wir dagegen auf Ablehnung stoßen – vor allem, wenn sie uns scheinbar grundlos trifft –, erhält unser Ego einen Dämpfer. Selbstzweifel melden sich: Womit habe ich diese Zurückweisung verdient? Was stimmt nicht mit mir? Beschränkt sich die Ablehnung auf Einzelfälle, versuchen wir das Erlebnis schnell zu vergessen. Doch wenn sich diese Fälle wiederholen, sinkt das Selbstvertrauen.

In unserer heutigen Gesellschaft verschärft sich dieses Problem. Tiefere persönliche Kontakte sind seltener geworden. Viele Begegnungen finden nur noch im Internet oder per SMS statt. In Schriftform kann man leicht eine angenehme Persönlichkeit vortäuschen. Das kennt jeder, der schon einmal längere Zeit über Online-Partnerbörsen nach der großen Liebe gesucht hat. Dort präsentieren sich lauter tolle Typen. Deswegen verläuft die erste persönliche Begegnung häufig so ernüchternd. Signale der Sympathie benötigen den direkten Blick von Angesicht zu Angesicht. Je seltener persönliche Begegnungen stattfinden, desto weniger Bestätigung erhält das Selbstwertgefühl.

Laut einer Befragung des BAT-Freizeitforschungsinstituts halten 95 Prozent aller Deutschen Freunde wichtig für ihr Leben. Freunde übertreffen damit die Familie – die halten nur 88 Prozent für wichtig. Nach dem Grund müssen wir nicht lange suchen: Freunde finden einander garantiert sympathisch. Bei Familienmitgliedern ist das nicht unbedingt der Fall.

Freunde spielen nicht nur im Privatleben eine wichtige Rolle. Sie sind zugleich der entscheidende Karrierefaktor. Dorothea Assig, Beraterin von Topmanagern, bestätigte: «Ab einer bestimmten Ebene werden Positionen fast nur über persönliche Kontakte besetzt.» Ohne die Sympathie der entscheidenden Leute läuft da gar nichts.

Gute Freunde werden auch deshalb so hoch geschätzt, weil sie selten sind. Eine Befragung der Universität Bielefeld ergab: Knapp 75 Prozent der Deutschen halten es für immer schwieriger, echte Freunde zu finden. Die Zahl der Menschen wächst, die keinen einzigen nahen Freund haben. Andere beklagen, dass Ihre Freunde zu wenig Zeit für sie haben. Falls es Ihnen ähnlich geht, befinden Sie sich in großer Gesellschaft. Mindestens jeder zweite wünscht sich mehr Zuwendung, mehr Unterstützung von Freunden und Kollegen. Viele schauen mit Neid auf beliebte Zeitgenossen, die beim Flirt oder bei Bewerbungsgesprächen scheinbar mühelos einen Sieg nach dem anderen erzielen. Falls angesichts solcher Sonntagskinder auch Sie gelegentlich Selbstzweifel plagen: In diesem Buch erfahren Sie, wie Sie den gleichen Erfolg erreichen können.

Sympathie entsteht weder aus Attraktivität noch aus Kompetenz. Beliebte Leute sind im Schnitt nicht schöner oder klüger als andere. Sie sind auch nicht die besseren Menschen! Denken Sie nur einmal an bekannte Filmhelden. Einige der übelsten Bösewichter der Leinwand wecken Sympathie und faszinieren uns. Das gibt es auch im wahren Leben. Hochstapler, Betrüger und manche kriegslüsterne Politiker waren nur deshalb so erfolgreich, weil sie sich auf die Sympathien ihrer Mitbürger stützen konnten.

Wie weit liegt Sympathie in den Genen? Einigen scheint die Fähigkeit, Sympathie zu wecken, in die Wiege gelegt zu sein. Mit ihnen wollte schon im Vorschulalter jedes Kind befreundet sein. Dennoch liegt dem keine angeborene Begabung zugrunde. Es handelt sich um eine erlernte soziale Fähigkeit. Sie besteht aus einem Bündel einfühlsamer zwischenmenschlicher Verhaltensweisen und zeigt sich in dem Geschick, auf den ersten Blick Vertrauen zu erwecken. Die größten Talente auf diesem Gebiet haben ihre Fähigkeit schon in den ersten Lebensjahren erworben.

Als Kind erwirbt man soziale Intelligenz nebenbei – intuitiv, ohne systematische Unterweisung. Heißt das, für den Erwachsenen ist der Zug abgefahren? Keineswegs. Sie können den Lernprozess ohne weiteres nachholen. Allerdings benötigen Sie als Erwachsener ein systematisches Lernprogramm.

Ich habe für Sie einen solchen Plan zusammengestellt und in zehn Schritte gegliedert. Mit ihm erlangen Sie gegenüber dem intuitiven Lernen eines Kindes auch Vorteile. Sie lernen bewusst. Sie erwerben nicht nur die Fähigkeit, Sympathie auszustrahlen, sondern wissen am Ende auch, wie und warum sie es tun. Sie können nun Ihre Sympathie zielgerichtet einsetzen und überlassen nicht dem Zufall, bei wem Sie sich auf welche Weise beliebt machen.

Schritt 1:
Erkennen Sie, wie Sympathien und Antipathien entstehen

Haben Sie sich auch schon mal gewundert, was Menschen alles unternehmen, um die Anerkennung ihrer Mitmenschen zu erlangen? Sie klettern in eisige Höhen, schwimmen durch den Ärmelkanal oder radeln um die Welt. Andere investieren viele tausend Euro, um sich das Gesicht und die Figur auf dem OP-Tisch straffen zu lassen. Oder schauen Sie in das Guinness-Buch der Rekorde. Es berichtet von Wettbewerben im Weitspucken, Vielessen und Dauerknutschen. Um seinen Namen als Weltrekordler zu verewigen, malt der eine Gemälde, so riesig, dass niemand sie mit einem Blick erfassen kann. Ein anderer schnitzt ein Frauenporträt in ein Reiskorn und zwingt den Betrachter, ein Mikroskop zu Hilfe zu nehmen, um das Kunstwerk würdigen zu können.

Vielleicht treibt diese Leute echte Begeisterung für das, was sie tun? Schon möglich – aber warum frönen Sie dann Ihrer Leidenschaft nicht in aller Stille? Reinhold Messner schwärmt von der Ruhe abgeschiedener Berge – aber er tut das in aller Öffentlichkeit, in Büchern, Filmen und Talkshows. Millionen wissen von seinen erfrorenen Zehen, seinem verunglückten Bruder und seiner Suche nach dem Yeti. Ein Formel-1-Rennfahrer wiederum liebt schnelle Autos. Doch vor allem möchte er ein Sieger und Medienheld sein. Was Menschen unternehmen, um Aufmerksamkeit zu bekommen, ist so verschieden wie ihre Interessen. Die Suche nach Bewunderung ist ihnen gemeinsam.

Die drei Stufen sozialen Erfolgs

Recht verschieden ist auch der Erfolg ihrer Anstrengungen. Etwas vereinfacht können wir drei Stufen unterscheiden:

Aufmerksamkeit. Wenigstens für einige Minuten alle Augen auf sich ziehen – das gelingt auch ohne besonderes Talent. Es genügt schon, den Klassenclown zu spielen. Oder Eltern und Lehrer mit exzentrischer Kleidung und schrägem Verhalten zu provozieren. Mit ein bisschen Glück winkt sogar ein Kurzauftritt in einer Talkshow im Fernsehen, wo der Kandidat das Publikum mit abseitigen Behauptungen schocken darf. Die Videoaufzeichnung kann er dann noch jahrelang seinen Freunden vorspielen und sich in der Erinnerung an seinen kurzen Ruhmesmoment sonnen.

Anerkennung. Diese nächste Stufe ist kaum ohne Leistung zu erreichen. Einigen hilft ein herausragendes Talent. Andere trainieren jahrelang, um auf einem Gebiet besser zu sein als die anderen. In den meisten Fällen führt eine Mischung von Begabung, Zeitaufwand und Schweiß zum Ziel. Aber uneingeschränkte Anerkennung ist selten. In die Bewunderung kann sich Neid mischen, aber auch Ablehnung der Art und Weise, wie der Erfolg erzielt wurde. Denken Sie nur an manche Politiker, Manager – oder Promis wie Dieter Bohlen.

Beliebtheit. Bewundert und zugleich gemocht werden – das ist das Höchste, was ein Einzelner erreichen kann. Eine Person, die Sympathie ausstrahlt, erlangt mehr als Lob wegen ihrer Leistungen. Sie wird zum menschlichen Vorbild, dem andere nacheifern.

Wer allgemein beliebt ist, für den sind die ersten beiden Stufen – Aufmerksamkeit und Anerkennung – nicht mehr so wichtig. Wenn mir überall die Sympathien meiner Mitmenschen entgegenfliegen – wozu soll ich mich dann noch extra anstrengen? Wer schon jede Menge Sympathien besitzt, muss sich nicht mehr beweisen. Er ist immer von Menschen umgeben, die ihn lieben.

Stellen Sie sich dagegen einen Teenager vor, der vom Starruhm träumt. Er hofft nicht nur auf Millionen verkaufte CDs und kreischende Fans. Er malt sich auch die Verblüffung seiner Klassenkameraden aus. Er stellt sich ihre Gedanken vor: «Warum sind wir nur so blind gewesen! Da haben wir Tag für Tag neben ihm gesessen und nichts von seinem Supertalent geahnt. Oh, wie schämen wir uns, dass wir ihn ausgelacht und ständig übersehen haben!»

Die öffentliche Anerkennung soll mangelnde Beliebtheit im privaten Umfeld kompensieren. Deswegen begegnen wir in den Medien so vielen eitlen Leuten, die vor allem eine Botschaft verkaufen wollen: «Ich bin wichtig! Bewundert mich!» Wer sich der Sympathien seiner Mitmenschen sicher ist, braucht sich an diesem Gerangel nicht zu beteiligen.

Das Rätsel der gleichen Wellenlänge

Kurioserweise führt gerade das Streben nach Sympathie dazu, dass sich viele Menschen alle Sympathien verscherzen. Denn wer sich in den Vordergrund drängelt, tritt oft anderen auf die Füße. Das mögen wir nicht. Wir weisen den Wichtigtuer in seine Schranken. Der ist gekränkt. Er wollte doch nur auf sich aufmerksam machen. Er wollte zeigen, was für ein toller Typ er ist. Warum will niemand seine Botschaft hören?

Das gegenteilige Verhalten hilft auch nicht weiter. Wer sich still und unauffällig im Hintergrund hält, wird übersehen. Wenn Sie niemand bemerkt, kann Sie auch niemand sympathisch finden. In dem Wort «bemerkt» steckt «merken». In der doppelten Bedeutung von «fühlbar sein» (ich merke etwas) und von «im Gedächtnis haften bleiben» (ich merke mir etwas). Echter Sympathie gelingt der Spagat: Sie wird – in diesem doppelten Wortsinn – von jedermann bemerkt. Obwohl sie sich nicht in den Vordergrund drängt und sich auch nicht im Hintergrund verborgen hält.

Wie schafft sie das? Bis vor kurzem stand die Wissenschaft hier vor einem Rätsel. Ich erinnere mich an einen Vortrag, den ich als Student hörte. Professor Günter Tembrock, eine Koryphäe der Verhaltensbiologie, sprach über die erblichen Grundlagen menschlichen Handelns. Die anschließende Diskussion streifte das ganze Feld unseres Verhaltens, von Sex über Begabung bis zu Intelligenz. Der Professor hatte auf alle Fragen eine Antwort. Doch schließlich erkundigte sich eine ältere Dame nach der Biologie der Sympathie. Das war die einzige Frage, vor der Tembrock kapitulierte: «Darüber wissen wir so gut wie nichts. Ich spüre wie Sie, dass da etwas ist, was in uns vor aller rationalen Überlegung in Sekundenschnelle über Zuneigung und Ablehnung entscheidet. Aber ich kann Ihnen nicht sagen, was das ist. Wir haben keine Studien dazu.»

Das ist mehr als zwanzig Jahre her. Tembrocks Ratlosigkeit hatte mich so beeindruckt, dass ich seitdem alles gesammelt habe, was Forscher und Praktiker über Sympathie herausfanden. Bis heute sind nicht alle Fragen geklärt. Aber was sympathische Menschen anders machen als weniger beliebte, kann ich Ihnen in diesem Buch verraten. Längst ist bewiesen, dass Sympathie im Leben unschlagbare Vorteile bietet. Finden wir jemanden sympathisch, helfen wir ihm aus der Verlegenheit, wenn er in eine peinliche Lage gerät. Das belegt eine Umfrage, die die *Apotheken Umschau* im August 2006 veröffentlichte. Über vier Fünftel der Deutschen – 83,2 Prozent – versuchen, sympathischen Personen beizustehen, wenn sie ins Fettnäpfchen treten. Ganz anders ist die Einstellung zu unsympathischen Zeitgenossen. Da halten 72,9 Prozent Schadenfreude und Spott für gerechtfertigt.

Wer beliebt ist, kann Ziele verwirklichen, die andere trotz geballter Kompetenz nie erreichen. Denn der Sympathische hat allen Übrigen einen Trumpf voraus – die Unterstützung seiner Mitmenschen. Was er nicht weiß, wissen seine Freunde. Sie stellen ihm ihr Können gern zur Verfügung. Damit ist er jedem Einzelkämpfer entscheidende Schritte voraus.

Das Prinzip des I-Sharing

Vor 35 Jahren hatte der amerikanische Sozialpsychologe Donn Byrne eine geniale Idee. Er bat Studenten, einen Fragebogen auszufüllen. Es ging um simple Alltagsfragen wie: Treiben Sie gern Sport? Mögen Sie klassische Musik? Sollen Kinder streng oder eher lässig erzogen werden? Halten Sie Krieg als Mittel der Politik für gerechtfertigt? (Es war die Zeit des Vietnamkrieges.)

Einige Wochen später bestellte Byrne die Studenten zu einem zweiten Termin. Er legte ihnen den gleichen Fragebogen noch einmal vor

– aber bereits ausgefüllt, von anonymen Dritten. Aufgrund der Antworten sollten sich die Studenten ein Bild von den Fremden machen, die den Bogen beantwortet hatten. Es ergaben sich zwei erstaunliche Resultate:

1. Obwohl die Studenten die Personen, die diese Bögen ausfüllten, nie gesehen hatten, gaben sie ohne Zögern ein Urteil ab, wen sie sympathisch fanden und wen nicht.
2. Ihre Sympathie hing nur von der Übereinstimmung der Bögen mit ihren eigenen Antworten ab, die sie ein paar Wochen zuvor selbst auf die gleichen Fragen gegeben hatten. Je ähnlicher die Meinungen der Fremden mit ihren eigenen Antworten ausfielen, desto sympathischer fanden sie sie.

Was die Studenten nicht wussten – es gab gar keine anonymen Dritten. Alle Fragebögen der zweiten Runde waren von Donn Byrne selbst oder von seinen Mitarbeitern ausgefüllt worden. Nach einem vorgegebenen Schlüssel erhielten die Studenten Bögen zugeteilt, die mit ihren eigenen Antworten stark, mittelmäßig oder wenig übereinstimmten. Durch dieses Vorgehen konnte Byrne nachweisen, dass es nur auf den Faktor Ähnlichkeit ankam und nicht auf «richtige» Antworten. Wer zum Beispiel allzu strenge Kindererziehung ablehnte, war nicht automatisch beliebter, weil er die sympathischere Antwort gegeben hatte. Es kam vielmehr darauf an, ob der andere in dieser Frage genauso dachte.

Später haben Byrne und andere Forscher den Versuch mit anderen Berufsgruppen, unterschiedlichen Generationen und sogar fremden Kulturen wiederholt. Immer wieder fanden sie: je größer die Ähnlichkeit, desto größer die Sympathiewerte. Dieses Prinzip erhielt den wissenschaftlichen Namen «I-Sharing». Es bedeutet so viel wie «am Ich des anderen teilhaben». Es wirkt sogar in der Liebe. Das verblüfft zunächst, weil ja gerade die Verschiedenheit der Geschlechter Männer und Frauen füreinander attraktiv macht. Wir finden oftmals eine Person anziehend, die anders ist.

Beispielsweise Anja. Sie hält pedantisch Ordnung und ist noch nie zu spät zu einem Termin gekommen. Sie ist fasziniert von Philipp, der spontan in den Tag hineinlebt. Doch auch sie folgt dem Gesetz der Ähnlichkeit. Im Fragebogen hätte sie Spontaneität positiv bewertet, obwohl – oder gerade – weil sie selbst wenig davon besitzt. Nach einigen Rendezvous mit Philipp lernt sie jedoch die Schattenseiten seiner Lebenslust kennen. Er hat sie mehrmals über eine halbe Stunde allein im Restaurant warten lassen. An einem Abend hat er sie gar komplett versetzt. Die mitleidigen Blicke der Kellner, als sie nach einer Stunde immer noch mit der Bestellung warten wollte – nie wieder! Nach vier Wochen war die große Liebe zu Ende.

Äußere, soziale und subjektive Ähnlichkeit

Die Psychologen Werner Langenthaler und Regina Maiworm organisierten ein aufschlussreiches Experiment. Sie luden eine größere Gruppe von Frauen und Männern in die Universität Münster ein. Sie baten nun ihre Studenten zu erraten, welche dieser Frauen und Männer als Paar zusammengehörten. Um die Aufgabe zu erschweren, traten alle Frauen und Männer in einheitlichen Trikots auf. Die Studenten fanden öfter die richtigen Paare heraus, als es durch Zufallsraten möglich gewesen wäre. Wie war ihnen das gelungen? Sie hatten einfach ähnliche Personen zueinandergestellt. Dicke zu Dicken, Kleine zu Kleinen und gut Aussehende zu anderen gut Aussehenden. Das heißt, sie gingen intuitiv von der naiven Annahme aus, dass äußerlich Ähnliche auch seelisch auf einer Wellenlänge liegen. Sie lagen damit in vielen Fällen richtig.

Stellen Sie sich vor, Sie laden von zehn privaten Homepages im Internet die Fotos der Eigentümer herunter und drucken sie aus. Mit diesem Material organisieren Sie auf Ihrer nächsten Party folgendes Spiel: Sie fragen Ihre Gäste, welche der abgebildeten Personen sympathisch sind und warum. Als Erstes wird Ihnen auffallen, dass alle bereit sind, sofort ein Urteil abzugeben. Ohne die geringste Spur von Unsicherheit. Über Leute, von denen sie nichts weiter kennen als ein Foto! Als Zweites achten Sie auf die Begründungen Ihrer Gäste. Da bekommen Sie Sätze zu hören wie:

«Wie der guckt und die Augenbrauen ... vom dem würde ich keine Versicherung kaufen.»

«Der hat so einen Zug um den Mund – der führt was im Schilde!»

«Schau nur, wie treuherzig der in die Kamera schaut. Der kann bestimmt keiner Fliege was zuleide tun.»

Solche Antworten beweisen zwei Dinge:

1. Wir urteilen schnell und sicher, wer sympathisch ist.
2. Wir wissen aber nicht genau, warum. Unsere nachträglichen Begründungen fallen eher vage aus.

Forscher interessierten sich dafür, wie zuverlässig der erste Eindruck ist. Sie verglichen erste Eindrücke mit den Ergebnissen aus Persönlichkeitstests, denen sie die fotografierten Personen unterzogen. Sie fanden, dass der erste Eindruck zu etwa siebzig Prozent korrekt ist. Deutlich mehr, als bei zufälligem Raten herauskommen würde.

Der größte Teil der Einschätzung kommt unbewusst zustande. Dafür gibt es einen guten Grund. In der Zeit der Jäger und Sammler mussten unsere Vorfahren in Sekundenbruchteilen einschätzen, ob ein plötzlich auftauchender Fremder gute oder böse Absichten hegt. Wer da länger als eine Viertelsekunde überlegte, konnte schon von einem Wurfspeer getroffen worden sein. Nur wer dieses Missgeschick vermied, gehörte zu unseren Vorfahren. Die anderen sind ausgestorben.

Elisabeth Pinel von der Pennsylvania State University ging mit ihren Kollegen noch einen Schritt weiter. Sie unterschied neben der äußeren noch zwei weitere Arten von Ähnlichkeit:

1. *Soziale Ähnlichkeit*: Zwei Personen haben eine ähnliche soziale Herkunft, stammen aus derselben Gegend oder besitzen den gleichen Bildungsgrad. So lernte Gerd auf einer Party Ines kennen: Ihre Eltern waren Lehrer, genau wie seine. Er stammt aus München, sie aus Ingolstadt. Beide haben Abitur, er studiert Informatik, sie Design.
2. *Subjektive Ähnlichkeit*: Zwei Personen haben die gleichen Ansichten, Vorlieben und Abneigungen. Ralf stammt aus Dresden, Johanna aus

Hamburg. Als sie auf der gleichen Party ins Gespräch kamen, erschrak sie im ersten Moment vor seinem sächsischen Akzent. Doch bald merkte sie, dass sie beide Comedians wie Michael Mittermeier und Mario Barth witzig fanden, jeden Dienstag begeistert Grey's Anatomy guckten und von einem Urlaub auf den Seychellen träumten.

Welche Ähnlichkeit ist für die Sympathie entscheidend? Die Forscher brachten ihre Testpersonen mit Leuten zusammen, die ihnen entweder auf der sozialen oder auf der subjektiven Schiene ähnlich waren. Das Ergebnis: Wer Situationen auf gleiche Weise erlebte, fand sich sympathischer. Die subjektive Ähnlichkeit ist der Schlüssel zur Sympathie.

Das Wunder der Spiegelneuronen

Welches ist die sicherste Art, auf einer Partygesellschaft potenzielle Freunde rasch und sicher herauszupicken? Erzählen Sie Ihren Lieblingswitz! Wer ebenso herzhaft lacht wie Sie, ist Ihnen subjektiv ähnlich. Dahinter verbirgt sich eine erstaunliche Leistung Ihres Gehirns. Eine kurze Begegnung genügt, und es erkennt, wer mit Ihnen auf einer Wellenlänge liegt. Wie ist das möglich?

Das Geheimnis lüfteten die Italiener Vittorio Gallese und Giacomo Rizzolatti, zwei Forscher der Universität Parma. 1996 maß Rizzolatti die Gehirnströme von Makaken, während sie mit Gegenständen hantierten. Zufällig bemerkte er, dass ihre Nervenzellen schon Signale losfeuerten, als der Versuchsleiter die Gegenstände in die Hand nahm, also noch bevor die Affen selbst zugreifen konnten. Das war eine Überraschung. Bei bloßem Zuschauen war das Gehirn genauso aktiv wie beim realen Handeln! Mit seinem Kollegen Gallese weitete Rizzolatti die Untersuchungen aus. Ihre nächste Entdeckung: Es waren gar keine Spielzeuge für die Affen notwendig. Es genügte der Anblick eines Artgenossen. Wenn ein zweiter Affe mit den Händen fuchtelte, reagierte das Hirn des ersten Affen, als hätte er selbst die Hände bewegt. Ebenso bei Drohgebärden, Schmerz und vielen anderen Signalen.

Mittlerweile haben die Forscher auch bei uns Menschen spezialisierte Nervenzellen gefunden, die auf das Verhalten eines anderen genauso reagieren wie beim eigenen Handeln. Rizzolatti und seine Kollegen nannten diese besonderen Nervenzellen «Spiegelneuronen». Sie spiegeln das Verhalten anderer. Die beiden Italiener fanden sie zuerst in der Großhirnrinde. Inzwischen weiß man, dass sie überall im Gehirn vorkommen. Sie sind die biologische Basis der Sympathie.

Sie beobachten einen Fremden. Hat Ihr Gehirn die gleichen Handlungsmuster gespeichert, die Sie an ihm beobachten, feuern Ihre Spiegelneuronen. Ihr Gehirn weiß nun: Ich verstehe, was er tut. Es reagiert mit Sympathie. Sie können sich einfühlen. Aber wenn Ihnen sein Verhalten fremd vorkommt? Dann bleiben Ihre Spiegelneuronen stumm. Keine Einfühlung, keine gemeinsame Wellenlänge und keine Sympathie. Dank der Spiegelneuronen finden wir im Nu heraus, wer uns sympathisch ist. Wir können spontan Gefühle anderer verstehen, ohne erst lange über ihre Motive nachdenken zu müssen. Das Gehirn reagiert unmittelbar – ohne Umweg über das Bewusstsein.

Auf die Leidenschaft kommt es an

Der österreichische Schriftsteller Wolf Haas behauptete: «Sympathisch ist ein Mensch, weil man nicht zu viel über ihn weiß.» Der Schauspieler Sir Laurence Olivier meinte sogar: «Nach einigem Nachdenken findet man jeden unsympathisch.» Ist Sympathie etwas Oberflächliches, das bei genauerem Hinschauen verfliegt? Dann wäre tiefe Freundschaft unmöglich. Dennoch steckt in beiden Äußerungen eine kluge Beobachtung: Sympathie entsteht blitzschnell, in Bruchteilen einer Sekunde. Wenn man noch nichts über den andern weiß.

Das Wort «Sympathie» kommt aus dem Altgriechischen. Die Vorsilbe «sym-» bedeutet gemeinsam oder zusammen, das Wort «Pathos» steht für Ergriffensein, Elan, Begeisterung oder Leidenschaft. Sympathie heißt, sich gemeinsam für eine Sache zu begeistern. Ähnliche Interessen genügen nicht. Entscheidend sind die Gefühle! Sympathische Leute fühlen – und motivieren einander – in vergleichbarer Weise.

In den meisten Fällen entscheiden wir blitzschnell, wer uns sympathisch ist. Stimmung und Gefühle können wir dank unserer Spiegelneuronen in weniger als einer Sekunde aus der Mimik und der Körperhaltung ablesen. (Welche das im Einzelnen sind, erfahren Sie in Kapitel 7.) Noch bevor der erste Satz gefallen ist, steht schon ein Urteil fest. Gedanken brauchen dagegen das gesprochene Wort. Sie erfordern ein längeres Gespräch. Die Folgen des schnellen Sympathieurteils: Spätere Informationen interpretieren wir häufig so, dass sie den ersten Eindruck bestätigen.

Versetzen Sie sich in Ihrer Phantasie einmal auf die Geburtstagsfeier eines Freundes. Ein Partygast wirkt ehrlich und warmherzig. Er bevorzugt dieselbe Musik wie Sie und lästert mit Ihnen über die gleichen Promis, die auch Sie nicht mögen. Später erfahren Sie jedoch vom Gastgeber, dass der Mann schon zwei Vorstrafen wegen tätlichen Angriffen hinter sich hat. Ändern Sie nun Ihren ersten Eindruck? Oder sagen Sie sich: Der nette Kerl? Bestimmt war er provoziert worden!

Dann kommen Sie am Büfett mit einem Typ ins Gespräch, der einen unangenehmen Eindruck auf Sie macht. Jedes Mal, wenn Sie ihm widersprechen, ändert er sofort seine Meinung und stimmt Ihnen zu. Was bezweckt der Einschleimer damit? Sie ziehen sich unter einem Vorwand zurück und fragen Ihren Gastgeber, wer das ist. Zu Ihrem Erstaunen erfahren Sie, dass sein Kollege Rolf sich mit Spenden und ehrenamtlicher Tätigkeit in einer Hilfsorganisation engagiert. Angesichts Ihres ersten Eindrucks werden Sie sich fragen, was der Typ damit bezweckt. Will er mit seinem Ehrenamt seine Eignung für eine Führungsposition im Job beweisen? Strebt er ein politisches Amt an? Oder hat er so einen Dreh gefunden, das Finanzamt auszutricksen?

Ein misslungener erster Eindruck ist nur schwer zu reparieren. Weshalb aber weckt der eine sofort angenehme Gefühle in uns, sein Nachbar aber nicht? Das Geheimnis hinter der Sympathie heißt Vertrauen. Meint er ehrlich, was er sagt und tut, oder hegt er irgendwelche Hintergedanken? Muss ich auf der Hut sein oder kann ich mein Herz bedenkenlos öffnen?

Woran erkennen Sie, ob ein Fremder Ihr Vertrauen verdient? Es nützt nichts zu fragen: «Meinst du es ehrlich?» Ihr Gegenüber antwortet immer: «Selbstverständlich!» Deswegen halten Sie nach vertrauenerweckenden Körpersignalen Ausschau: Lächeln, Blickkontakt, offenen Armen, einem zugewandten Oberkörper und Ähnlichem. Einzelne dieser Signale kann man fälschen. Ihr Gegenüber kann absichtlich die Arme öffnen, Ihnen tief in die Augen schauen und seine Mundwinkel zu einem Lächeln zwingen. Wenn Sie genau hinschauen, erkennen Sie, dass die Augen nicht mitlächeln. Das wäre ein Signal, dass die freundliche Miene nur vorgetäuscht ist. Im Alltag schauen wir aber nicht so genau hin! Das wäre auf die Dauer viel zu anstrengend. Wie unterscheiden wir dann falsch von echt? Wir nutzen eine instinktive Regel. Sie lautet: Jeder kann einzelne Signale fälschen, aber niemand alle Signale zugleich.

Wir beurteilen den Gesamteindruck. Passt die gesamte übrige Körpersprache zum Lächeln, dann ist das Vertrauen gerechtfertigt. Gibt es dagegen Widersprüche im Erscheinungsbild, erwacht unser Misstrauen. Zum Beispiel, wenn die Augen lächeln, aber die Füße nervös auf und ab wippen. Oder Ihr Partner zweifelnd die Stirn runzelt, während er Ihnen zustimmt. Er bemerkt seine Widersprüche nicht. Diese Signale bilden sich ohne Nachdenken. Auch der Zuschauer kann selten hinterher benennen, was er beobachtet hat. Er merkt nur: Irgendetwas stimmt da nicht.

Es hat keinen Sinn, absichtlich Sympathiesignale auf Ihr Gesicht zaubern zu wollen. Zu groß ist die Gefahr, dass der Gesamteindruck nicht stimmig ist. Es gibt einen besseren Weg: Wecken Sie in sich Empfindungen der Sympathie – und Ihre Mimik und Gestik wird Sympathie ausstrahlen!

Die sechs Trümpfe beliebter Menschen

Nehmen wir das Lächeln. Sie können noch so lange vor dem Spiegel üben – Ihr Wille wird nur Ihre Mundwinkel anheben können. Die Augen bleiben unberührt. Bei einem echten Lächeln zieht sich der Ringmuskel um die Augen zusammen, und es bilden sich Lachfältchen in den Augenwinkeln. Diesen Muskel kann der Wille nicht kontrollieren.

Es gibt jedoch einen Trick. Denken Sie an eine lustige Begebenheit – einen Witz oder eine Person, die Sie zum Schmunzeln bringt. Was der Wille nicht schafft, gelingt der Erinnerung mühelos. Sie zaubert ein echtes Lächeln auf Ihr Gesicht.

So klappt es auch mit der Sympathie. Sobald Sie das Gefühl in sich wecken, dass Sie Ihre Mitmenschen genauso sympathisch finden wie sich selbst, werden Sie Sympathie ausstrahlen. Doch was genau empfinden wir da? Wir erinnern uns: Sympathie ist eine komplexe Empfindung, deren Bestandteile bis in jüngste Zeit der Forschung unbekannt waren. Bis Elliot Aronson, Psychologe an der University of California in Santa Cruz, in seinen Untersuchungen sieben Faktoren ermittelte: Wir mögen Menschen, die

1. uns nahe sind,
2. ähnliche Ansichten wie wir selbst haben,
3. uns ähnlich sind – von Äußerlichkeiten bis zum Kern der Persönlichkeit –,
4. unsere Bedürfnisse befriedigen und Bedürfnisse haben, die wir erfüllen können,
5. über Fähigkeiten und Kompetenzen verfügen, die wir wertschätzen,
6. über ein angenehmes Auftreten verfügen und schöne Dinge tun und
7. uns mögen.

Floyd L. Ruch und Philip G. Zimbardo, ebenfalls aus Kalifornien, zitierten diese Liste in ihrem Lehrbuch der Psychologie und folgerten: Wir mögen Menschen, die uns maximale Befriedigung geben bei minimalem Aufwand. Einige der von Aronson ermittelten Faktoren – zum Beispiel 1 und 6 – verlangen nach Präzisierung. Was bedeuten «nahe sein» und «angenehmes Auftreten»? Damit haben sich später zahlreiche andere Forscher befasst. Fragt man Freunde und Bekannte von allseits beliebten Personen, warum sie diese so sehr mögen, schälen sich sechs grundlegende Charaktermerkmale heraus:

Emotionale Wärme. Menschen, die man als warmherzig und liebenswürdig beschreibt, sind von positiven Gefühlen durchdrungen. Sie bringen jedem Fremden erst einmal Vertrauen entgegen. Nach ihrer Erfahrung haben fast alle Menschen gute Absichten – auch dann, wenn ihr Verhalten problematisch wirkt. In solch einem Fall interessieren sie sich für ihre Gründe, statt sie pauschal abzulehnen.

Das konnte Richard Wiseman von der britischen Universität von Hertfordshire im Jahre 2005 nachweisen. Er bat Freiwillige, eine Reihe von Fragen zu beantworten wie «Berühren Sie Menschen, wenn Sie sich mit Ihnen unterhalten?» oder «Stehen Sie gerne im Mittelpunkt?». Gleichzeitig sollte eine Jury ihre Ausstrahlung beurteilen. Dabei kristallisierte sich ein klarer Trend heraus: Je besser die Teilnehmer es verstanden, andere an ihren Gefühlen teilhaben zu lassen, desto positiver wirkten sie auf ihre Mitmenschen.

Unsympathisch sind dagegen:

- *Unbeteiligtsein.* Wer seine Mitmenschen mit dem nüchternen Blick eines Chirurgen seziert, wird vielleicht wegen seiner Geistesschärfe bewundert – oder gefürchtet. Der Funke der Sympathie wird nicht überspringen.
- *Kritik.* Wer seine Mitmenschen in erster Linie kritisch beurteilt, ist von negativen Gefühlen durchdrungen. Er sagt damit indirekt: «Zwischen uns gibt es mehr Trennendes als Übereinstimmung.» Ohne gemeinsame Wellenlänge entsteht aber keine Sympathie.

Sachlichkeit. Wer Kränkung und Wut fühlt, neigt zu unsachlichen Argumenten. Man erkennt sie an übertriebener Verallgemeinerung. Der Ehemann hat zum Beispiel versprochen, den Müll runterzutragen, hat es aber in der Eile vergessen. Das ist letzte Woche schon mal passiert. Die Frau ruft in ihrem Ärger: «Typisch. Nie hältst du deine Versprechen ein.» Wenn er sich gegen die Verallgemeinerung verwahrt, legt sie unter Umständen nach: «Und wo sind die Kartoffeln, die du kaufen solltest? Du drückst dich vor der Hausarbeit! Du bist faul!»

Wenige negative Erlebnisse genügen. Schon wird der Partner bei einem erhitzten Streit in Bausch und Bogen verurteilt. Sachliche Menschen vermeiden diese Falle. Sie vergessen nicht die vielen Tage, an denen der Partner seine Versprechen zuverlässig erfüllte.

Konfliktfähigkeit. Trotzdem kehren beliebte Menschen die Probleme nicht unter den Teppich. Sie werfen nicht ununterbrochen mit Komplimenten um sich. Sie ersticken die Unterschiede nicht in einem süßlichen Meer aus aufgesetzter Harmonie. Demonstrative Harmonie ist unglaubwürdig und damit genauso verdächtig wie offene Feindschaft. Aber sie akzeptieren, dass unterschiedliche Menschen unterschiedliche Meinungen haben.

Wer glaubt, dass es in einem Streitfall nur eine akzeptable Meinung geben kann, landet sehr schnell bei der Frage: «Wer hat recht?» Beide denken: «Ich habe recht, und wenn du das schnell einsiehst, werde ich dich sympathisch finden.» Was kommt dabei heraus? Jeder beharrt auf seinem Standpunkt und ärgert sich über die Uneinsichtigkeit seines Partners.

Konstruktive Streiter gehen an den Konflikt anders heran. Sie überlegen sich: «Wir werden beide auf unserer Meinung beharren, da wir beide unterschiedliche Erfahrungen gemacht haben. Wir können beide Gründe für unseren Standpunkt anführen. Reden wir lieber darüber, wie wir dennoch eine gemeinsame, praktikable Lösung finden.»

Auf diese Weise finden sie auch dort Gemeinsamkeiten, wo auf den ersten Blick Trennendes überwiegt.

Einfühlung. Können Sie sich in andere hineinversetzen? Hören Sie aus ihren Worten heraus, was sie in diesem Moment fühlen? Entscheidend ist hier die Fähigkeit, ohne Voreingenommenheit zu beobachten. Zwei Arten von Vor-Urteilen – Informationen, die wir im Voraus besitzen – stören dieses unbefangene Zuhören:

- Ihre eigene Meinung über das Thema beeinflusst Ihr Urteil über den Sprecher. Nehmen wir an, er redet über die Auswirkungen seiner ge-

rade laufenden Ehescheidung auf seine Kinder. Je nachdem, ob Sie selbst Scheidungskind, Mann oder Frau mit Trennungserfahrung sind, werden Sie seine Worte unterschiedlich aufnehmen. Es fällt schwer, die eigene Meinung zunächst beiseite zu lassen und nur die Sorgen des anderen um die künftige Beziehung zu seinen Kindern herauszuhören.
- Frühere Erfahrungen mit dem Sprecher – das, was Sie schon über seinen Charakter wissen – prägen, was Sie aus seinen Worten heraushören. Wenn er sagt: «Was mein Chef da vorhat, ist einfach eine Gemeinheit», könnte das verschiedene Gedanken bei Ihnen auslösen. Bei einem eher depressiven Typ: «Immer muss der jammern.» Bei einem Choleriker, der schnell auf 180 ist: «Jede Kleinigkeit bringt den auf die Palme.» Bei einer ängstlichen Person: «Bei so einem Chef hätte ich längst gekündigt.»

Einfühlung bedeutet, solche Wertungen zu vermeiden. Stattdessen fühlen Sie mit, was der andere gerade fühlt. Das gelingt Ihnen, wenn Sie mit Ihren Emotionen in der Gegenwart bleiben. Wenn Sie keine Kränkungen aus der Vergangenheit abreagieren. So entsteht «Mit-Gefühl», die emotionale Basis der Sympathie.

Nähe mit Freiraum. Durch Einfühlung entsteht emotionale Nähe. Was macht den Umgang mit sympathischen Menschen so angenehm? Sie versuchen, die Gefühle des andern zu verstehen, aber nicht, sie zu dominieren. Sie wahren eine wohlwollende Distanz. Wer dagegen seinen Mitmenschen vorschreiben will, welches die «richtigen» Gefühle sind, macht sich unbeliebt. Beispiele:

«Du hast gerade deinen Job verloren, und da willst du dich amüsieren gehen?»

«Ein braves Mädchen freut sich, wenn es etwas geschenkt bekommt.»

«Wer so denkt, dem sollte man verbieten mitzudiskutieren.»

Beliebte Leute gehen mit Worten wie «sollte», «müsste» oder «nicht dürfen» sparsam um. Sie wissen, wer moralischen Druck ausübt, erzeugt nur Widerstand. Sie versuchen nicht, unangenehme Gefühle zu verbieten oder gute Stimmung zu fordern.

Handlungen kann man untersagen oder erlauben, aber keine Gefühle. Sie können unerwünscht sein – wir empfinden sie dennoch. Gefühle sind frei. Können Sie nachempfinden, dass eine Frau ihren Geliebten manchmal hasst? Oder dass ein Trauernder neben dem Leid auch heimliche Freude empfindet, dass der andere weg ist und er ihn überlebte? Wenn Sie dem andern in solchen Momenten innerlich nah bleiben, festigt sich Ihr Band der Sympathie.

Sicherheit. Beliebte Menschen sind berechenbar. Bei ihnen wissen Sie immer, woran Sie sind. Deswegen fällt es leicht, ihnen zu vertrauen. Bei ihnen sind Sie vor unangenehmen Überraschungen sicher. Denken, Wort und Tat bilden eine Einheit. Diese Übereinstimmung von innerer Haltung und äußerem Verhalten ist ihnen so in Fleisch und Blut übergegangen, dass sie auf den ersten Blick zu erkennen ist. Sie haben nichts zu verbergen. Sympathiebremsen sind dagegen:

- Das eine denken, das andere sagen.
- Das eine sagen, das andere tun.
- Ständige Selbstüberwachung: Wie wirke ich besser, als ich bin?
- Eine vorher sorgfältig geplante Rolle spielen.
- Plötzliche, durch keinen erkennbaren Anlass motivierte Stimmungswechsel.
- Auf die gleichen Situationen und Personen heute so und morgen ganz anders reagieren.

Berechenbar ist nicht das Gleiche wie langweilig. Auch chaotische Personen können Sympathie gewinnen. Vorausgesetzt, sie versuchen nicht, ihre Macke zu verbergen, und man weiß, woran man bei ihnen ist: «Wundere dich nicht, Rosie kommt immer mindestens eine halbe Stunde später. Du wirst sehen, sie wird sich wortreich entschuldigen.» Wenn sie dann nach knapp einer Stunde mit großen Gesten hereinrauscht und eine haarsträubende Geschichte von Unfällen und Stau auf der Stadtautobahn erzählt, zwinkern sich ihre alten Freunde zu: Rosie und ihre Horrorstorys! Sie hatten ebenfalls die Stadtautobahn genommen und waren alle pünktlich bei der Fete eingetroffen.

Das Drama innerer Zerrissenheit
Sympathische Leute sind keine Perfektionisten. Im Gegenteil – dass sie sich zu ihren Schwächen bekennen, macht sie liebenswert. Was ist eine Stärke und was eine Schwäche? Das hängt vom Blickwinkel ab. Rosies Leben ist das reinste Chaos. Ihre Stärken sind daher Spontaneität, Großzügigkeit, Lebensfreude und ihr unkonventioneller Stil. Ihre Schwächen sind ihr Mangel an Pünktlichkeit und ihre Unzuverlässigkeit. Ihre Freundin Karin ist dagegen ein Muster an Ordnung. Sie hält alle Termine und Versprechen ein. Im Gegensatz zu Rosie ist auf sie immer Verlass. Allerdings ist sie auch pedantisch, nicht sehr tolerant und wenig anpassungsfähig.

Menschen mit einem klaren Profil gewinnen leicht Sympathie. Widersprüchliche Charaktere haben es schwerer. Wer gegensätzliche Seiten in sich vereint, wirkt «interessant», aber erzeugt auch Unsicherheit. Nehmen wir Robert. Er betont bei jeder Gelegenheit seine Achtung vor dem Wissen und der Erfahrung seines Vorgesetzten. Gibt der ihm jedoch einen Auftrag, verhält er sich nicht danach. Robert führt keine Aufgabe exakt so aus, wie er soll. Häufig muss ein anderer hinterher seine Eigenmächtigkeiten korrigieren. Das erzeugt nicht nur Reibereien in der Abteilung. Die Kollegen fragen sich auch: Kommt Robert nur mit diesem Chef nicht klar? Oder geht seine kreative Ader mit ihm durch? Steckt in ihm ein heimlicher Rebell? Mangelt es ihm an Selbstdisziplin? Ist er mit seinem Job unzufrieden und will er eine Kündigung provozieren, um nicht selbst kündigen zu müssen?

Widersprüchliche Persönlichkeiten stehen im Mittelpunkt von Romanen, Filmen und Theaterstücken. Es ist die Kunst der Autoren, ihre Motive zu beleuchten und im Laufe der Handlung Sympathie für ihre schwierigen Charaktere zu wecken. Einer der berühmtesten ist der dänische Prinz Hamlet in dem gleichnamigen Stück von Shakespeare.

Der Prinz erhält vom Geist seines Vaters den Auftrag, seinen Mörder und jetzigen Herrscher zu töten. Doch er zögert, zur Tat zu schreiten. Im normalen Leben würde uns ein unentschlossener Typ wie Hamlet auf die Palme bringen. Mit seinem Schwanken zwischen Rache und Vergebung erreichte Hamlet genau das, was er vermeiden wollte. Er löste eine Blutorgie aus, der am Ende unter anderem seine Familie, seine Braut und sein bester Freund zum Opfer fallen. Was würden Sie von einem Kerl halten, der, statt klar zu sagen, was er auf dem Herzen hat, seine Anklage von einer zufällig vorbeikommenden Wandertruppe in Form eines Theaterstücks vortragen lässt? Ein Freund, der zu solchen Winkelzügen greift – würden Sie dem nicht ordentlich die Meinung sagen? Dank Shakespeare können wir uns in Hamlet einfühlen. Und wir verstehen, warum es uns selbst oft schwerfällt, eine klare Entscheidung zu fällen.

In unserem Alltag steht widersprüchlichen Personen kein Shakespeare zur Seite. Sie haben es daher schwer, Vertrauen und Zuneigung zu erlangen. Überlegen Sie selbst: Wenn Sie neben einem Kollegen wie Robert arbeiten müssten, käme eine Reihe von Problemen auf Sie zu. Der Chef könnte Sie beauftragen, ein Auge auf Robert zu haben, damit es beim neuesten Auftrag keinen Ärger gibt. Sie wollen aber weder Kontrolleur noch Spion sein. Oder Sie müssen regelmäßig wieder in Ordnung bringen, was Robert verbockt hat. Nicht zu vergessen der Ärger, dass Robert mit seiner Art immer wieder durchkommt. Jeder andere – auch Sie – würden eine Abmahnung erhalten.

Wenn Sie aber nicht selbst betroffen sind? Auch dann haben komplizierte Charaktere bei Ihnen wahrscheinlich die schlechteren Karten. Bei Personen mit klarem Profil wissen Sie gleich, was Sache ist. Bei den anderen müssen Sie es erst herausfinden. Die Mühe kann sich durchaus lohnen, bringt aber dennoch Punktabzüge auf der Sympathieskala. Denn solange Sie nicht genau wissen, mit wem Sie es zu tun haben, wissen Sie auch nicht, wie Sie sich verhalten sollen. Wenn Sie zum Beispiel einen Kollegen bitten müssen, für Sie etwas zu erledigen – würden Sie als Erstes Robert fragen? Wenn er die Sache so angeht, dass Sie am Ende mehr Scherereien als Nutzen haben? Und auch noch Dank erwartet?

Robert selbst erscheint sein Verhalten völlig plausibel. Vielleicht glaubt er, besser als sein Chef zu wissen, wie er seine Aufgabe erfüllen sollte. Er kann sich nicht vorstellen, dass andere Menschen andere Erwartungen haben als er. Er spürt zwar, dass er Sympathien verliert, kann sich aber nicht erklären, wieso.

In vielen Studien haben Forscher immer wieder folgenden Test durchgeführt. Sie brachten zwei Fremde für weniger als eine Minute zusammen. Sie baten dann beide getrennt, ein Urteil über den anderen abzugeben. Obwohl beide nur wenige belanglose Sätze gewechselt haben, geben sie sichere Urteile ab über den Charakter des andern, seinen sozialen Status, die Intelligenz, die moralische Zuverlässigkeit, ja sogar über so spezielle Dinge wie die politische Einstellung, die eheliche Treue oder die sexuelle Orientierung. Da niemand den Beteiligten diese Informationen vorab mitgeteilt hatte, konnten sie sie nur aus dem Aussehen, dem Auftreten, der Stimme und der Wortwahl bei der Begrüßung abgeleitet haben. Sie schlossen von wenigen Äußerlichkeiten auf viele innere Werte.

Das klappt nur, wenn wir erwarten, dass eine Person in sich «stimmig» ist. Zu einem bestimmten Auftreten gehört eine dazu passende innere Überzeugung. Wirkt das Auftreten der ersten Sekunden wie aus einem Guss, fällt ein Urteil über diese unsichtbaren Eigenschaften leicht. Das weckt Sympathie.

Es genügt jedoch ein Detail, das vom Gesamtbild abweicht, und schon ist ein schnelles Urteil nicht mehr möglich. Einerseits so, andererseits anders – woran soll ich mich halten? Im Nu ist der Sympathiebonus dahin. Nur wenn von zehn erkannten Einzelheiten alle zehn zueinander passen, ist der erste Eindruck uneingeschränkt positiv. Wenn nur eine nicht in den Rahmen passt – auch wenn die übrigen neun weiter übereinstimmen –, werden wir vorsichtig. Statt Sympathie zu äußern, warten wir ab oder wenden uns Leuten zu, die eindeutigere Signale senden.

Die fünf Quellen der Antipathie
Woran liegt es, dass manche Menschen auf Anhieb eine tiefe Abneigung gegeneinander empfinden? Natürlich, wenn ein Fremder Sie anpöbelt oder Ihnen seine Bierfahne ins Gesicht haucht, ist es klar, warum Sie ihn «nicht riechen» können. In den meisten Fällen sind die Gründe jedoch nicht so offensichtlich. Ihr Gegenüber verhält sich im Großen und Ganzen korrekt – und dennoch möchten Sie ihm kein zweites Mal begegnen. Wie entsteht Antipathie?

Manchmal erinnert Sie die Person an jemanden, mit dem Sie schlechte Erfahrungen gemacht haben. Diese Assoziation muss Ihnen nicht bewusst werden. Sie fühlen nur intuitiv einen Widerwillen. Alte Ängste und Enttäuschungen kommen wieder hoch. Sie verwandeln die Begegnung in ein emotional unangenehmes Erlebnis. In diesem Fall spüren nur Sie eine Abneigung. Alle anderen um Sie herum können die fragliche Person gut leiden.

Geht es jedoch anderen wie Ihnen, liegen die Gründe wahrscheinlich in dieser Person selbst. Sie sendet subtile Signale aus, die Antipathie auslösen. «Antipathie» heißt wörtlich «Gegen-Leidenschaft». Das kann zweierlei bedeuten:

- Beide hegen gegensätzliche Gefühle. Sie fühlen sich wohl auf der Party, Ihr Gegenüber fühlt sich unwohl. Oder ungekehrt: Alle unterhalten sich prächtig, nur Sie kennen keinen und stehen unbeachtet am Rand. Ihr Ärger wächst. Wenn jetzt einer vorbeikommt und Ihnen zuprostet mit dem Satz «Ist das nicht eine tolle Party?», fühlen Sie sich auf den Arm genommen. Der Typ, der sich da über Sie lustig macht, ist Ihnen auf Anhieb unsympathisch. Schlimmer noch – er hat seine Worte völlig ernst gemeint.
- Der eine spürt eine Leidenschaft, der andere nicht. Einer ist begeistert oder traurig, der andere empfindet gar nichts. Zwei Trauernde finden rasch Sympathie füreinander im gemeinsamen Schmerz. Auch wenn zwei voll Begeisterung dasselbe Hobby betreiben, werden sie leicht Freunde. Wenn aber eine Sache den einen tief berührt, den anderen gleichgültig lässt, sind Unverständnis und Antipathie die Folge.

Genauso wie beliebte Menschen über sechs übereinstimmende Merkmale verfügen, haben auch unbeliebte Menschen etwas Gemeinsames. In der Regel ahnen sie nicht einmal, warum sie auf Ablehnung stoßen. Sonst würden sie etwas dagegen unternehmen. Es sind die folgenden Verhaltensmerkmale:

Verschlossenheit. Sie wollen Ihren Sitznachbarn im Flugzeug näher kennenlernen. Doch er vereitelt Ihre Versuche, ihn in ein Gespräch zu verwickeln, mit einsilbigen Antworten und Schweigen. Was werden Sie als Ursache vermuten?

- Er ist uninteressant. Er erzählt nichts von sich, weil es nichts Erzählenswertes über ihn gibt.
- Er findet mich uninteressant.
- Er hat einen schlechten Tag gehabt und reagiert an mir seine miese Laune ab.
- Er ist ein unfreundlicher Charakter. Ich falle ihm auf den Wecker.
- Er findet mich unsympathisch.
- Er hat etwas zu verbergen.
- Er mag überhaupt keine anderen Menschen.

Keine dieser Erklärungen klingt sympathisch. Schlimmer noch, der Schweiger gibt Ihnen keinen Anhaltspunkt, welche dieser Erklärungen zutrifft. Sie erhalten keine Chance, seine Einwände zu entkräften. Dazu kommt Ihr Ärger über die Missachtung Ihres freundlichen Gesprächsangebots. Auch wenn die Verschlossenheit nicht gegen Sie persönlich gerichtet ist – Sie fühlen sich abgelehnt. Daher fangen Sie instinktiv an, diese Person ebenfalls abzulehnen.

Misstrauen. Kinder begegnen aller Welt mit ungetrübtem Vertrauen. Erst mit wachsender Lebenserfahrung scheiden sich die Geister. Die einen bewahren sich ihr offenes, zutrauliches Gemüt. Andere fangen an, jedermann – oder zumindest bestimmten Personengruppen – zu misstrauen. Befragungen zeigen regelmäßig, dass Ärzte und Priester höheres Vertrauen genießen als Immobilienmakler oder Gebrauchtwagenhändler. Einige Deutsche misstrauen allen Ausländern, einige Autofahrer allen Radfahrern, manche Frauen allen Männern.

In vielen Fällen hat der Betreffende tatsächlich schlechte Erfahrungen gemacht. Um künftigen Enttäuschungen vorzubeugen, wird er vorsichtig. Wer dadurch seine Fähigkeit verliert, den übrigen Mitbürgern mit Vertrauen zu begegnen, schadet in erster Linie sich selbst. Er büßt Sympathie ein. Wenn Sie den Argwohn abbekommen, fühlen Sie sich zu Unrecht verdächtigt. Warum sollen Sie den Sündenbock spielen? Sie erleben das Misstrauen Ihres Gegenübers nicht als lobenswerte Vorsicht, sondern als Unterstellung bösartiger Motive. Sie sagen sich: Wer mir Böses zutraut, wie viel böse Gedanken muss der selbst in seinem Inneren verbergen!

Sympathische Menschen wirken zutraulich. Sie begegnen Fremden ohne Argwohn. Lassen sie sich deswegen leicht ausnutzen? Keineswegs. Rechtfertigt der andere den Vertrauensvorschuss nicht, können sie immer noch die Notbremse ziehen. Ohne auszurasten. Sie reagieren mit naivem Erstaunen. Sie heben verwundert die Augenbrauen und sagen: «Du enttäuschst mich. Das hätte ich nicht von dir gedacht.» Wer aber schon im Voraus denkt: «Ich misstraue dir bis zum Beweis des Gegenteils», macht sich keine Freunde.

Distanzlosigkeit. Freundschaft und Liebe entstehen nicht sofort. Nähe und Intimität brauchen Zeit. Selbst wer von der Liebe wie ein Blitz getroffen wird, springt nicht in der nächsten Minute schon zusammen ins Bett. Sondern wir strahlen uns an, smalltalken über das Wetter, den Job und Hobbys, verabreden uns und gehen gepflegt essen. Frühestens dann sind wir bereit, die letzten Hüllen zwischen uns fallen zu lassen.

Wer die Rituale der Annäherung überspringt, wer schon in der ersten Sekunde jedermanns bester Kumpel sein will, macht sich rasch unbeliebt. Er zeigt keinen Respekt vor den Gefühlen des andern. Er verweigert ihm das Recht, Grad und Tempo der Annäherung mitzubestimmen. Typisch für sein Verhalten sind:

- Er rückt Ihnen unangenehm nah auf die Pelle. Wenn Sie zurückweichen, rückt er nach.
- Er duzt jedermann, auch dort, wo alle sich siezen.
- Er stellt intime und peinliche Fragen, um Ihnen pikante Geständnisse zu entlocken. Wenn Sie die Antwort verweigern, bohrt er weiter.
- Er erzählt intime und peinliche Details von sich und (anwesenden) Dritten.
- Seine Unterhaltung besteht überwiegend aus Klatsch und Tratsch über gemeinsame Bekannte.

Sie wehren sich mit Gefühlen und Signalen der Antipathie, um den aufdringlichen Typen auf Distanz zu halten.

Widerspruchsgeist. Wenn zwei Menschen sich kennenlernen, beginnen sie ihre Bekanntschaft mit zwanglosem Smalltalk. Sie nutzen banale Themen, um einen Draht zueinander zu finden. Ein Zeichen für Oberflächlichkeit? Keineswegs. Wer zunächst über den strömenden Regen oder die häufigen Zugverspätungen redet, läuft nicht Gefahr, mit einem Fremden gleich in einen handfesten Krach zu geraten. Da Sie nichts über seine politische Meinung oder seinen Kunstgeschmack wissen, werden Sie solche kontroversen Themen meiden. Sie warten ab, bis sich während des Smalltalks Anhaltspunkte für ähnliche Ansichten ergeben. Erzählt Ihr Gesprächspartner beispielsweise, dass er es noch nicht geschafft hat, in die große Expressionistenausstellung zu gehen, die gerade in Ihrer Stadt zu sehen ist, werden Sie folgern, dass er sich für diese Art von Kunst interessiert. Fünf Minuten später sind Sie beide schon in einer spannenden Kulturdiskussion gefangen. Haben Sie dagegen mit Gemälden nichts am Hut, werden Sie auf seinen Hinweis nicht reagieren und lieber weiter übers Wetter reden. Das ist ein Thema, das keinen ausschließt, keine Fachkenntnisse verlangt, niemanden kränkt und jederzeit wieder beendet werden kann.

Die Kunst des Smalltalks beherrscht nicht jeder. Manche fallen gleich mit der Tür ins Haus. Sie eröffnen das Gespräch mit Sätzen wie

- Das Bild, das unsere Gastgeber da über dem Sofa hängen haben – ist das nicht schrecklich?
- Die Party ist ja ganz nett, aber die Musik! Ich wünschte, ich hätte meine CD-Sammlung mitgebracht.
- Wenn meine Mutter von vier Wochen gestorben wäre, würde ich keine Geburtstagsfeier veranstalten.
- Sie sind sicher auch empört, dass unsere Landesregierung den Kinderpark schließen will? Haben Sie schon unsere Petition unterschrieben?

Vielleicht hat der Sprecher Glück, und Sie sind zufällig seiner Meinung. Doch selbst wenn Sie ebenfalls das Gemälde und die Musik grässlich finden, würden Sie das keinem Unbekannten in Anwesenheit der Kritisierten auf die Nase binden. Sympathie entsteht, wenn die Beteiligten etwas Verbindendes suchen. So wie es die Vorsilbe «sym» («gemeinsam») sagt. Wer das Gespräch mit einem Streitthema eröffnet – einer negativen oder umstrittenen Meinung –, sucht die Konfrontation und findet Antipathie. Wie es schon die Vorsilbe «anti» («gegen») verrät. Kommt es doch unbeabsichtigt zu einem Meinungsgegensatz, verzichtet der gewandte Smalltalker darauf, ihn bis zum bitteren Ende auszufechten. Stattdessen leitet er zu einem unverfänglichen Thema über.

Ich-Bezogenheit. Eine bekannte Anekdote bringt das Problem auf den Punkt. Ein Fan trifft sein Idol, einen prominenten Schauspieler. Aufgeregt stellt er ihm Dutzende von Fragen. Nach einer halben Stunde sagt der Schauspieler: «Jetzt haben wir die ganze Zeit von mir geredet. Kommen wir mal zu Ihnen. Wie hat Ihnen mein letzter Film gefallen?»

Eine Unterhaltung mit einem Promi, dessen einziges Thema er selbst ist, kann zu einer herben Enttäuschung werden. Wenn ich mir die Bekenntnisse meines Gegenübers anhöre, hoffe ich intuitiv, dass der sich im Gegenzug auch für mein Leben interessieren wird. Auch – oder gerade – wenn er ein berühmter Star ist und ich nur ein unbekannter Fan bin. Sympathie entsteht zwischen Gleichen. Geben und Nehmen sind ausgeglichen. Wer diese Balance verletzt, verrät geheime Selbstzweifel. Er buhlt um mehr Anerkennung und stellt zu diesem Zweck sein Ego in den Mittelpunkt. Das kann in zwei gegensätzlichen Formen geschehen:

- *Prahlerei.* Vor allem Männer prahlen gern vor Rivalen und Frauen mit ihren Heldentaten. Frauen neigen eher zu indirekten Formen der Selbst-Vergrößerung, zum Beispiel durch Herabsetzen von Rivalinnen und geschickte Selbstinszenierung.
- *Verbales Understatement.* Dazu zählen alle Varianten der Klage «Keiner liebt mich». Auch hier steht das Ich im Mittelpunkt:
«Ich gerate immer an die falschen Männer.»
«Ich gebe mir so eine Mühe, aber keiner dankt es mir.»
«Ich weiß nicht, warum gerade ich immer so ein Pech habe, warum mich keiner leiden mag.»

Sympathische Leute haben ein kleines Ego. Sie sprechen zwar über sich, wenn sie gefragt werden. Ansonsten finden sie andere Dinge interessanter. Da sie bereits viel Zuneigung erhalten, spüren Sie keinen Bedarf, noch zusätzlich um Anerkennung zu werben.

Die Rolle von Schönheit und Prestige

Auch gutes Aussehen, Macht, Reichtum und soziales Prestige beeinflussen die Sympathiewerte. Aber nicht unbedingt in die gewünschte Richtung. Zwar weiß man aus Studien, dass schöne Menschen mehr Aufmerksamkeit auf sich ziehen – der so genannte Attraktivitätsbonus. Die Schönheit erhöht ihre Sympathiewerte aber nur dann, wenn das übrige Verhalten dazu passt. Wir erinnern uns: Wirkt der erste Eindruck widersprüchlich – zum Beispiel schöne Fassade und überhebliches Auftreten –, geht der Vertrauensbonus flöten. Dann kann das gute Aussehen sogar schaden.

Das zeigten Studien aus den USA. In Pennsylvania verglichen Forscher die Attraktivität von 74 Angeklagten mit den Strafen, die sie erhielten. Wer gut aussah, erhielt für das gleiche Delikt nur halb so viel Gefängnis oder Geldbußen aufgebrummt. Allerdings mit einer aufschlussreichen Ausnahme: War das Delikt mit Hilfe des guten Aussehens zustande gekommen – Heiratsschwindler oder schöne Frauen, die Männer anmachten und später um ihre Barschaft erleichterten –, so fielen die Strafen drakonisch aus. Unansehnlichen Schwindlern hielten die Richter dagegen die Leichtgläubigkeit ihrer Opfer zugute.

Wer Einfluss besitzt, erhält erhöhte Aufmerksamkeit. Die Medien berichten von ihm, die Leute reden über ihn und kennen seinen Namen. Das bedeutet auch: Wir schauen doppelt so genau hin, was der Besitzer von Macht, Reichtum und Prestige mit seinen Glücksgütern anfängt. Zwar kann ein Reicher sich leichter mit Hilfe cleverer Anwälte aus den Schlingen des Gesetzes herauswinden. Aber an dem öffentlichen Sympathieverlust hat er oft lebenslang zu knabbern. Unauffällige Leute haben es da einfacher. Sie können in eine andere Stadt ziehen und neu anfangen, wo niemand etwas von ihren vergangenen Schandtaten weiß.

Sympathiefischer und Einzelkämpfer

Zwei böse Sympathiefallen möchte ich am Ende dieses Kapitels noch erwähnen: das zu offensichtliche Bemühen um Sympathie und der gänzliche Verzicht darauf. Das Erste sind die Sympathiefischer, das Zweite die Einzelkämpfer.

Sympathiefischer. In diese Falle ist wohl jeder schon einmal getappt. Sie befinden sich in einer Situation, in der von Ihrer Wirkung viel abhängt. Zum Beispiel, wenn Sie vor einem Dutzend Leute reden müssen. Oder einer wichtigen Person gegenübersitzen, deren Entscheidung Weichen für Ihre Zukunft stellt. Dann fällt es schwer, unbeeindruckt Ihr Ding durchzuziehen. Sie wollen unbedingt einen guten Eindruck machen. Also lauern Sie auf Signale des Wohlwollens. Jedes aufmunternde Lächeln aus Ihrem Publikum baut Sie auf, jedes Stirnrunzeln löst Panik aus.

Viele Leute neigen dann zu einem Verhalten, das die Amerikaner «fishing for compliments» nennen. Sie fischen nach Komplimenten und anderen Signalen der Sympathie. Einige erkundigen sich direkt und unumwunden: «War ich nicht toll?» (Die berüchtigte Frage von Männern nach einer Liebesnacht.) Die meisten Sympathiefischer senden eher subtile Signale aus, zum Beispiel:

- Sie vergewissern sich ständig mit Blicken, ob die Leute zustimmend nicken.
- Sie fragen oft: «Habe ich nicht recht?» oder «Finden Sie nicht auch?».
- Kommt keine deutliche Zustimmung aus dem Publikum, sprechen Sie schneller, und ihr Tonfall wird dringlicher. Erhalten Sie darauf eine positive Reaktion, beruhigen Sie sich wieder. Bleibt die Bestätigung aus, wird ihr Verhalten immer unsicherer.

Leider geht der Schuss meist nach hinten los. Wer um zustimmende Signale bettelt, erreicht genau das Gegenteil. Sympathien erhält nämlich nur, wer sich selbst sympathisch findet. Die Zuhörer spüren jeden Selbstzweifel und sagen sich unbewusst: «Wenn der da selbst nicht sicher ist, dass sein Auftritt sympathisch ist, warum sollen wir ihn dann sympathisch finden?»

In den folgenden Kapiteln werden Sie erfahren, wie Sie diese Klippe umschiffen können.

Einzelkämpfer. Friedrich Schiller ließ seinen Schweizer Freiheitskämpfer Wilhelm Tell sagen: «Der Starke ist am mächtigsten allein.» Doch kein einzelner Held, sondern der Bund aller Schweizer Eidgenossen erkämpfte der Alpenrepublik die Freiheit. Einzelkämpfer bringen es nur in Filmmärchen aus Hollywood im Alleingang zu Ruhm und Ehre. Im wirklichen Leben brauchen Politiker Parteien, Kriegshelden Armeen und Unternehmer ihre Angestellten, um sich durchzusetzen.

Am mächtigsten ist, wer jederzeit auf die Stärken seiner Mitmenschen zurückgreifen kann.

Einzelkämpfer führen plausible Gründe für Ihre Mentalität an:

- Ich habe Angst, ausgenutzt zu werden.
- Ich bin schon zu oft enttäuscht worden.
- Allein muss ich keine Kompromisse schließen.
- Als Solist arbeite ich effektiv und schnell. Im Team gibt es zu viel Reibungsverluste.

Kurzfristig mag er recht behalten. Sich um andere zu kümmern kostet Zeit und Energie. Aber langfristig zahlen ihm die Mitkämpfer seinen Einsatz doppelt und dreifach zurück. Mit motivierendem Lob, mit Vermittlung wichtiger Kontakte, mit moralischer und zeitlicher Unterstützung. Vorausgesetzt, es herrscht wechselseitige Sympathie. Sie ist der Schlüssel zu sozialem Erfolg. Gehen Sie in Gedanken alle erfolgreichen Leute durch, die Sie kennen – keiner von ihnen hätte seine heutige Position erreicht ohne die Unterstützung zahlreicher Helfer im Hintergrund.

Schritt 2:
Testen Sie Ihre Sympathiewerte

Erfahren Sie öfter Zurückweisungen als Akzeptanz? Werden Sie häufig übergangen oder gar übersehen? Das sind sichere Anzeichen für Sympathiedefizite. In diesem Fall habe ich zwei gute Nachrichten für Sie: Mit Hilfe der folgenden Kapitel werden Sie Ihre Sympathiewerte verbessern. Und Sie sind nicht allein. Beinahe jeder zweite macht die gleichen Erfahrungen. Seit 1974 befragt das Allensbacher Meinungsforschungsinstitut regelmäßig die Deutschen, was für sie zu den wichtigsten Zielen im Leben zählt. Die Zahl derjenigen, die «beliebt sein» ankreuzen, ist seit damals von 36 auf 47 Prozent gewachsen. Für den Anstieg gibt es viele Gründe:

- Unsere individuellen Glücksansprüche sind gestiegen.
- Mobilität, Scheidungen und Einsamkeit nehmen zu. Die lebenslange Liebe ist selten geworden. Freunde und soziale Anerkennung gewinnen damit an Bedeutung.
- In der Arbeitswelt ist der Wettbewerb rauer geworden. Viele machen Erfahrungen mit Scheitern, Mobbing und Entlassung.
- Erfolge hängen zunehmend vom «Vitamin B(eziehungen)» ab.

Wo liegen Ihre Sympathiestärken und -defizite?

Nachdem Sie im vorigen Kapitel erfahren haben, wie Sympathie und Antipathie entstehen, geht es von nun ab konkret um Sie. Mangel an Sympathie ist kein angeborenes Schicksal. Der altgriechische Philosoph Aristoteles bezeichnete den Menschen als *zoon politikon*, als soziales Tier. Der Wunsch nach Kontakt und Zusammenleben gehört zu unserer genetischen Grundausstattung. Deshalb trägt jeder von uns alle nötigen Ressourcen in sich, um die Zuneigung seiner Mitmenschen zu gewinnen. Wir sind auf Gemeinsamkeit programmiert. Wie gelingt es Ihnen, an diese Bedürfnisse anzuknüpfen?

Niemand ist hundertprozentig beliebt oder unbeliebt. Fast immer ist die Lage gemischt. Auf einigen Sympathiefeldern läuft alles prima, auf anderen treten Probleme auf. In einem ersten Schritt biete ich Ihnen deshalb eine Bestandsaufnahme an. Mit folgendem Fragebogen finden Sie heraus, wo Ihre Sympathiestärken und -schwächen liegen. Sie werden am Ende feststellen, dass Sie Ihr Verhalten nicht vollkommen umkrempeln müssen. Sie brauchen Ihren Charakter nicht zu verbiegen. Es genügt, an einigen wenigen Punkten Ihres Auftretens behutsame Korrekturen vorzunehmen – schon werden Ihre Sympathiewerte erheblich steigen.

Um zu ermitteln, welche das sind, beantworten Sie bitte die folgenden zwanzig Fragen. Sie erfassen Aspekte Ihrer Selbstwahrnehmung, Ihrer Kindheitserfahrungen, Ihrer Beziehungen und Ihres Verhaltens. Ehrlichkeit ist unabdingbar, sonst ist der Test für Sie nutzlos. Geben Sie also nicht die Antwort, die Sie als politisch korrekt oder sozial erwünscht betrachten. Kreuzen Sie an, was Ihren tatsächlichen Erfahrungen und Empfindungen entspricht. Nur wer Defizite eingesteht, hat die Chance auf positive Veränderung. Wenn mehrere Antworten auf Sie zutreffen: Wählen Sie die für Sie am meisten zutreffende. Kreuzen Sie immer nur eine Antwortmöglichkeit an. Trifft eine Frage auf Sie überhaupt nicht zu, lassen Sie sie aus.

Test: Wie beliebt sind Sie?

A. Selbstbild
1. Mögen Sie sich, wie Sie sind? Nehmen Sie sich einige Minuten Zeit und schreiben Sie auf, welche Dinge Sie gern an sich ändern würden (Äußerlichkeiten, Charakterzüge, Fähigkeiten)? Wie viele Punkte fallen Ihnen ein?
    a. Mehr als zehn.
    b. Fünf bis zehn.
    c. Zwei bis fünf.
    d. Höchstens einer.
2. Wären Sie gern prominent?
    a. Ja, wegen des Geldes und des angenehmen Lebensstils.
    b. Ja, weil ich bekannt und bewundert wäre.
    c. Ja, dann wäre ich ein außergewöhnlicher Mensch.
    d. Ja, wegen der vielen Kontakte.
    e. Nein, das wäre mir viel zu stressig.
    f. Nein, ich hasse es, überall erkannt zu werden.
    g. Prominent oder nicht – das ist mir unwichtig.
3. Denken Sie an zwei, drei beliebte Menschen, die Sie als Vorbild betrachten. Was bewundern Sie an ihnen am meisten?
    a. Ihre gleich bleibend gute Laune.
    b. Ihren großen Freundeskreis.
    c. Die Leichtigkeit, mit der sie Kontakte knüpfen.
    d. Dass sie nicht mit ihren Erfolgen prahlen.
    e. Dass sie immer für Ihre Mitmenschen da sind.
4. Welche der folgenden Verhaltensänderungen wünschen Sie sich am ehesten?
    a. Bei Ärger gelassener und freundlicher zu reagieren.
    b. Mutiger Ihre Meinung zu sagen.
    c. Andere seltener zu unterbrechen und geduldiger zuzuhören.

B. Kindheitserfahrungen

5. Erinnern Sie sich an Ihre Kindheit. Waren Sie in der Schulklasse oder Ihrer Clique
   a. Anführer?
   b. Mitläufer?
   c. Beichtvater oder Kummertante?
   d. Anführer einer Opposition oder Gegenclique?
   e. Mitläufer einer Opposition oder Gegenclique?
   f. Außenseiter, Einzelgänger oder schwarzes Schaf?
6. Wenn Mitspieler gewählt wurden (zum Beispiel bei Mannschaftssportarten): Wählte man Sie
   a. als ersten oder zweiten?
   b. als einen der letzten?
   c. eher zwischendurch, in der Mitte?
   d. Oder waren Sie derjenige, der auswählte?
7. Waren Sie in Schule und Ausbildung in Ihrer Gruppe eher
   a. Spitze?
   b. Mittelfeld?
   c. im hinteren Drittel?
8. Galten Sie
   a. als Streber?
   b. als jemand, der sein Licht unter den Scheffel stellt?
   c. Keines von beidem?

C. Soziale Beziehungen

9. Gute Freunde können Sie jederzeit anrufen, wenn Sie ein Problem haben. Sie werden sich kurzfristig Zeit für Sie nehmen. Wie viele solche gute Freunde haben Sie?
   a. Mehr als zehn.
   b. Fünf bis zehn.
   c. Drei bis vier.
   d. Einen bis drei.
   e. Keinen.

10. Haben Sie im Vergleich zu Ihrer Kindheit heute
    a. mehr gute Freunde?
    b. weniger gute Freunde?
    c. gleich viele gute Freunde?
11. Wer bemüht sich häufiger und engagierter, den Kontakt aufrechtzuerhalten? Wenn Sie etwas gemeinsam unternehmen – von wem geht meist die Initiative aus?
    a. Von Ihnen.
    b. Von Ihren Freunden.
    c. Wer kein Interesse an mir zeigt, den ignoriere ich ebenfalls.
12. Wenn Sie sich einen neuen Job suchen müssen, vertrauen Sie auf
    a. das Arbeitsamt?
    b. Bewerbungen auf Stellenausschreibungen?
    c. Blindbewerbungen bei geeigneten Firmen?
    d. Ihr Netzwerk an beruflichen Kontakten?
13. Nehmen wir an, Sie wollten in den nächsten Jahren nach Paris, Edinburgh und New York reisen und dort privat Leute kennenlernen.
    a. Sie kennen in mindestens zwei dieser Städte bereits einen Ansprechpartner.
    b. Sie wissen sofort, welche Ihrer Freunde Ihnen dort Kontakte vermitteln können.
    c. Sie müssen erst bei Ihren Freunden herumfragen, wissen aber aus Erfahrung, dass Sie auf diese Weise die nötigen Kontakte finden werden.
    d. Unter Umständen finden Sie wenigstens für eine dieser Städte durch Ihre Freunde einen Kontakt.
    e. Sie suchen sich die nötigen Kontakte selber.
    f. Sie buchen ein Hotel und hoffen, am Zielort per Zufall neue Bekanntschaften zu schließen.

D. Soziales Verhalten

14. Welche der folgenden Eigenschaften schreiben Ihnen Ihre Bekannten am ehesten zu? (Falls Sie es nicht wissen, fragen Sie nach.)
    a. Nett.
    b. Kompetent.
    c. Dominant.
    d. Zurückhaltend oder schüchtern.
15. Zu welcher Verhaltensänderung haben Ihre Freunde/Bekannten Sie schon mal aufgefordert?
    a. Mehr Gefühle/Anteilnahme zu zeigen.
    b. Nicht gleich in die Luft zu gehen.
    c. Sich nicht alles gefallen zu lassen.
    d. Auch andere mal zu Wort kommen zu lassen.
    e. Weniger zurückhaltend zu sein.
    f. Diplomatischer zu sein.
16. Wenn man Ihnen in wichtiger Angelegenheit widerspricht, wie reagieren Sie vorzugsweise?
    a. Sie lenken ein, um Streit zu vermeiden.
    b. Sie nennen beide Ansichten gleich wichtig.
    c. Sie beharren auf Ihrem Standpunkt.
17. Wenn Sie mit wichtigen Personen sprechen, worauf achten Sie am meisten?
    a. Dass Sie nicht in ein Fettnäpfchen treten.
    b. Dass Sie einen guten Eindruck vermitteln.
    c. Auf positive Erwartungen Ihrer Partner.
    d. Auf mögliche negative Reaktionen Ihrer Partner.
    e. Auf die Folgerichtigkeit Ihrer Argumente.
18. Wie oft fühlen Sie sich von Kellnern, Verkäufern und Auskunftspersonal in öffentlichen Gebäuden ignoriert?
    a. Selten oder nie.
    b. Manchmal.
    c. Oft.
    d. So gut wie immer.

19. Jemand kommt Ihnen auf schmalem Gehweg entgegen. Was tun Sie?
    a. Sie weichen aus, zur Not auf die Fahrbahn oder in einen Hauseingang.
    b. Sie drängen den anderen vom Gehweg.
    c. Sie verständigen sich mit kurzem Blickwechsel, wie Sie sich aneinander vorbeischlängeln.
    d. Mal so, mal so – das hängt vom Verhalten des andern ab.
20. Sprechen Sie mit anderen über peinliche Dinge (Sexuelles, unangenehme Krankheitssymptome, Erlebnisse, bei denen Sie keine gute Figur gemacht haben)?
    a. Nie. Das geht keinen etwas an.
    b. Nur ausnahmsweise mit sehr guten Freunden.
    c. Nur wenn mir jemand seinerseits Peinlichkeiten gesteht.
    d. Gelegentlich, aber eher in Andeutungen.
    e. In aller Offenheit, wenn es dem andern nicht peinlich ist.
    f. So wie über jedes andere Thema.
    g. Lieber als über jedes andere Thema.

Quantitative Auswertung

Das Ergebnis können Sie quantitativ und qualitativ auswerten. Für die quantitativen Auswertung schauen Sie bitte in die folgende Tabelle. Jeder Antwortmöglichkeit aus dem Fragebogen ist dort eine Punktzahl zugeordnet. Suchen Sie die Punkte Ihrer Antworten heraus und zählen Sie sie zusammen.

Frage Nr.	a.	b.	c.	d.	e.	f.	g.
1	0	2	4	5	–	–	–
2	2	1	3	5	2	1	2
3	2	3	2	2	5	–	–
4	3	5	2	–	–	–	–
5	4	2	5	3	1	0	–
6	5	0	3	4	–	–	–
7	5	3	1	–	–	–	–
8	0	5	3	–	–	–	–
9	5	4	3	2	0	–	–
10	5	1	3	–	–	–	–
11	3	5	1	–	–	–	–
12	0	1	2	5	–	–	–
13	5	5	4	3	2	0	–
14	5	2	2	3	–	–	–
15	0	3	5	2	4	1	–
16	3	5	1	–	–	–	–
17	2	1	5	3	1	–	–
18	5	4	2	0	–	–	–
19	2	0	5	4	–	–	–
20	1	2	3	4	5	4	2

Testen Sie Ihre Sympathiewerte

Ihre Gesamtpunktzahl verrät Ihnen, wie beliebt Sie sind. Sie ordnen sich auf einer Beliebtheitsskala ein. Es bedeuten:

- 90 Punkte und mehr: außergewöhnlich beliebt und charmant
- 65 bis 89 Punkte: sympathisch mit einigen Ecken und Kanten, die den insgesamt positiven Gesamteindruck einschränken.
- 45 bis 64 Punkte: durchschnittlich, weder besonders sympathisch noch besonders unsympathisch.
- 25 bis 44 Punkte: entweder unauffällig mit einigen sympathischen Zügen oder widersprüchlicher Charakter aus sympathischen und unsympathischen Zügen.
- Bis zu 24 Punkten: nicht sehr beliebt, wenig sympathische Ausstrahlung.

In der nun folgenden qualitativen Auswertung berücksichtigen Sie den Inhalt der von Ihnen gewählten Antwortvarianten. Bei der Frage 14 erzielten zum Beispiel «dominant» und «kompetent» die gleiche Punktzahl, weil sie ähnlich starke Auswirkung auf Ihre Sympathie haben. Doch wie wir in Kapitel 3 noch sehen werden, leiten sich aus jeder dieser Antworten unterschiedliche Konsequenzen ab, wenn Sie Ihre Sympathiewerte verbessern wollen.

Ich gebe Ihnen nun eine Übersicht, was Ihre Antworten auf die 20 Fragen bedeuten. Sie hilft Ihnen, Ihre gewählten Antworten genauer zu bewerten. Mit Absicht habe ich dabei einige Fragen etwas anders formuliert, als sie im Fragebogen standen. Sie erfahren jetzt, was Sie mit ihnen herausgefunden haben. Detaillierte Hintergrundinformationen und Tipps finden Sie im weiteren Verlauf dieses Buches.

Qualitative Auswertung
Frage 1: Wie viele Dinge würden Sie an sich ändern?
Wer gern viel an sich ändern würde, betrachtet sich selbst recht kritisch. Diese Haltung teilt sich über die äußere Ausstrahlung mit. Auch andere werden den Selbstzweifler dann kritisch betrachten. Sympathie

verlangt jedoch (Selbst-)Akzeptanz. Wem nichts einfällt, was er ändern würde – vielleicht ist der nur zu faul, über sich nachzudenken? Möglich. Aber auch Selbstakzeptanz aus Bequemlichkeit steigert die Beliebtheit. Nicht, ob Sie perfekt sind, zählt. Sondern wie zufrieden Sie sich mit Ihrem Charakter trotz seiner Mängel fühlen.

Frage 2: Wären Sie gern prominent?

Hier kommt es auf die Motive an. Wer von vielen Fans bewundert werden oder Reichtümer anhäufen will, für den stehen Status, Prestige und Eitelkeit im Vordergrund. Hier findet sich mehr Selbstgefälligkeit als Sympathie. Allerdings hilft Prominenz auch, interessante Leute kennenzulernen. Dieses Motiv ist vielen Stars mit sympathischer Ausstrahlung wichtig. Wer sich dagegen von öffentlicher Aufmerksamkeit fernhält, um seine Ruhe zu haben, ist nicht besonders kontaktfreudig.

Frage 3: Was bewundern Sie an anderen?

Wir verehren bei unseren Mitmenschen, was wir an uns selbst vermissen. Die Antwort gibt daher Hinweise auf Defizite, die Sie an sich spüren. Eine Ausnahme bildet «immer für mich da sein». Dieser Wunsch beruht auf Gegenseitigkeit. Nur wenn Sie jederzeit für Ihre Mitmenschen da sind, werden die Ihnen keinen Korb geben, wenn Sie mal Hilfe brauchen.

Frage 4: Welche Verhaltensänderung wünschen Sie sich am meisten?

Zurückhaltung wirkt sympathischer als Ungeduld oder Zorn.

Frage 5: Welche Stellung hatten Sie in Ihren Gruppen inne?

Die Antwort nutzt Erkenntnisse der Gruppendynamik. Gruppen besitzen meist zwei Führer. Der eine ist der Anführer, der sagt, wo es langgeht. Daneben gibt es – weniger auffällig – noch einen informellen Führer. Das ist die Person, über die keiner schlecht spricht, die nie von andern unterbrochen wird und die in Pausen im Mittelpunkt steht. Wenn Konflikte zu schlichten sind, wenden sich die Mitglieder häufig an diese Person. Sie vermittelt mit diplomatischem Geschick, auch bei Krach mit dem Anführer. Sie ist beliebter als der Boss. Absteigend folgen auf der Beliebtheitsskala: die Mitglieder der Gruppe und die gruppeninterne Opposition. Am Ende stehen die Außenseiter.

Frage 6: Welches ist Ihre Stellung bei Wahlprozessen in der Gruppe?

Diese Frage beleuchtet praktische Konsequenzen von Frage 5. Mitspieler werden nicht nur nach Kompetenz, sondern häufiger nach Beliebtheit ausgewählt. Das gilt übrigens nicht nur für Kinder, sondern auch bei der Stellenvergabe im Job.

Frage 7 und 8: Wie leistungsstark waren Sie und wie haben Ihre Mitschüler darauf reagiert?

Im Schnitt sind die leistungsstärkeren Schüler auch die beliebteren. Das haben mehrere Studien belegt. Kommt ein Schüler jedoch in den Ruf, ein Streber zu sein – also sich mit seiner Leistung in den Vordergrund zu spielen, um bei Lehrern einen Vorteil zu ergattern –, kehrt sich das Bild um. Kinder neigen dann dazu, Mitschüler aufzuwerten, die ebenfalls intelligent sind, sich aber weniger hervortun.

Frage 9: Wie viele gute Freunde haben Sie?

Die Größe des Freundeskreises gilt als zuverlässiges Beliebtheitskriterium. Vorausgesetzt, es handelt sich nicht nur um eine Vielzahl oberflächlicher Bekanntschaften, sondern vertiefte Kontakte.

Frage 10: Ist Ihr Freundeskreis gewachsen?

Wenn seit Ihrer Kindheit Ihre Beliebtheit und Ihre sozialen Kontakte zugenommen haben, ist das ein gutes Zeichen für eine positive Entwicklung. Ihre Möglichkeiten erweitern sich. War das bisher nicht der Fall, werden Sie mit Hilfe dieses Buches Ihrer Selbstentfaltung einen Starschuss geben.

Frage 11: Von wem geht die Initiative aus?

Schon im Vorschulalter werden beliebte Kinder von weniger beliebten umworben. Es ist jedoch immer noch besser, selbst den Kontakt zu suchen, als zu vereinsamen.

Frage 12: Wie suchen Sie nach einem neuen Job?

70 Prozent aller gehobenen Positionen werden über Beziehungen vergeben, nicht über Stellenausschreibungen und schon gar nicht über das Arbeitsamt. Je origineller und aktiver Sie die unterschwelligen Spielregeln des Arbeitsmarktes für sich nutzen, desto besser sind Ihre Erfolgsaussichten und Ihre soziale Kompetenz. Ein Netzwerk an guten Kontakten zu haben, ist hilfreich. Allerdings müssen Ihre Kontakte

auch bereit sein, für Sie in die Bresche zu springen. Das werden sie nur tun, wenn sie Sie mögen.

Frage 13: Wie finden Sie Kontakte in der Fremde?

Die Antwort ergänzt Frage 12 auf dem privaten Gebiet. Auch hier kommt ein funktionierendes Netzwerk vor Eigeninitiative und Routinelösung.

Frage 14: Welche Eigenschaft schreiben Ihnen Bekannte vorrangig zu?

Sie können durchaus nett, kompetent und dominant zugleich sein. Lobt man aber zuerst Ihre Kompetenz, ist das ein Hinweis, dass Ihre Freundlichkeit zu wünschen übrig lässt. Sind nämlich beide Eigenschaften gleich stark ausgeprägt, werden Ihre Mitmenschen zuerst die Freundlichkeit loben, weil sie davon im alltäglichen Umgang mehr profitieren als von Ihrer Kompetenz – das gilt sogar unter Fachkollegen.

Frage 15: Welche Eigenschaft vermissen Ihre Freunde an Ihnen?

Nachgiebige und zurückhaltende Leute wirken sympathischer als Personen, denen es an diplomatischem Geschick mangelt oder die gefühlskalt wirken.

Frage 16: Wie verhalten Sie sich im Konfliktfall?

Die Antwort ergänzt die vorige Frage um zwei wichtige Punkte. Bei Stress und Ärger zeigt sich der wahre Charakter deutlicher als in entspannter Lage. Und: Noch beliebter als Nachgiebigkeit ist die Fähigkeit, Gegensätze zu tolerieren und miteinander zu vermitteln.

Frage 17: Was kontrollieren Sie bei Gesprächen?

Hier sind zwei Extreme von Nachteil. Wer nur auf den Inhalt seiner Worte achtet, ignoriert den Einfluss der Beziehung zum Partner auf den Gesprächsverlauf. Missverständnisse sind vorprogrammiert. Wer unentwegt auf Alarmsignale des Partners achtet, leidet unter mangelnder Selbstsicherheit. Er neigt dazu, sein Mäntelchen in den Wind zu hängen. Er wird beim leisesten Widerspruch einknicken. Ein stabiler, berechenbarer Charakter wirkt sympathischer als eine labile Person, die ohne klaren Grund laufend ihre Meinung ändert.

Frage 18: Werden Sie oft ignoriert?

Es passiert selbst Berühmtheiten, dass sie nicht erkannt und dann wie Lieschen Müller schnöde (oder gar nicht) abgefertigt werden. Wenn Sie den Eindruck haben, das passiert Ihnen öfter als anderen, haben Sie wahrscheinlich eine sich selbst erfüllende Prophezeiung in Gang gesetzt. Nach einigen schlechten Erfahrungen erwarten Sie schon im Voraus, ignoriert zu werden. Erfahrene Verkäufer und Kellner registrieren diese Haltung im Unterbewusstsein. Da sie dazu neigen, sich ihr Berufsleben so bequem wie möglich zu gestalten, konzentrieren sie ihre Aufmerksamkeit auf Leute, die Stress machen, wenn man sie nicht gleich bedient.

Frage 19: Wie verhalten Sie sich im unbewussten, körpersprachlichen Konflikt?

Wer sich von Kellnern ignoriert fühlt, neigt auch dazu, einer Kollision auf einem Gehweg auszuweichen. Das ist natürlich besser, als wegen so einem nichtigen Anlass eine Rempelei zu riskieren. Beliebte Leute besitzen jedoch das Geschick, die geheimen Regeln solcher Begegnungen subtil zu meistern. Hier gilt: Ein Blickwechsel und die Blickrichtung verraten, welche Richtung ich nehmen werde. Probieren Sie es aus. Gehen Sie auf einem engen Weg frontal auf einen entgegenkommenden Passanten zu und schauen Sie etwa drei Meter vor der Kollision links an ihm vorbei. Sie werden sehen: Er wird nach rechts (von Ihnen aus gesehen) ausweichen. Wenn Sie sich entgegen Ihrem Blicksignal ebenfalls nach rechts bewegen, werden Sie zusammenkrachen.

Frage 20: Sprechen Sie mit andern über peinliche Dinge?

Wer heikle Themen mit Geschick anspricht, beherrscht die Feinheiten zwischenmenschlicher Kommunikation. Dazu zählt die Kunst einzuschätzen: Wie bewertet mein Gegenüber unsere Beziehung? Was sind seine Vorlieben, Abneigungen und Tabus? Wer nicht die angemessene Sprache findet, macht sich schnell unbeliebt. Grundsätzlich gilt: Sie können über alles offen reden – auf das Wie kommt es an. Ihre Redeweise muss zur Situation und zu den Eigenheiten Ihres Gesprächspartners passen.

Wie viel Sympathie herrscht in Ihren Beziehungen?

Zum Abschluss Ihrer Bestandsaufnahme schlage ich Ihnen noch eine Übung zur Selbsterkenntnis vor, in der Sie Ihrer Intuition frei folgen können. Mit ihr werden Sie weitere Sympathiequellen und -lücken entdecken. Sie liefert Ihnen zugleich erste Vorschläge, um Ihre Beliebtheit zu steigern.

Nehmen Sie einen Stift und einige Blätter Papier. Wählen Sie aus Ihrer Erinnerung einige wichtige Personen aus, die Sie relativ gut kennen. In erster Linie werden Sie an persönliche Bekannte denken. Sie können aber auch zwei, drei Promis aus dem Fernsehen in Ihre Liste aufnehmen. Darunter sollten sympathische wie auch eher unsympathische Leute sein. Nehmen Sie für jede dieser Personen ein gesondertes Blatt.

Schreiben Sie folgende Angaben auf:

- Name der Person.
- Wichtige Daten und Kennzeichen (Alter, Beruf, charakterliche und äußerliche Auffälligkeiten).
- Was finde ich an ihr sympathisch und warum?
- Was finde ich an ihr unsympathisch und warum?
- Kenne ich die Einstellung anderer Leute zu dieser Person? Weicht sie von meiner Einschätzung ab? Wenn ja, warum?
- Wenn ich diese Person wäre – welche Gründe hätte ich für mein Verhalten?
- Wie sympathisch würde diese Person mich finden und warum?

In einem zweiten Schritt vergleichen Sie Ihre Notizen untereinander. Prüfen Sie:

- Wo sind Übereinstimmungen, wo Unterschiede?
- Wo fehlen mir Angaben, was müsste ich noch in Erfahrung bringen?
- Gibt es Dinge, die ich generell sympathisch beziehungsweise unsympathisch finde?
- Wie viel weiß ich über die Urteile anderer?

- Wie groß ist der Anteil meiner subjektiven Vorlieben und Abneigungen an meinem Urteil? (Wie groß wäre meine Übereinstimmung beziehungsweise Abweichung zum Urteil anderer?)
- Was fällt mir sonst noch auf?

Was Sie dabei auch herausfinden – Sie können einen ersten praktischen Gewinn daraus für sich ableiten. Setzen Sie zum Beispiel folgende Vorschläge in die Tat um:

Konnten Sie Fragen zu Ihren persönlichen Bekannten nicht vollständig beantworten? Dann verabreden Sie sich mit ihnen und fragen Sie nach. Sagen Sie: «Als ich dich anrief, habe ich über folgende Frage nachgedacht ...» Wie Sie heikle Fragen auf sympathische Weise ansprechen, erfahren Sie in Kapitel 8. Ihr Interesse für die Meinung anderer weckt Sympathie.

Was fanden Sie an Ihren Bekannten sympathisch? Sagen Sie es ihnen bei Ihrer nächsten Begegnung. Direkt, ohne Umschweife: «Deine Art, wie du ... finde ich sympathisch.» Je konkreter und unverwechselbarer ein Kompliment, desto mehr Sympathie werden Sie damit gewinnen.

Welche unsympathischen Verhaltensweisen hatten Sie notiert? Nehmen Sie sich vor, sie in Zukunft zu ignorieren. Sie wissen jetzt, warum sie Ihnen nicht gefallen, und können sich im Voraus eine Strategie überlegen, wie Sie damit umgehen werden. Streit würde nur die Abneigung vertiefen. Halten Sie sich an das Positive.

Was Sie selbst betrifft, verhalten Sie sich genauso. Zeigen Sie so oft wie möglich diejenigen Seiten von sich, die bei Ihren Mitmenschen auf Gegenliebe stoßen. Mit allem anderen üben Sie Zurückhaltung.

Schritt 3:
Experte, Anführer oder guter Freund – finden Sie die richtige Balance

Zwei Männer steigen in einem Heißluftballon auf. Kurz nach dem Start gerieten sie in ein Unwetter. Als sich die Wolken endlich verziehen, wissen sie nicht mehr, wo sie sich befinden. Endlich sehen sie unter sich einen Mann auf einem Feldweg spazieren. Sie lassen den Ballon bis auf Hörweite herabsinken und rufen: «Wo sind wir hier?»

Der Mann schaut nach oben und ruft zurück: «In einem Ballonkorb.»

Sagt der eine Ballonfahrer zum andern: «Merkst du was? Das muss ein Chef gewesen sein.»

«Wieso?»

«Er hatte erstens sofort eine Antwort parat, aber zweitens ging sie völlig am tatsächlichen Problem vorbei.»

«Nein, ich denke, er war ein Experte.»

«Wieso?»

«Seine Antwort war erstens sachlich korrekt, aber zweitens für uns gänzlich nutzlos.»

Autorität schafft Abstand

Erinnern Sie sich an Frage 14 aus dem vorigen Schritt: *Gelten Sie in erster Linie als kompetent, durchsetzungsfähig oder nett?* Was hatten Sie angekreuzt? Bei den meisten dominiert ein Bereich. Und Sie? Betrachten Ihre Mitmenschen Sie eher als Leitwolf, Könner oder guten Kumpel?

Schließen Sie eine zusätzliche Überlegung an: Beruht diese Wirkung eher auf Ihrem Charakter oder Ihrer sozialen Position? Hier sind mehrere Kombinationen möglich. Der eine sitzt im Chefsessel, weil er schon als Kind ein Führungstyp war. Ein anderer ist eher der nette Kumpel von nebenan, aber aufgrund seines Unidiploms an die Spitze einer Abteilung berufen worden. Noch konfliktreicher ist die Lage, wenn ein Spezialist, der am liebsten einsam über seinen Berechnungen brütet, gezwungen wird, ein Dutzend Leute anzuleiten. Auch die Umkehrung ist möglich. Eine junge Frau, die bisher der soziale Mittelpunkt des Teams war, besucht einen Computerkurs und kommuniziert von nun an nur noch mit ihren Rechnern.

Glücklicher lebt, wessen Persönlichkeit zu seiner sozialen Position passt. Leider können wir es uns in Zeiten knapper Arbeitsplätze oft nicht aussuchen. Dann treten Konflikte auf. Eigentlich möchte ich mit meinen Leuten einen trinken gehen und über Gott und die Welt reden. Aber leider darf ich meine Stellung als Abteilungsleiter nicht gefährden. Also reiße ich mich zusammen und achte auf (Selbst-)Disziplin. Sie kennen das Dilemma aus Kapitel 1: Widersprüche in Charakter und Verhalten wirken als Sympathiebremsen.

Doch nehmen wir an, Sie sind mit Leib und Seele Chef oder Experte und haben zugleich den idealen Job, der Ihren Interessen entspricht. Auch dann können Sie Probleme mit der Sympathie bekommen. Chef und Experte haben eines gemeinsam. Sie verfügen über eine besondere Autorität – der eine wegen seiner Weisungsbefugnisse, der andere wegen seines Fachwissens. In ihrer Sonderstellung heben sie sich von den Kollegen ab.

Zuneigung und Vertrauen beruhen aber auf Übereinstimmungen. Wir mögen, wer uns ähnelt. Sympathie entsteht unter Gleichen. Ein Chef jedoch ist mächtiger, ein Experte klüger als die Übrigen. Nicht in jeder Hinsicht, aber doch bei wichtigen Entscheidungen. Selbst bei einem lockeren Zusammensein behalten wir das Autoritätsgefälle immer im Hinterkopf – die Mitarbeiter ebenso wie Chef und Experte. Wenn der Boss Ihnen bei der Betriebsfeier zu vorgerückter Stunde in Bierlaune das «Du» anbietet, tun Sie gut daran, am nächsten Morgen erst einmal abzuwarten, ob er sich noch daran erinnern will.

So mancher Vorgesetzter würde gern den Abstand verringern, der ihn von seinen Mitarbeitern trennt. Er möchte ins Vertrauen gezogen werden, an ihren Pausengesprächen teilnehmen und ihre privaten Probleme kennenlernen. Er möchte nicht nur Autorität, sondern auch

Sympathie ausstrahlen. Doch der Vorgesetzte, der sich als Sympathiefischer betätigt, erreicht das Gegenteil. Er verliert seine Autorität, ohne an Sympathie zu gewinnen. Das folgende Beispiel zeigt, worin das Dilemma besteht.

Der Chef war abends mit seinen Mitarbeitern aus. Sie haben beim Bier einander ihre privaten Sorgen anvertraut. Er hat verständnisvoll ihren Erzählungen gelauscht. Seinem Buchhalter, der von seinem Kummer mit seinem Sohn berichtete, legte er tröstend den Arm um die Schulter. Der Chef sagte schließlich: «Lassen wir das förmliche ‹Sie› beiseite. Ich bin der Kurt.»

Am nächsten Tag erhält die Firma einen Großauftrag. Der Buchhalter soll eiligst die Kosten durchrechnen. Der Chef sagt zu ihm: «Hör mal, Bernd, ich brauche die Kostenaufstellung bis morgen früh.»

«Du weißt doch, Kurt, ich kann mir im Moment keine Überstunden leisten. Ich muss wenigstens abends zu Hause sein. Wenn ich den letzten Kontakt zu meinem Jungen verliere …»

«Tut mir leid, wir haben dem Kunden zugesagt, bis morgen um zehn …»

«Gestern hast du gesagt, bei meinen Problemen könne ich jederzeit auf deine Unterstützung zählen!»

Auch wenn der Chef sich am Ende durchsetzt – die Autorität ist angeknackst, und er büßt Sympathie ein. Den Mitarbeiter ärgert der Widerspruch zwischen den großartigen Versprechen vom vorigen Abend und dem realen Verhalten am Morgen danach.

Der Versuch eines Chefs, sich mit seinen Angestellten zu verbrüdern, kann zu merkwürdigen Ritualen führen. Für die Mitarbeiter ist auch die Verbrüderung eine Anordnung vom Chef. Als ich nach meinem Studium meine erste Stelle an einer Universität antrat, befahl der Professor, ihn als Gleichen zu behandeln: «Wir diskutieren offen über jedes Problem, und jeder hat eine Stimme. Ist das klar? Wir duzen uns alle. Wer auf die Idee kommt, mich zu siezen, der fliegt!»

Sympathie ist wichtiger als Können

Kein Wunder, dass über die Sonderstellung von Chefs und Experten viele Witze kursieren: Ein guter Experte ist jemand, der über weniges vieles weiß. Also ist der beste Experte jemand, der über nichts alles weiß. Über das Verhältnis von Chef und Mitarbeitern: Ein Chef ist jemand, der klare Katastrophen in unklare Anweisungen verwandelt. Ein Mitarbeiter ist jemand, der unklare Anweisungen in klare Katastrophen verwandelt. Weswegen der Chef aus diesen klaren Katastrophen wiederum neue unklare Anweisungen ableitet ... Ein Teufelskreis.

Sind also Sympathie und Autorität unvereinbar? 2005 startete Emnid eine repräsentative Umfrage unter Berufstätigen. Dabei ergab sich: Mindestens die Hälfte der deutschen Mitarbeiter mögen ihre Vorgesetzten. 49 Prozent der Männer und sogar 63 Prozent der Frauen betrachten ihren Boss als Vorbild. Ähnlich viele finden ihn gerecht und motivierend. «Er nimmt mir die Lust an der Arbeit», sagten dagegen nur 16 Prozent der Frauen und 18 Prozent der Männer. Dabei spielt es kaum mehr eine Rolle, ob der Boss ein Mann oder eine Frau ist. In einer Studie der Hamburger Professorin Sonja Bischoff kamen zwei Drittel der von ihr befragten Männer mit Chefinnen ebenso zurecht wie mit Chefs. Nur 19 Prozent der Männer empfanden die Arbeit bei weiblichen Chefs als schlechter. Bei den Frauen waren es mehr! 25 Prozent der weiblichen Angestellten beurteilten ihre Chefinnen negativ.

Die Zahlen zeigen, dass viele Vorgesetzte Sympathien genießen. Doch immerhin, in fast jedem zweiten Fall gibt es größere Probleme, und jeder sechste Chef ist unbeliebt. Bei den Experten sind die Verhältnisse ähnlich. Hochqualifizierte besitzen in der Regel auch ein hohes Ansehen. Ärzte als Berufsgruppe genießen zum Beispiel viel Vertrauen. Trotz aller Horrormeldungen über Kunstfehler, betrügerische Abrechnungen und schlechte Hygiene in manchen Kliniken. Wenn man aber krank wird und einen Arzt braucht, sieht die Sache anders aus. Da wählt der angehende Patient selten den Erstbesten aus dem Telefonbuch. Nach einer Befragung der Bertelsmann-Stiftung von 2004 (Mehrfachnennungen waren möglich) achten 78 Prozent der Patienten bei ihrer Ärztewahl auf die Zufriedenheit anderer Patienten – also auf Mundpropaganda. 66 Prozent beobachten den Umgang des

Doktors mit Leidensgenossen. Erst danach folgten mit 65 Prozent die Fachkenntnisse und mit 57 Prozent die räumliche Nähe der Praxis. Dr. Sylvia Sänger vom Berliner Ärztlichen Zentrum für Qualität in der Medizin bestätigte nach ihrer Auswertung von mehreren europäischen Umfragen: «Dass ein Arzt zuhören kann, ist für viele Patienten wichtiger als seine fachliche Kompetenz.»

Die Forscher Tiziana Casciaro und Miguel Sousa Lobo untersuchten das Verhältnis von Sympathie und Kompetenz in einer großen Studie und veröffentlichten sie 2005 in der renommierten US-Zeitschrift *Harvard Business Review*. Ihre Frage lautete: Wenn jemand Rat braucht – wendet er sich lieber an einen kompetenten oder an einen sympathischen Kollegen? Die Mehrzahl der 10 000 Teilnehmer bezog eine eindeutige Haltung. Ist der Kollege unsympathisch, spielt es keine Rolle, wie kompetent er ist. Die Leute gehen ihm aus dem Weg. Ist er sympathisch, nutzen sie dagegen jeden Wissensvorsprung, den sie aus ihm herauskitzeln können. Und sei er noch so klein. Vier Varianten sind denkbar:

1. Am liebsten fragen wir Kollegen um Rat, die sympathisch *und* kompetent sind.
2. Trifft das auf keinen erreichbaren Mitarbeiter zu, fragen wir zuerst andere sympathische Kollegen, auch wenn es ihnen an Kompetenz mangelt. Wir sagen uns im Stillen: Er mag nicht der Fähigste sein, zeigt aber auf liebenswürdige Weise Verständnis für mein Problem und bemüht sich nach besten Kräften zu helfen. Auch wenn es ihm letztlich nicht gelingt.
3. Unsympathische Könner fragen wir nur im äußersten Notfall um Rat. Auch wenn er unser Problem rasch beheben könnte. Wir scheuen davor zurück, jemandem, den wir nicht mögen, Dankbarkeit zeigen zu müssen.
4. Wer weder sympathisch noch kompetent ist, den lassen wir links liegen.

Bei der Befragung zu Beginn der Studie sagten fast alle Teilnehmer: «Natürlich ist Kompetenz wichtiger als Liebenswürdigkeit.» Aufgrund persönlicher Animositäten Wissen ungenutzt zu lassen, gilt als unprofessionell. Setzte man die Leute jedoch im Experiment einem Problem aus und beobachtete, an wen sie sich um Hilfe wandten, taten sie genau das, was sie vorher abgelehnt hatten. Beliebtheit rangierte vor Können.

Drei Quellen für fehlende Beliebtheit im Team
- Sind Sie Vorgesetzter oder Experte?
- Erhalten Sie zu wenig Sympathie?
- Vermuten Sie, Ihre Sonderstellung ist daran schuld?

Falls Sie alle drei Fragen mit Ja beantworten, prüfen Sie bitte, wie weit die folgenden drei Arten von Ursachen für Sie zutreffen. Manchmal ist nur eine Hürde zu überwinden, oft zieht aber ein Hindernis weitere nach sich.

Sympathiebremsen. Sie machen eigentlich alles richtig, trotzdem geraten Sie mit Ihren Kollegen immer wieder aneinander. Ohne dass Ihnen einer sachlich etwas vorwerfen könnte. Sie erleben ein Auf und Ab der Sympathie. Einige Zeit verbessert sich Ihr Verhältnis, doch plötzlich verschlechtert es sich wieder. Das passiert überall, wo Sie als Anführer oder Fachmann in Erscheinung treten – also unter Umständen nicht nur im Job, sondern auch in einer Hobbygruppe oder unter Freunden, bei denen Ihre Fähigkeiten gefragt sind. In diesem Fall zerstören einzelne problematische Verhaltensweisen den ansonsten angenehmen Gesamteindruck. Einzelheiten erfahren Sie im nächsten Abschnitt.

Führungstypen. Sie sind eine Persönlichkeit mit Ecken und Kanten. Sie zeigen einen ausgeprägten, für Sie typischen Führungs- oder Beratungsstil. Einige Leute kommen damit gut zurecht, mit anderen geraten Sie immer wieder aneinander, weil die einen anderen Stil bevorzugen würden. In diesem Fall lohnt es, Extreme des eigenen Stils auszugleichen und flexibler auf verschiedene Persönlichkeiten einzugehen. Tipps dazu im übernächsten Abschnitt (S. 70–74).

Mangel an verbindendem Verhalten. Es gibt keine auffälligen Konflikte – und trotzdem werden Sie nicht so recht warm miteinander. Sind Sie nicht sehr gesellig? Kümmern Sie sich mehr um Ihre Sachthemen als um den Klatsch und Tratsch Ihrer Umgebung? Dann erhalten Sie wenig Sympathiesignale, weil Sie selbst kaum welche aussenden. Vielleicht sagen Sie sich: Dass ich mit den Leuten meine Fachprobleme erörtern und ihre Meinung ernst nehme, zeigt doch, das ich sie akzeptiere! Den meisten ist das zu wenig. Sie sind verunsichert: Ist er gleichgültig? Oder lehnt er uns ab, ist aber zu höflich, es offen zuzugeben? Viele Menschen brauchen direkte Signale der Wertschätzung, um sich angenommen zu fühlen. In diesem Fall genügen einige gelegentliche Sympathiesignale, um das Verhältnis deutlich zu verbessern. Vorschläge dazu finden Sie im vorletzten Abschnitt dieses Kapitels (S. 75–78).

Sieben vermeidbare Sympathiebremsen

An fachliche und Führungsautorität knüpfen sich Erwartungen. Jeder hat bestimmte Vorstellungen, wie sich eine Person in einer herausgehobenen Stellung idealerweise verhalten sollte. Handelt sie nach diesen Regeln, entwickelt sich Vertrauen. Solche Chefs und Experten sind beliebt. Wenige Macken genügen allerdings, um den positiven Gesamteindruck zu zerstören.

Spontane Wutausbrüche. Solange die Dinge laufen wie geplant, ist der Chef eine Seele von Mensch. Doch was, wenn ein Mitarbeiter aus der Reihe tanzt? Sobald Stress und Hektik die Anspannung erhöhen, verwandelt der Boss sich in eine schwarze Gewitterfront. Er brüllt herum. Oder er äußert seinen Ärger indirekt – durch verletzende ironische Bemerkungen («Na, Schulz, das hätte ja sogar mein vierjähriger Enkel besser hingekriegt») und Schmollen («Dann seht mal zu, wie ihr damit ohne mich fertig werdet»). Der Experte wirft die Arbeit hin: «Wenn ihr meint, ihr könnt meinen Job besser erledigen als ich …»

Ärger herauslassen wirkt im Moment befreiend, schadet aber auf längere Sicht. Wutanfälle nehmen die Mitarbeiter als Eingeständnis von Schwäche wahr. Die Autorität bröckelt. Sie wird schließlich nicht mehr ernst genommen. Abhilfe: Sobald Sie fühlen, wie die Wut hochsteigt, verlassen Sie unter einem Vorwand den Raum (zum Beispiel auf die Toilette gehen). Draußen langsam ausatmen, mindestens zehn Sekunden lang. Das beruhigt. Überlegen Sie sich nun, wie eine souveräne Person reagieren würde. Dann gehen Sie wieder hinein und folgen Ihrer besseren Einsicht. Sie sagen zum Beispiel: «Ich finde die Sache äußerst ärgerlich. Wer hat Vorschläge für eine konstruktive Lösung?»

Opferhaltung. Eine Sonderstellung bringt nicht nur Privilegien. Sie macht auch angreifbar. Der Abteilungsleiter dient als Prellbock zwischen seinen Mitarbeitern und der Chefetage. Der Experte soll geradestehen für alles, was auf seinem Spezialgebiet schiefgeht – auch wenn andere das Vorhaben bei der Umsetzung verbockt haben. Das Falscheste wäre jetzt, sich bei den Vorgesetzten über die Untergebenen und bei den Untergebenen über die Vorgesetzten zu beklagen. Wenn Sie Verständnis suchen: Ihre Gesprächspartner sollten in der Hierarchie auf derselben Ebene stehen wie Sie und nicht mit Ihnen um den Aufstieg konkurrieren. Noch besser: Wandeln Sie sich vom Opfer zum Täter. Ergreifen Sie die Initiative. Bitten Sie die Verantwortlichen um Unterstützung bei Ihrem Bemühen, die Lage zu verbessern.

Kritik-Okkupant. Wer will nicht lieber Kritik austeilen als selbst kritisiert werden? Wer jedoch dafür seine Macht ausspielt, macht sich rasch unbeliebt. Hatten Sie auch schon mit Chefs zu tun, die ständig was zu meckern hatten, aber selten lobten? Erstaunlicherweise sind das dieselben Vorgesetzten, die es gar nicht mögen, wenn man an ihrem Tun auch nur die leisesten Zweifel äußert. Sie nehmen jede Nachfrage sofort als persönlichen Angriff. Eine solche Haltung ist sehr gefährlich. Die Mitarbeiter trauen sich bald nicht mehr, irgendwelche Einwände vorzubringen. Fehler und Probleme kommen nicht mehr zur Sprache. Der Chef glaubt nach einiger Zeit, alle hielten ihn für perfekt, weil keiner mehr was sagt, wundert sich aber, warum seine Leute so lustlos auf seine grandiosen Anordnungen reagieren.

Wenn Sie etwas zu hören bekommen, was Ihnen nicht gefällt – schlagen Sie nicht sofort zurück. Sie brauchen sich aber auch nicht gleich Asche aufs Haupt zu streuen. Sagen Sie vielmehr: «Tatsächlich? Können Sie mir Ihren Einwand genauer erläutern?» Wenn Sie lange genug zuhören, wird der Sprecher anfangen, seine Kritik zu relativieren. Dann fragen Sie ihn nach seinen Vorschlägen. Wenn Sie seine Kritik beim besten Willen nicht akzeptieren können, sagen Sie: «Danke für Ihre Offenheit. Ich werde darüber nachdenken.» Achtzig Prozent aller Kritiker sind schon zufrieden, wenn man sie anhört. Auch wenn sich praktisch nichts ändert.

Besserwisserei. Einer meiner früheren Chefs war zugleich anerkannter Experte auf seinem Gebiet. Er hatte folgende Angewohnheit. Auf Beratungen forderte er alle Mitarbeiter zu einer freimütigen Diskussion auf. Sagte einer etwas, was ihm gegen den Strich ging, widersprach er sofort und erklärte ihm kraft seiner Autorität, wie ein einsichtiger Mitarbeiter die Dinge zu sehen habe. Er hatte stets das letzte Wort. Seine Leute dienten ihm schließlich nur noch als Stichwortgeber. Damit verwandelte sich die «demokratische» Diskussion in eine Zustimmungsfarce. Mit der Zeit meldete sich kaum noch einer zu Wort. Wir ließen ihn reden, und das tat er auch. Oftmals mehr als eine Stunde am Stück. Die Mitarbeiter äußerten ihre Meinung nur noch, wenn der Chef abwesend war. Und was sie da über ihn und seine Ideen sagten, was alles andere als schmeichelhaft.

Wenn man hinter Ihrem Rücken über Sie redet, sind Sie wahrscheinlich in die Besserwisserfalle gelaufen. Selbst wenn Sie der Schlauste in Ihrer Truppe sind – üben Sie Zurückhaltung. Auch Leute ohne Ihre Sachkenntnis äußern manchmal brauchbare Ideen oder stellen zumindest verblüffende Fragen. Sie regen damit Sie an, das Problem mal von einer ungewohnten Seite aus zu betrachten. Kein Experte ist so klug, dass er nicht noch etwas dazulernen könnte. Aus der Forschung zur Gruppendynamik weiß man: Wenn Gruppen ein Problem diskutieren, finden sie meist eine Lösung, die dem Vorschlag des klügsten Einzelmitglieds überlegen ist. Dafür genügt bereits, dass die Übrigen dem Wissen ihres Experten einen Aspekt hinzufügen. Hören Sie zehn Minuten zu, auch wenn Sie am liebsten sofort widersprechen möchten. Wenn Sie zuhören, steigt die Bereitschaft, im Gegenzug auch Ihnen mit mehr Wohlwollen zu lauschen.

Vogel Strauß. Probleme und Konflikte sind unangenehm. Wer Führungsintelligenz besitzt, stärkt seine Autorität, indem er seine Leute aus der Krise zu einer konstruktiven Lösung führt. Leider vergeben viele Chefs diese Möglichkeit. Sie stecken lieber den Kopf in den Sand und hoffen, dass der Sturm bald vorüberzieht. Vogel-Strauß-Verhalten erkennen Sie an Sätzen wie:

«Ich bin Experte für Software. Für die Umsetzung sind andere zuständig.»

«Belästigen Sie mich nicht mit solchen Bagatellen. Ich habe die Arbeit der Abteilung zu organisieren.»

«Gute Mitarbeiter regeln solche Dinge untereinander.»

«Jetzt reißt euch mal am Riemen. Ihr seid doch keine kleinen Kinder mehr. Gebt euch die Hand und vertragt euch.»

«Schön, jetzt habt ihr euern Ärger ausgesprochen. Lassen wir es damit genug sein. Wir haben Wichtigeres zu tun.»

«Lasst die da oben nur reden. Wir machen unsere Arbeit.»

Wer Sie wegen eines Konflikts um Hilfe bittet, gibt Ihnen einen Vertrauensvorschuss. Jetzt können Sie Sympathiepunkte sammeln! Hören Sie zu, was beide Seiten zu sagen haben. Ergreifen Sie auf keinen Fall Partei. Prüfen Sie, ob es hinter den Gegensätzen Gemeinsamkeiten gibt. Suchen Sie dort nach einer vorläufigen Lösung und schlagen Sie vor, diese zwei Wochen lang zu erproben. Ihre Bemühungen zu vermitteln, ohne eine Partei zu bevorzugen – selbst wenn Sie keine Einigung erreichen sollten –, wird Ihnen bei beiden Seiten Sympathien einbringen.

Schwarzseher. Neuerungen sind ein Risiko. Vor allem für Chefs und zuständige Experten. Denn sie tragen die Verantwortung, falls sie scheitern. Sie treten daher häufig als Bedenkenträger auf die Bremse. Da sie den größeren Überblick haben – Chefs durch die Kenntnis anderer Abteilungen und der Führungsspitze, Experten durch ihr Spezialwissen –, fällt es ihnen leicht, ihre Ängste mit vielen klugen Argumenten zu verschleiern:

«Die Neuerung ist interessant, aber bislang noch nicht ausreichend in der Praxis erprobt.»

«Bis jetzt ist das nur eine Theorie. Leider kenne ich keine Untersuchungen, die den Erfolg zweifelsfrei bestätigen.»

«Es gibt keinen Grund, von unserem erfolgreichen Weg abzugehen.»

«Es wäre leichtsinnig, unseren mühsam erarbeiteten Gewinn in einem Experiment mit ungewissem Ausgang aufs Spiel zu setzen.»

Machen Sie sich klar, dass die Gegenargumente genauso klug sind. Auch die erste Dampflok, das erste Flugzeug und der erste Computer haben einst als unerprobte Neuerungen angefangen. Zweifler spotteten und meinten, das Volk würde für alle Zeit bei Pferd, Kutsche, Schiff und Rechenschieber bleiben. Wenn Sie nicht vom erprobten Weg abgehen, wird die Konkurrenz es tun. Dann kann sich Ihr «erprobter Weg» in Kürze in einen Abstieg in die Erfolglosigkeit verwandeln.

Führen Sie Neuerungen in kleinen Schritten und versuchsweise ein. Lassen Sie die Leute eigene Erfahrungen sammeln. Zeigen Sie Begeisterung für das Experiment. Betonen Sie die Chancen, die in der Veränderung liegen. Selbst wenn Sie am Ende bei der bewährten Variante bleiben – alle lernen dazu und bauen Ihre Berührungsängste gegenüber dem Neuen ab.

Heute so, morgen so. Häufige Richtungswechsel verunsichern die Mitarbeiter. Am schlimmsten sind Vorgesetzte, die ihren Willen nur in Andeutungen mitteilen: «Sie haben mich schon verstanden, Müller. Machen Sie was draus. Sie sind doch kein Kind mehr, dem man jedes Fitzelchen erklären muss.» Am nächsten Tag heißt es dann: «Müller, wer hat Ihnen erlaubt, eigenmächtig zu entscheiden? Wie bitte? Ich?

Sie wissen ganz genau, dass ich vor jedem Schritt gefragt werden will!» Am dritten Tag: «Was wollen Sie denn schon wieder? Mit jedem Schritt meinte ich doch nicht jeden Radiergummi, den Sie anschaffen! Ein bisschen mehr Selbständigkeit, Müller!»

Mit solchem Schwanken zwischen Hü und Hott lehrt der Chef Müller das Fürchten. Autorität und klare Regeln gehören zusammen. Verlässliche Normen sind das Rüstzeug erfolgreicher Forscher, Eltern, Anwälte und Manager. Ihre Regeln können Sie weitgehend frei wählen – nur der gänzliche Verzicht auf Regeln schadet Ihnen. Selbst wenn Sie zu Unpünktlichkeit und Chaos neigen sollten, können Sie Ihre Vorlieben in Regeln fassen. An den Universitäten ist beispielsweise das «akademische Viertel» üblich. Eine Viertelstunde später zu kommen, wird toleriert.

Bewegen Sie sich also stets innerhalb eines flexiblen Rahmens. Informieren Sie Ihre Umgebung über Ihre Normen. Versuchen Sie nicht, mangelnde Zuverlässigkeit mit Worten wie «Ich bin halt kreativ» oder «Ich handle stets aus dem Bauch heraus» zu beschönigen. Würden Sie gern von der guten Laune eines fremden Bauches abhängig sein, wenn es um Ihren nächsten Urlaub oder eine Gehaltserhöhung geht?

Vier extreme Führungstypen

Sind Sie eine markante Persönlichkeit? Verfügen Sie über Ihren eigenen, unverwechselbaren Stil? Das stellt in puncto Sympathie ein Problem dar, sobald Sie zu Extremen neigen. Was verstehen Sie zum Beispiel unter «pünktlich»? Nehmen wir an, Sie haben sich mit einem Kunden um zwölf verabredet. Wenn er eine knappe halbe Stunde später kommt und sich mit dem Stau auf der Stadtautobahn entschuldigt – würden Sie von dem sagen, er sei «im Prinzip pünktlich» gewesen? Wenn ja, werden Sie mit akkuraten Leuten, aber auch mit einer gewissen Nachlässigkeit gut zurechtkommen. Anders ist die Lage, wenn Sie erwarten, dass er Punkt zwölf bei Ihnen auf der Matte steht. Oder am liebsten noch einige Minuten eher, weil Sie bereits fünf vor zwölf anfangen, nervös auf die Uhr zu schauen. Und wenn er absagen muss, sollte er mindestens einen Tag vorher Bescheid sagen, damit Sie diesen Termin anders verplanen können.

Im letzten Fall werden gewissenhafte Kollegen Sie mögen. Kreativen Chaoten, die Termine platzen lassen und sich erst drei Tage später wortreich am Telefon entschuldigen, sind Sie dagegen viel zu pingelig. Wenn Sie umgekehrt selbst zu Unordnung und Spontaneität neigen, kommen Sie gut mit den Chaoten klar. Die Überpünktlichen sind Ihnen jedoch unheimlich. Egal, mit welchem der folgenden vier Extreme Sie eventuell zu kämpfen haben: Bemühen Sie sich, Ihren Stil durch sein Gegenstück zu mildern. Sie werden mehr Freunde gewinnen als bisher.

Der Perfektionist. Der Schreibtisch ist eher leer als übervoll. Die wenigen Unterlagen darauf sind zur Tischkante hin rechtwinklig ausgerichtet. Sein Führungsstil ist autoritär und zielorientiert. Sein Motto: Klare Prinzipien erleichtern das Leben. Sein Vorzug: Er ist berechenbar. Er arbeitet strukturiert, mit eindeutigen Richtlinien. Er äußert klare Erwartungen. Da er die Dinge stets im Griff haben will, neigt er zur Kontrolle. Wer sie erfüllt, erntet faire Anerkennung. Er mag keine Zweifel und Diskussionen. Höchstens kurze, knappe Verständnisfragen. Unter Eigeninitiative versteht er «mit höchstem Eifer meine Anordnungen effektiv und schnell durchsetzen». Wer mit bester Absicht von seinen Vorgaben abweicht, kann auf wenig Gnade hoffen. Dann schaltet der Perfektionist auf stur und lässt es auf einen Machtkampf ankommen.

Wenn Sie zum Perfektionismus neigen: Delegieren Sie so viele Aufgaben wie möglich. Erlauben Sie kreativen Chaoten, die Aufgaben nach Ihrem Gutdünken auszuführen. Bewerten Sie die Leistung allein nach dem Ergebnis. Legen Sie für sich selbst insgeheim Richtlinien fest, wie viel Unpünktlichkeit, Schlendrian und Eigenmächtigkeit Sie akzeptieren wollen. Stecken Sie Ihre Toleranzgrenzen möglichst weit. Setzen Sie Ihren Leuten vorfristige Termine, dann ist eine eventuelle Nacharbeitsphase kein Beinbruch.

Der Spontane. Er ist das Gegenstück zum Perfektionisten. Sein Schreibtisch quillt über von Akten und verstreuten Post-it-Aufklebern – Zeichen vergeblichen Bemühens, den Überblick zu behalten. Er neigt zum Multitasking, ist auf mehreren Baustellen gleichzeitig aktiv. Er telefoniert, nimmt ein Gespräch an auf Leitung zwei, zeichnet Verträge ab und winkt einen bestellten Gast, dessen Termin er längst vergessen hatte, in den Besuchersessel. Ein klarer Führungsstil ist nicht zu erkennen. Eigeninitiative wird großgeschrieben, jede neue Idee weckt Begeisterung, je origineller, desto besser. Sein Motto: Nur Pedanten halten Ordnung, das Neue wird aus dem Chaos geboren. Sein Vorzug: viel Freiraum bei lockerem Umgangston. Es herrscht eine angenehme Arbeitsatmosphäre, die Kollegen mögen sich. Nur gewissenhafte Mitarbeiter leiden. Sie haben einen Gedankenblitz ihres spontanen Chefs ernst genommen und bis in die späten Abendstunden einen Plan erarbeitet. Als sie ihn am nächsten Morgen stolz präsentieren, winkt der Chef ab. Das war gestern, heute hat er eine viel bessere Idee.

Wenn Sie zu Spontaneität und Chaos neigen: Aus dem Bauch heraus arbeiten, macht Spaß, bringt aber Reibungsverluste. Beauftragen Sie einen Ihrer gewissenhaften Leute, einen Rahmenplan zu erstellen und seine Einhaltung in Ihrem Auftrag zu überwachen. Bemühen Sie sich, eine Arbeit nach der anderen zu erledigen. US-Hirnforscher wiesen nach, dass unser Gehirn unter Multitasking nicht effektiv arbeitet. Erlauben Sie den «Pedanten» unter Ihren Mitarbeitern, sich strukturierte Inseln zu schaffen und sich vom umgebenden Chaos abzugrenzen. Wenn sie gerade an einer Aufgabe sitzen, lassen Sie sie ungestört arbeiten. Holen Sie sie zu keiner Spontanberatung fort und laden Sie ihnen erst dann neue Arbeiten auf, wenn sie mit der jetzigen fertig sind.

Der Kapitän. Er steuert sein Schiff im Alleingang durch gefährliche Untiefen. Einsamer Kommandeur statt Teamgeist – zahlreiche Führungskräfte können nicht delegieren: «Ehe ich das lange erkläre, mache ich es lieber selbst.» Die Folgen: Überlastung des Kapitäns. Das Team zerfällt in lauter Solisten. Alle Fäden laufen beim Kapitän zusammen. Es gibt kaum Quervernetzungen. Sein Führungsstil ist patriarchalisch. Er behandelt seine Mitarbeiter wie unmündige Söhne und Töchter. Sein Motto: Einer muss den Hut aufhaben, und das bin ich. Seine Vorzüge: Er trifft Entscheidungen ohne Zögern, übernimmt die Verantwortung, auch für Fehler seiner Mitarbeiter, und weicht keinem Konflikt aus. Bei größeren Krisen reißt er das Ruder noch herum. Im alltäglichen Umgang wirken Kapitäne oft unnahbar. Sie zeigen eine sachliche, unsentimentale Haltung.

Wenn Sie als Kapitän durch das Leben segeln: Organisieren Sie gesellige Zusammenkünfte zu Geburtstagen und Weihnachten. Wenn Ihnen das nicht liegt: Wem in Ihrer Truppe vertraut man am ehesten private Sorgen an? Beauftragen Sie diese Person mit der Organisation. Mildern Sie Ihren Kommandeursstil. Delegieren lohnt sich. Selbst wenn die Arbeit am Ende nicht schneller erledigt werden sollte: Der Zusammenhalt der Truppe wächst. Sie gewinnen Sympathie, weil Sie Ihren Leuten etwas zutrauen. Die Regeln erfolgreichen Delegierens finden Sie in zahlreichen Ratgebern, zum Beispiel auch in meinem Taschenbuch «Kleiner Machiavelli für Überlebenskünstler». Das Wichtigste in Kurzform: Delegieren Sie Teilaufgaben, mitsamt der Teilverantwortung. Mischen Sie sich nicht ein, wie der von Ihnen Beauftragte seinen Job erledigt. Sorgen Sie jedoch dafür, dass alle Fäden weiterhin bei Ihnen zusammenlaufen. Lassen Sie sich Zwischenberichte geben. Geben Sie Lob für den Gesamterfolg an Ihre Mit-Arbeiter weiter.

Der nette Kumpel. Sein Schreibtisch gleicht einer Spielwiese. Da finden sich Fotos von seiner Fußballmannschaft, Reiseführer und witzige Job-Accessoires. Er gibt den freundlichen Coach des Teams. Termin verschwitzt? Na, wenn schon! Ein unzufriedener Kunde? Davon geht die Welt nicht unter! Sein Führungsstil heißt Laisser-faire, die Dinge geschehen lassen. Wer seinen Anordnungen nicht folgt, dem reißt er den Kopf nicht ab. Am liebsten lässt er das Kommandieren ganz sein und appelliert an die vernünftige Einsicht. Sein Vorzug: Er ist immer freundlich und verständnisvoll. Sein Motto: leben und leben lassen. Stehen allerdings größere Krisen ins Haus, schaut er hilflos in die Runde. Wo ein Kapitän den Rettungsanker auswerfen würde, geht er gemeinsam mit seiner Mannschaft unter. Wer ohne positives Feedback nicht leben kann, ist für diesen Stil anfällig. Denn Chefs werden seltener gelobt als andere, da ihre Vorgesetzten sie in der Regel nicht direkt bei der Arbeit beobachten. Expertentum wiederum macht einsam, weil ihre Umgebung die Details ihrer Arbeit nicht beurteilen kann.

Sollten Sie in Ihrer Sonderstellung wenig Anerkennung erhalten – versuchen Sie nicht, bei Untergebenen oder Kunden Lob herauszukitzeln. Sie gäben damit eine Schwäche preis – Abhängigkeit vom Lob anderer –, die leicht als Angriffsfläche missbraucht werden kann. Schlimmer noch, taktierende Mitarbeiter könnten Ihnen gezielt schmeicheln, um sich damit Karrierevorteile zu verschaffen. Damit würden Sie genau die falschen Leute fördern.

Der Sympathie schaden auch folgende Fallen:

Everybody's Darling. Versuchen Sie nicht, es allen recht zu machen. Sobald Ihre Umgebung das spitzgekriegt hat, werden Sie gnadenlos ausgenutzt. Sie müssten irgendwann die Notbremse ziehen und auf stur schalten. Die Sympathien wären hin.

Kummerkasten. Überlegen Sie sich gut, wem Sie private Sorgen anvertrauen. Bewahren Sie freundliche Distanz zu allen. Wer sich verbrüdert, büßt Autorität ein. Ihre besten Freunde sollten sich nicht in Ihrem Team befinden.

Klatsch und Tratsch. Lieben Sie es, gemeinsam mit Kollegen über den Job, Kunden oder höhere Vorgesetzte zu lästern? Unter Freunden kein Problem. Indem sie gemeinsam über Dritte herziehen, grenzen sie sich gegen Außenstehende ab, fanden Forscher der Universität von Oklahoma heraus. Doch Vorsicht! Was Gleichrangige zusammenschweißt, lässt bei Untergebenen die Alarmglocken läuten: Will mein Boss mich gegen meine Kollegen aufhetzen? Plant er einen Aufstand gegenüber der Chefetage?

Suchen Sie lieber Anerkennung außerhalb (als Experte zum Beispiel bei anderen Experten Ihres Fachs). Fragen Sie in größeren Abständen Ihre Vorgesetzten, ob sie mit Ihrer Arbeit zufrieden sind. Und ob sie Wünsche haben, was Sie verbessern könnten.

Die fünf Trümpfe starker Anführer

Sie haben mit keinem der bisherigen Probleme zu kämpfen, und trotzdem will es nicht so recht klappen mit der Sympathie? Dann machen Sie keine offensichtlichen Fehler – Sie senden nur zu wenig positive Signale aus. Mehr als 95 Prozent aller Mitarbeiter haben genaue Vorstellungen, was sie sich von einer idealen Führungskraft wünschen. Doch jeder zweite vermisst sie bei seinem Boss. Das ergab Anfang 2004 eine Umfrage des Meinungsforschungsinstitutes Ipsos. Mit diesen sechs Prinzipien erobern Sie sich Autorität *und* Sympathie:

Wir-Gefühl. Wie vereinbaren Sie Ihre Sonderstellung mit Zusammenarbeit auf gleicher Augenhöhe? Lassen Sie nicht den coolen Obermacker heraushängen, sondern bitten Sie Ihre Leute um Unterstützung. Nehmen Sie sich Zeit für Mitarbeitergespräche. Stellen Sie nicht Ihr Ego, sondern die gemeinsame Aufgabe in den Mittelpunkt Ihrer Äußerungen. Unterlassen Sie alle Machtspielchen. Wenn Mitarbeiter sich Ihren Vorgaben widersetzen, ist die Versuchung groß, sie gegeneinander auszuspielen. Zum Beispiel, indem Sie jeden einzeln zu sich rufen und ihm Privilegien zusichern, wenn er sich auf Ihre Seite schlägt. Oder indem Sie wichtige Informationen von oben zurückhalten und nur ausgewählten Mitarbeitern zukommen lassen. Selbst wenn Sie mit diesem «Spalte und herrsche» Erfolg haben – Sie werden sich dauerhaft unbeliebt machen. Wie Sie Konflikte meistern und dabei Respekt gewinnen, erfahren Sie weiter unten.

Motivieren. Das schaffen Sie auch ohne Psychologiestudium oder teure Seminare über Manipulationstechniken. Es reicht, wenn Sie die menschlichen Bedürfnisse Ihrer Mitarbeiter nicht aus dem Auge verlieren. Hier einige einfache Motivatoren, mit denen Sie ohne großen Aufwand jede Menge Pluspunkte sammeln können.

Höflichkeit. Sagen Sie stets «Bitte», wenn Sie einen Auftrag erteilen, und «Danke» nach seiner Erledigung. Klingt selbstverständlich, ist es aber nicht.

Anerkennung. Fällt es Ihnen schwer zu loben? Sprachliche Verrenkungen sind gar nicht nötig. Sagen Sie einfach: «Ich bin zufrieden, wie du …» Oder: «Danke, dass du so rasch … erledigt hast.» Selbst wenn Sie sich nur einige Einzelheiten berichten lassen und zufrieden nicken, spürt Ihr Gegenüber Ihre Anerkennung.

Seien Sie ein Vorbild. Tun Sie die Dinge so, wie auch die andern sie tun sollten. Falls Ihre Mitarbeiter Sie bei Ihrer Arbeit nicht beobachten können, erzählen Sie bei der nächsten Beratung, was Sie getan haben. Ohne Kommentar und ohne ausdrückliches Selbstlob. Das genügt, um den Mitarbeitern eine Norm zu setzen. Wer dagegen nach dem Motto handelt: «Ich habe mir zwanzig Jahre die Hacken abgelaufen, jetzt sind die andern dran», muss sich nicht wundern, wenn die Mitarbeiter wie ihr Chef die Beine hochlegen.

Zeigen Sie Vertrauen. Delegieren Sie Teilaufgaben, führen Sie mit lockerer Leine. Sagen Sie: «Ich bin überzeugt, Sie schaffen das.» Stehen Sie jederzeit für Rat und Rückfragen zur Verfügung.

Bleiben Sie offen für Neues. Der Mut, Neuland zu betreten, begeistert auch andere. Weisen Sie keinen Vorschlag eines Mitarbeiters ungeprüft zurück. Wenn Sie einer ständig mit neuen Luftschlössern nervt, geben Sie den Ball an die Kollegen weiter. Fragen Sie sie nach ihrer Meinung. Verlangen Sie außerdem mehr Details: Sie prüfen nur Ideen, bei denen eine reelle Chance zur praktischen Umsetzung besteht.

Loyalität. Ich habe zahlreiche Vorgesetzte erlebt, die lautstark Loyalität von ihren Mitarbeitern forderten. Doch sie vergaßen die Kehrseite. Wie treu hielt er zu seinen Leuten? Dazu gehört:

Gerechtigkeit. Nicht Schmeichelei, sondern Leistung belohnen. Leider bekommt oft nur der eine Gehaltserhöhung, der sie wiederholt und lautstark fordert.

Keine Günstlinge. Bevorzugen Sie niemanden, auch keine guten Freunde und schon gar nicht sich selbst. Günstlinge nehmen ihre Privilegien bald für selbstverständlich und fordern immer mehr. Frustrierte

Kollegen gehen dagegen auf Distanz und halten wichtige Informationen zurück. Halten Sie Beruf und Privates getrennt. Machen Sie befreundeten Kollegen klar, dass Sie im Job für niemanden eine Ausnahme machen können. Sie werden im Büro auch Ihre Freunde kritisieren, falls notwendig, und dennoch abends mit ihnen ins Kino gehen.

Wir-Haltung nach außen. Verteidigen Sie Ihr Team gegenüber Außenstehenden – Kunden, anderen Abteilungen und höheren Vorgesetzten. Bei Beschwerden hören Sie sich erst alle Seiten an. Verwahren Sie sich dagegen, dass jemand über Ihren Kopf hinweg auf einzelne Mitarbeiter einwirkt.

Führungsstärke. Sie müssen keine markante Erscheinung sein, um von sich zu überzeugen. Wohlwollenden Respekt erlangen Sie vielmehr durch:

Struktur vorgeben. Keine überstürzten Anordnungen! Verschaffen Sie sich in Ruhe einen Überblick. So wirken Sie glaubwürdig und können sich leichter durchsetzen. Zögerliches Entscheiden und Hauruck-Aktionen zeigen dagegen, dass das Oberhaupt seiner Sache unsicher ist. Prüfen Sie das Für und Wider. Treffen Sie dann eine klare Entscheidung und geben Sie ebenso klare Anweisungen. Mehr als 40 Prozent aller Mitarbeiter beklagen sich über zweideutige Vorgaben.

Fehler zugeben. Manche Entscheidungen werden sich trotz bester Vorbereitung später als falsch herausstellen. Jetzt ist die Versuchung groß, den Fehler zu verschleiern oder die Schuld auf andere abzuwälzen. Machen wir uns keine Illusionen – die Kollegen durchschauen solche Manöver sofort. Überlegen Sie selbst: Wenn ein Minister im Fernsehen die Arbeitslosenraten erklären soll, schimpft er auf die Gewerkschaften, die Opposition, die Unternehmen, die lahmende Konjunktur – nur seine Arbeitsmarktpolitik ist perfekt. Unsere Politiker haben einen schlechten Ruf, weil ihre Ausflüchte so durchschaubar sind.

Viele glauben an die Maxime: «Wenn ich keinen Fehler zugebe, bin ich auch nicht angreifbar.» Das stimmt nur, wenn niemand den Fehler und seinen Verursacher entdeckt. Und das passiert äußerst selten. Ein entdeckter, aber nicht zugegebener Fehler macht erst recht verletzbar. In der Politik ist es das tägliche Geschäft der Journalisten und der Opposition, die Fehler der Regierung zu attackieren. Sagen Sie: «Stimmt, da habe ich mich geirrt.» Damit nehmen Sie Kritikern den Wind aus den Segeln. Fehler zu machen, ist menschlich. Stehen Sie dazu, und Sie werden viele Sympathien von Leuten gewinnen, denen es auch schon so ergangen ist. Bitten Sie um Vorschläge zur Fehlerbehebung, verschaffen Sie sich einen Überblick über die Lage und treffen Sie eine neue Entscheidung.

Konstruktiv kritisieren. Auf jedem Managerseminar lernen Führungskräfte, dass Kritik motivieren soll. Deshalb gelte es, zunächst etwas Positives über den Mitarbeiter zu sagen und dann die Kritik als Einschränkung des Lobs zu formulieren. Diesen Trick hat inzwischen auch der letzte Mitarbeiter durchschaut. Wenn der Chef ihn lobt, obwohl bei ihm was schiefgegangen ist, weiß er schon: Gleich kommt ein «Aber» – und dann niest er mich zusammen. «Positiv kritisieren» ist vielerorts zu einem leeren Ritual geworden. Vermeiden Sie deshalb die «Ja-aber»-Masche.

Am besten motiviert, wer Lobenswertes anerkennt und Tadelnswertes ignoriert. Unterscheiden Sie deshalb zwischen notwendiger und überflüssiger Kritik. Wie? Sehr einfach. Versetzen Sie sich gedanklich ein Vierteljahr in die Zukunft und fragen Sie sich: Werde ich mit dem Kollegen dann besser auskommen, weil ich ihn drei Monate zuvor kritisiert habe? Oder macht es keinen Unterschied? Wenn es keinen Unterschied macht, verkneifen Sie sich die Kritik. Sie würden nur Sympathien einbüßen und praktisch nichts erreichen.

Ist die Kritik notwendig, formulieren Sie sie zunächst als Wunsch. Statt «Ja ... aber» wählen Sie eine «Ja-und-deshalb»-Formulierung, zum Beispiel: «Du weißt ja, wie ich deine Begabung für schnelle Recherche schätze, und deshalb wünsche ich mir, du könntest in Zukunft solche Aufträge pünktlich erledigen.» Widerspricht der Mitarbeiter Ihrer Kritik, streiten Sie konstruktiv. Diskutieren Sie nicht, wer recht hat. Fragen Sie lieber, unter welchen Voraussetzungen er in Zukunft seine Arbeit pünktlich abliefern könnte.

Demokratischer Führungsstil. Je verwickelter ein Problem, desto besser fahren Sie mit einer partnerschaftlichen Führung. Rufen Sie Ihr Team zusammen: «Leute, wir haben folgende Schwierigkeit zu bewältigen ... Was ist eure Meinung?» Jeder Mitarbeiter ist auf seinem Spezialgebiet kompetenter als Sie. Sie erwerben sich Sympathie, wenn Sie dieser Tatsache Rechnung tragen. Sie behalten trotzdem den Hut auf. Sie entscheiden, wie weit Sie die Belange eines jeden am Ende berücksichtigen. Wenn Sie in Ihrer Entscheidung unsicher sind, legen Sie der Gruppe Ihre Lösungsvarianten vor. Lassen Sie abstimmen. Dann fühlt sich die ganze Gruppe für den Erfolg ihrer Variante verantwortlich.

Drei Zusatztipps für Experten

Alle Ratschläge der vorigen Abschnitte treffen auch für Spezialisten zu – sofern sie aufgrund ihrer Fachkenntnisse besondere Befugnisse besitzen. Manchmal ist ihre Sonderstellung aber auch gleichbedeutend mit einem Abstellgleis. Der Experte soll seine Spezialarbeit machen, aber ansonsten das Team nicht stören. Anfangs ist der Experte froh, weil er seine Ruhe hat. Doch bald entwickelt er sich zum Außenseiter. Von da ist es nur noch ein Schritt zum schwarzen Schaf der Abteilung. Er wird nach und nach von allen Gesprächen ausgeschlossen. Wenn etwas schiefgeht, schiebt man ihm die Schuld zu. Mobbing droht. Beugen Sie vor, bevor Sie ins Abseits geraten:

Zeigen Sie sich lernwillig. Sie sind Experte geworden, weil Sie Wissen erworben haben. Das haben Sie irgendwann einmal erlangt, indem Sie anderen mit Respekt und Interesse zugehört haben. Bewahren Sie sich diese Schülerhaltung. Verfallen Sie in keine Lehrer- oder Besserwisserattitüde. Sie mögen auf Ihrem Spezialgebiet die Nase vorn haben. Doch jeder im Team ist in irgendeinem anderen Feld besser als Sie. Nutzen Sie jede Gelegenheit, von Ihren Kollegen zu lernen. Fragen Sie nach Details ihrer Arbeit. Begründen Sie Ihre Neugier: «Ich möchte, dass meine Spezialkenntnisse dem Team nützen. Deshalb will ich erfahren, wie ihr arbeitet.»

Keine Imponiersprache. Experten verstecken sich gern hinter einem Fachvokabular, die Laien unverständlich bleibt. Sie hoffen, sich so den Respekt Nichteingeweihter zu erwerben. Eine Forschergruppe um Daniel Oppenheimer von der Princeton University hat diese Hoffnung widerlegt. Die Psychologen legten normalen Lesern Fachtexte vor und bat sie anschließend um Urteile über die Verfasser. Das Ergebnis: Je einfacher und klarer die Sprache, desto intelligenter wirkte der Autor. Schrieb er dagegen schwer verständliche Sätze, zweifelten die Leser an seiner Kompetenz. Eine unklare Sprache war für sie ein Zeichen für unklare Gedanken.

Sich unentbehrlich machen. Ein Experte wird oft «von oben» eingesetzt. Die Mitarbeiter vor Ort wissen mit ihm nichts anzufangen. Schließlich waren sie bisher auch ohne ihn zurechtgekommen. Solche Spezialisten werden als Erste gekündigt, wenn der Betrieb sparen muss und Personal abbaut. Falls Sie sich in dieser Situation befinden: Können Sie mit einigen Ihrer Kenntnisse den Kollegen die Arbeit spürbar erleichtern? Wenn ja, nutzen Sie die Chance! Wenn Sie geschickt vorgehen, werden Sie so unentbehrlich, dass es niemand mehr wagt, Sie auf die Straße zu setzen. Diese Taktik klappt sogar bei Nichtexperten, wenn sie sich nach dem Motto «learning by doing» die nötigen Kenntnisse nebenbei erwerben. Überlegen Sie zunächst: Welche Aufgaben meiner Branche gelten bei meinen Kollegen als mühselig, nebensächlich oder undankbar? Was will keiner tun, obwohl es getan werden muss? Der Weg vom Außenstehenden zum unentbehrlichen Experten vollzieht sich in drei Schritten:

1. Sie zeigen Interesse an einem Bereich, den jeder andere meidet. Sie bitten um Unterstützung, um sich einarbeiten zu können. Man wird Ihnen gern jede Hilfe gewähren, da Sie die Kollegen von einer lästigen Aufgabe befreien wollen. Bald heißt es: «Geh damit zum Kollegen im Nebenzimmer, der interessiert sich dafür.»
2. Nachdem Sie einige Male in die Bresche gesprungen sind, beginnen die Kollegen, sich auf Sie zu verlassen: «Unser Kollege nebenan, der hat da Erfahrung.»
3. Einige Wochen später haben sich die Mitarbeiter an den neuen Zustand gewöhnt: «Dafür haben wir unseren Kollegen nebenan.»

Von nun an gelten Sie als unentbehrlich. Jeder andere würde es als Zumutung empfinden, diese Aufgabe auf einmal wieder selbst erledigen zu müssen. Sie haben nun den Freiraum, Ihre Arbeit nach eigenem Gutdünken zu organisieren. Dann können Sie Ihre Tätigkeit schrittweise ausweiten und alles an sich ziehen, was mit ihr in einem Zusammenhang steht.

Beobachten wir, wie der Sachbearbeiterin Anke dieser Sprung gelang. Sie arbeitet in einem Büro, das Tätigkeitsberichte ihrer Firma zusammenstellt. Das sind umfangreiche Manuskripte mit Anhängen, Grafiken und Sachwortverzeichnissen. Bislang hatten die Kollegen das Sachwortregister immer per Hand eingetippt. Eine stupide Routinearbeit. Anke beschloss, diesen Job zu übernehmen. Sie klickte die «Hilfe» Ihres Textprogramms an und entdeckte, dass der Computer diese Arbeit automatisch erledigen kann, wenn die Schreibkraft zuvor die Schlagwörter im Text markiert und dann die Funktion «Index und Verzeichnisse» aufruft.

Beim ihrem ersten Versuch benötigte sie länger als beim Eintippen per Hand. Doch bald hatte sie den Bogen heraus. Sie arbeitete nicht nur schneller als früher, sondern konnte auch neue Leistungen anbieten, zum Beispiel automatisch Querverweise zwischen verwandten Textpassagen einfügen. Bei der Gelegenheit entdeckte sie, dass der Computer auch das Inhaltsverzeichnis automatisch aus den Überschriften zusammenstellen kann. Er benötigt dafür weniger als fünf Sekunden.

Sobald die anderen Mitarbeiter ihr dankbar alle Arbeiten am Register überlassen hatten, konnte Anke nach und nach Einfluss auf die Manuskripte und damit auf die Arbeit ihrer Kollegen nehmen. Sie brauchte nur zu sagen: «Um das Register schnell und benutzerfreundlich erstellen zu können, benötige ich ...» Die Kollegen gewöhnten sich daran, Anke zuzuarbeiten. Nochmal wie früher seitenlang Stichwörter und Seitenzahlen eintippen? Mit Anke wollte es sich von nun an keiner mehr verderben.

Schritt 4:
Schüchtern, forsch oder selbstsicher – beseitigen Sie Kontaktbarrieren

Eines Tages rief mich meine frühere Studienkollegin Jana an. Sie hatte erfahren, dass ich mich als Kommunikationstrainer selbständig gemacht hatte. Sie arbeitete seit einigen Jahren in der Medienbranche. Doch ihre Karriere stand auf der Kippe: «Bei uns gibt es auch Kurse über professionelle Gesprächsführung. Ich weiß inzwischen alle Regeln auswendig. Aber wenn ich dann auf einem Empfang mit Kunden ins Gespräch kommen soll, wie neulich auf der Messe ... Du kennst mich. Kaum stehe ich Fremden Aug' in Aug' gegenüber, werde ich stumm. Dann herrscht in meinem Kopf gähnende Leere, ich fange an herumzustottern und werde knallrot.»

Was ein stilles Mäuschen und ein sturer Bock gemeinsam haben

Ich erinnerte mich. Im Studium war Jana unser fleißiges Bienchen. Sie besaß die saubersten Vorlesungsmitschriften und hockte bis abends um neun in der Bibliothek. In den schriftlichen Klausuren wusste sie alles, bei den mündlichen Prüfungen bot sie jedoch ein Bild des Jammers. Sie verhedderte sich bei den einfachsten Fragen. Wohlwollende Professoren erkannten schließlich, dass Jana an Lampenfieber und Schüchternheit litt. Sie verhalfen ihr mit viel Ermutigung und Rücksichtnahme zu einem guten Abschluss. Doch jetzt im Job war sie auf sich allein gestellt.

Ganz anders Marcus. Er galt vom ersten Tag an als der Typ mit der großen Klappe. Er meldete sich ständig zu Wort, auch wenn er keine Ahnung hatte. Widerspruch duldete er nicht. Was Marcus sagte, war unumstößlich. Kameraden, die Zweifel anmeldeten, beschimpfte er als Ignoranten. Widersprachen sie ihm, konnte er schnell ausfallend und beleidigend werden. Wies ihm ein Professor einen Irrtum nach, rief er:

«Das kann gar nicht sein!» Blieb der Professor dabei, hüllte er sich in beleidigtes Schweigen.

Erwarb Marcus anfangs einige Sympathien durch seine unbekümmerte Direktheit, verscherzte er sie sich mit seiner schroffen Art bald wieder. Er lernte leicht Frauen kennen, aber keine hielt es lange bei ihm aus. Sein erster Job nach dem Studium endete mit der Probezeit. Sein Chef bescheinigte ihm ein «Autoritätsproblem». Er versuchte eine eigene Firma auf die Beine zu stellen, vergraulte jedoch seine Kunden und musste Insolvenz anmelden. Das Letzte, was ich von ihm hörte: Er habe die Vertretung einer Maschinenbaufirma in Fernost übernommen, wo er gegenüber den Chinesen den arroganten Deutschen heraushängen lässt.

Marcus' Problem ist aggressive Forschheit. Er erlangt im Nu Aufmerksamkeit, doch wer länger mit ihm spricht, wird bald ernüchtert. Jana dagegen ist schüchtern. Anfangs fällt sie kaum auf. Wer sich jedoch die Mühe macht, allmählich ihre Schale zu durchdringen, erkennt ihre angenehme Persönlichkeit. Leider sind das nicht viele.

Schüchternheit und aggressive Forschheit sind zwei Seiten einer Medaille. Beide vermindern die Chancen, Sympathie auszustrahlen. Manchmal treten sie in derselben Person in Erscheinung. Der eine überspielt seine Hemmungen mit einem betont poltrigen Auftreten. Etwa Männer, die in der Disko einer Wildfremden den Arm um die Schulter legen und ihr ein biersaures «Na, Puppe, wie wär's mit uns beiden?» ins Gesicht rülpsen. Andere verhalten sich still. Spricht man sie an, reagieren sie patzig. Sie haben nicht gelernt, auf ein Kontaktangebot locker zu reagieren.

Massenphänomen Schüchternheit

Nicht immer ist die Lage so extrem wie bei Jana und Marcus. Dennoch ist das Problem weit verbreitet. In einer Umfrage der kalifornischen Stanford-Universität erklärten über 40 Prozent der Befragten, momentan unter Schüchternheit zu leiden. Jeder Vierte bezeichnete sich als chronisch schüchtern. Lautete die Frage, wer überhaupt schon einmal mit Schüchternheit zu kämpfen hatte, meldeten sich mehr als 80 Prozent. Das ist keineswegs ein typisch amerikanisches Ergebnis. Ähnliche Zahlen fanden sich auch bei Japanern, Orientalen, Israelis und in allen anderen untersuchten Kulturen. Bei den Deutschen fühlte sich jeder Zweite zum Zeitpunkt der Befragung durch soziale Hemmungen beeinträchtigt. Aber 91 Prozent bezeichneten Schüchternheit als persönliches Problem!

Falls Sie also soziale Hemmungen aus eigener Erfahrung kennen – willkommen im Club! Viele Leute, die Sie kennen, haben die gleichen Schwierigkeiten. Schüchterne schließen weniger Kontakte. Sie kennen deshalb nur wenig Leute, die sie mögen. Sie trauen sich nicht, ihre wahre Meinung kundzutun. Sie wagen es nicht, nein zu sagen, wenn man ihnen zusätzliche Arbeit auflädt. Sie haben Angst, sich zu geben, wie sie sind. Sie äußern ihre Wünsche nicht oder nur indirekt. Daher werden Sie häufig missverstanden.

Versetzen wir uns nun in die Lage eines Gastes, der bei einer Party auf einen stillen Menschen wie Jana trifft. Einerseits weckt ihre Zurückhaltung Sympathie. Wer leise auftritt, wirkt nicht bedrohlich. Andererseits besteht eine große Diskrepanz zwischen ihren großen Wünschen nach mehr sozialem Erfolg und den geringen Wagnissen, die sie eingeht, um ihre Wünsche zu verwirklichen. Diese Diskrepanz kann Jana nicht verbergen. Ihr Blick ist unsicher, sie macht nervöse Gesten, ihre Sprechweise ist stockend oder monoton. Der Beobachter fragt sich unwillkürlich: Was empfindet sie? Ist da Interesse oder will sie lieber in Ruhe gelassen werden? Jana antwortet zwar auf alle Fragen. Aber sie gibt keine persönlichen Ansichten preis und traut sich nicht, ihrerseits Fragen zu stellen. Das Gespräch schleppt sich eine Weile dahin, schließlich wendet sich der Gast jemand anderem zu.

Diesmal gerät er an den forschen Marcus. Er äußert sofort sehr entschiedene Ansichten. Als der Gast einen Einwand macht, erklärt ihm Marcus in einem langen Monolog, dass er sich irrt – wie übrigens auch jeder andere, außer Marcus. Doch wie Jana stellt Marcus dem Gast keine Fragen. Er zeigt kein Interesse an ihm. Er textet ihn zu. Unter einem Vorwand gelingt es dem Gast schließlich, die Flucht zu ergreifen.

In beiden Fällen bleibt das Gespräch an der Oberfläche. Es bildet sich keine Brücke vom Ich zum Du. Doch ohne gefühlte Seelenverwandtschaft keine Sympathie. Nun sind Jana und Marcus intelligente Menschen. Sie merken genau, mit welchen Verhaltensweisen sie auf Ablehnung stoßen. Sie haben auch genug Personen beobachtet, die Unterhaltungen besser meistern. Sie brauchten sie nur nachzuahmen. Warum scheitern sie?

Ausweichen und provozieren – zwei Teufelskreise

Jana kann sich noch an einige Sätze erinnern, die sie als kleines Kind ständig zu hören bekam. Ihre Mutter sagte: «Ein braves Mädchen widerspricht nicht.» Ihr Vater: «Du hast still zu sein, wenn Erwachsene sich unterhalten.» Als sie ihrer Tante stolz eine Zeichnung präsentierte, entgegnete sie: «Aber Kind, die Sterne sind ja auf deinem Bild größer als die Sonne. Mal das lieber nochmal.» Bald hatte sie verinnerlicht: Wenn sie etwas von sich aus tat, musste sie mit Ärger rechnen. Hielt sie sich still im Hintergrund, schimpfte niemand mit ihr.

Das setzte sich in der Schule fort. Sie erweckte nie den Neid der Klassenkameradinnen, da sie sich unauffällig kleidete und die begehrten Jungs sie übersahen. Die Lehrer lobten sie als Musterschülerin. Andere wurden bestraft – Jana niemals. Jeder vermiedene Ärger bestärkte sie in ihrem Verhalten. Mit den Jahren bemerkte Jana auch die Schattenseiten. Die anderen Mädchen hatten Verabredungen, sie nicht. Sie trampten mit Freund und Zelt durch halb Europa. Jana hätte das von sich aus nie gewagt. Und gefragt, ob sie mitkommt, hatte sie keiner.

Marcus war der jüngste von drei Brüdern. Die beiden älteren waren rechte Rabauken. Sie nahmen sein Spielzeug weg und kippten das Essen um. Die genervten Eltern gewöhnten sich an, den Krach zu überhören. Lief Marcus heulend zu ihnen, sagten sie: «Du musst lernen, dich durchzusetzen.» Das tat er dann auch. Jetzt warf er die Matchboxautos seiner Brüder in den Pudding und brüllte abends so lange, bis er dieselben Filme sehen durfte wie sie.

Als er in die Schule kam, war er körperlich einer der Kleinsten. Um nicht einfach beiseite geschubst zu werden, legte er sich zum Ausgleich ein großes Mundwerk zu. Mit den Jahren merkte er freilich, dass einige Kameraden mit diplomatischem Verhalten weiter kamen als er. Mädchen, die er anbaggerte, rümpften die Nase über seine Sprüche. Weil er kein Nein akzeptierte, ließen sich manche auf eine Verabredung ein. Jeder Zweite überlegte es sich jedoch anders und versetzte ihn.

Mit schüchternem und forschem Vorgehen können wir oft Erfolge erzielen. Sonst würde niemand sich so verhalten. Schüchterne vermeiden viel Ärger. Sie schlängeln sich leise zwischen den Klippen des Alltags hindurch. Forsche setzen sich über Einwände nicht so entschiedener Zeitgenossen hinweg. Sie erreichen Ziele, ohne erst lange zu diskutieren. Die Kehrseite: Sie wecken wenig Sympathie. Wer nicht unbedingt mit ihnen umgehen muss, meidet sie lieber. Andere, die beliebter sind, heimsen mit der Zeit mehr Pluspunkte ein.

Ob jemand forsch oder schüchtern auftritt, liegt teilweise in den Genen. Der US-Forscher Jerome Kagan zeigte in seinen Studien, dass Kinder, die schon in den ersten Lebensmonaten Fremden gegenüber ängstlicher sind als andere, zum großen Teil auch als Erwachsene gehemmt und zurückhaltend reagieren. Carl Schwartz von der Harvard-Universität konnte die biologische Quelle kürzlich bei Hirnuntersuchungen nachweisen. Er lud Erwachsene ein, die Jerome Kagan einst im Kindesalter getestet hatte. Das Angstzentrum – ein mandelkerngroßes Areal im Gehirn, die Amygdala – reagierte auf den Anblick von fremden Gesichtern stärker, wenn das Gehirn einem Erwachsenen gehörte, der schon als Kind als schüchtern aufgefallen war.

Erzieher neigen häufig dazu, die Veranlagung zu verstärken. Ein ängstliches Kind wird noch ängstlicher, wenn es für seine seltenen Regungen von Aufsässigkeit bestraft wird. Ein aufmüpfiges Kind steigert dagegen seine Rebellion weiter, wenn die Eltern hart durchgreifen. Zum Glück finden sich zunehmend verständige Eltern, die ihre Kinder lieber ermutigen. Etwa ein Drittel der untersuchten Kinder verhielten sich als Erwachsene anders als früher. Schüchterne wurden selbstsicher, Aggressive lernten, ihre Impulsivität zu kontrollieren.

Das angeborene Temperament ist also kein unabänderliches Schicksal. Jana und Marcus sind als Kind in ihrem Verhaltensstil immer wieder bestätigt worden. Damit kam ein Teufelskreis der Selbstverstärkung in Gang. Jana wurde immer gehemmter, Marcus immer aggressiver und unleidlicher. Beiden fehlte die Erfahrung, dass sie mit einem anderen Verhalten ebenfalls Erfolge erzielen konnten. Und die Sympathien gewinnen, die sie bisher vermissten. Oft genügen einige gute Erfahrungen mit einem neuen Verhaltensstil, um eine Kette positiver Veränderungen in Gang zu setzen.

Neue Gewohnheiten statt starker Wille
Wie steht es bei Ihnen? Leiden Sie unter Schüchternheit? Oder fühlen sich Ihre Gesprächspartner immer wieder brüskiert, weil Sie in entscheidenden Momenten Ihre Zunge nicht im Zaum halten können? Oder trifft gar beides für Sie zu? Falls ja – Sie wissen bereits, dass Sie mit diesem Problem nicht allein stehen. Jedem Zweiten geht es wie Ihnen, und weitere 40 Prozent hatten zumindest früher schon mal damit zu kämpfen. Wie reagieren Sie, wenn Sie wieder mal nicht die richtigen Worte gefunden haben? Die übergroße Mehrheit handelt so:

1. Sie grübeln und machen sich im Stillen Vorwürfe:
   «Ich Idiot!»
   «Hätte ich nur ...»
   «Mit mir wird das nie was!»
2. Sie nehmen sich vor, beim nächsten Mal souveräner zu handeln:
   «Diesmal werde ich ...»
   «Wenn ich dem nochmal begegne, bin ich die Ruhe selbst.»
3. Beim nächsten Mal hndeln sie trotz bester Vorsätze genauso wie zuvor. Sie bleiben stumm oder geben patzige Bemerkungen von sich.

Ein eingeschliffener Verhaltensstil hält sich genauso zäh wie Rauchen oder 20 Kilo Übergewicht. Personen, die allein mit guten Vorsätzen davon loskommen, sind so selten wie Regen in der Sahara. Sie wissen genau, wie schädlich ihr Verhalten ist und wie großartig es wäre, ihr Leben umzukrempeln. Warum schaffen sie es nicht?

Hartnäckig hält sich der Glaube, es sei eine Frage des Willens. Wie oft hören wir den Satz «Wer den Willen hat, schafft es auch»? Leider klappt das nicht. Lassen Sie einmal Ihren Bekanntenkreis in Gedanken Revue passieren. Sie kennen bestimmt einige Leute, die rauchen, dick, schüchtern oder impulsiv sind, aber auf anderen Gebieten diszipliniert und willensstark handeln. Sie arbeiten bis zum Umfallen, halten ihre Termine ein und springen sogar kurzfristig für andere in die Bresche. Sie sind durchaus in der Lage, sich zu befehlen: «Diese Zigarette rauche ich jetzt nicht.» Oder: «Ich gehe jetzt da hinüber und spreche diesen Unbekannten an.» Oder: «Am liebsten würde ich dem ordentlich meine Meinung sagen. Aber diesen Impuls verkneife ich mir jetzt lieber.»

Auf den Willen ist Verlass, wenn es um eine einzelne Handlung geht. Jetzt einen Kaugummi nehmen statt der Zigarette. Diese Frau ansprechen statt stumm in der Ecke sitzen bleiben. Ruhig weiter in den Unterlagen blättern statt mit vernichtender Kritik herausplatzen. Kurz, der Wille ist immer auf ein einzelnes Ziel gerichtet. Aber niemand verfolgt von früh bis abends ununterbrochen wichtige Ziele. Die meiste Zeit sind wir mit Alltagsroutinen beschäftigt: Zähneputzen, Frühstück, Fahrt zur Arbeit, Einkäufe, Ausruhen, Fernsehen ... In dieser Zeit ruht der Wille. Wie die Muskeln benötigt der Wille Erholungszeiten. Wer zum Beispiel eine Diät macht, verzehrt streng nach Plan seine kalorienarme Kohlsuppe. Doch anschließend beim Fernsehen langt die Hand in die Chipstüte und vereitelt alle guten Vorsätze.

Gewohnheiten sind mächtiger als der stärkste Wille. Der Wille steht uns nur in wenigen, aufmerksamen Momenten zur Verfügung. Gewohnheiten entfalten ihre Macht dagegen ohne Unterbrechung vom Aufstehen bis zum Schlafengehen. Gegen sie hat der stärkste Wille keine Chance. Kämpfen Sie deshalb nicht mit Willenskraft gegen Ihre Gewohnheiten an. Führen Sie keinen Krieg gegen sich selbst. Machen Sie Ihre Gewohnheiten vielmehr zu Ihren Verbündeten:

- Überprüfen Sie Ihre Einstellungen. Aufgrund welcher inneren Überzeugungen haben sich Ihre Gewohnheiten entwickelt?
- Welche neuen Gewohnheiten hätten Sie gern? Welche veränderten Überzeugungen würden dazu passen?

- Versuchen Sie nicht, störendes Verhalten zu unterdrücken. Ersetzen Sie stattdessen schrittweise Ihre alten Gewohnheiten durch neue Gewohnheiten. Nach spätestens drei Monaten ist Ihnen die Umstellung in Fleisch und Blut übergegangen.
- Fangen Sie mit einfachen, kleinen Veränderungen an, die Ihnen leicht fallen. Registrieren Sie Ihre Erfolge. Lassen Sie sich Zeit. Stabilität der erreichten Veränderung ist wichtiger als schnelle Umwälzungen.

Einige der erfolgreichsten Richtungen der neueren Psychotherapie – die kognitiven Verhaltenstherapien – arbeiten mit dieser Strategie. Sie erzielen in der Behandlung von Ängsten, Phobien und Depressionen Erfolgsraten von 70 bis 90 Prozent. Was sogar Patienten mit schweren Störungen hilft, klappt bei Leuten wie Sie und ich erst recht. Ob schüchtern oder forsch – beiden hilft das gleiche Programm.

Überprüfen Sie Ihre Einstellungen

In welchen Situationen reagieren Sie schüchtern oder aggressiv? Die meisten fühlen sich nur in bestimmten Situationen unwohl. Ich zum Beispiel hatte schon als Teenager große Probleme, auf Unbekannte zuzugehen. Wenn ich vor der Klasse Gedichte aufsagen sollte, fühlte ich mich dagegen sicher. Auch später, als ich das erste Mal vor Studenten trat, spürte ich nur leichtes Lampenfieber, das sich nach mehreren Seminaren ganz verflüchtigte. Aber schon wenn ich einen Fremden anrufen sollte, um ihn mit einer Bitte zu belästigen, schlug mir das Herz bis zum Hals. Und gar persönlich anzuklopfen – bloß nicht! Es kostete mich viel Mühe, meine Scheu zu überwinden. Seitdem habe ich zahlreiche Leute kennengelernt, bei denen es genau umgekehrt ist. Sie finden leicht Kontakt. Aber Panik ergreift sie, sobald sie öffentlich reden sollen.

Welche Situationen sind für Sie heikel? Wann fühlen Sie sich wie auf dem Präsentierteller und würden am liebsten in Ihr stilles Kämmerlein flüchten? Bei Umfragen werden häufig genannt:

- Fremde ansprechen,
- auf einer Party mit Fremden Smalltalk führen,
- einen Vortrag halten,
- vor Kollegen mit Argumenten ein Projekt verteidigen,
- Freunden unangenehme Wahrheiten sagen,
- Fremden unangenehme Wahrheiten sagen,
- guten Freunden eine Bitte verweigern,
- Komplimente machen,
- eine Prüfung absolvieren,
- vor einer Kamera agieren,
- allein verreisen, allein in Restaurants und Hotels gehen.

Als Zweites überlegen Sie: Welche Selbstgespräche führe ich in dieser Lage? Wahrscheinlich sagen Sie sich nicht: «Toll! Ich werde genießen, wie alle Augen auf mich gerichtet sind. Jetzt zeige ich denen mal, was für ein großartiger Typ ich bin.» Viel eher wird Ihnen einer (oder mehrere) der folgenden Sätze durch den Kopf gehen:

«Der da will bestimmt nichts von mir wissen. Er wird mich von oben bis unten mustern und eiskalt abblitzen lassen.»

«Wenn der da nein sagt, das kann ich noch verkraften. Aber die andern ringsherum, die uns beobachten! Die werden grinsen. Das überleb ich nicht!»

«Wenn ich nun rot werde und anfange zu stottern?»

«Bestimmt finden die albern, was ich sage.»

«Wenn ich ihn was frage und der redet nur dummes Zeug?»

«Ich bin nicht attraktiv und interessant genug.»

«Wenn der mir antwortet, und ich weiß dann nicht weiter? Wer ein Gespräch anfängt, ist schließlich verantwortlich, dass der andere sich nicht belästigt fühlt.»

Diese Beispiele ließen sich beliebig vermehren. 90 Prozent aller kontakthemmenden Einstellungen können wir vier Gruppen zuordnen:

Negative Gedanken über mich. Ich bin zu langweilig, unattraktiv, zu unerfahren, nicht schlagfertig genug, nicht belesen, nicht klug … andere sind in jeder Hinsicht interessanter.

Negative Gedanken über den anderen. Der ist nicht interessiert, hat ganz andere Probleme, will seine Ruhe haben, hat hohe Ansprüche an eine gute Unterhaltung.
Unrealistisch hohe Gesprächsideale. Ein gutes Gespräch muss in jedem Fall witzig, unterhaltsam und informativ sein, den Verstand anregen, positive Gefühle und die Neugier wecken.
Katastrophenszenarien. Der andere wird völlig ausrasten, nach der Polizei rufen, mir seine Tasche um die Ohren schlagen, um Hilfe gegen den Belästiger rufen. Die Leute ringsumher werden mich auslachen, mich beschimpfen oder handgreiflich werden.

Ist es da erstaunlich, dass Fremde nur selten ins Gespräch kommen? Obwohl vielleicht beide sich nach mehr Freunden sehnen? Schüchterne meiden jeden unnötigen Kontakt. Forsche versuchen, sofort die Oberhand zu gewinnen und ihr Gegenüber einzuschüchtern.

Ein Gespräch, das Sie unter diesen Voraussetzungen beginnen, steht unter keinem guten Stern. Es fällt schwer, einen Fremden freundlich anzusprechen, wenn Ihnen die Angst im Nacken sitzt, dass er Sie gleich fürchterlich blamieren wird. Betrachten wir jetzt einmal, mit welcher Einstellung wir ein Gespräch mit einem guten Freund beginnen:

«Er ist meistens nett. Er hat seine Macken wie ich auch, aber wir tolerieren gegenseitig unsere Schwächen. Er spricht höflich mit mir und hackt nicht auf meinen empfindlichen Punkten herum. Werde ich rot oder verhaspele ich mich, käme er nicht auf die Idee, mich deswegen zu verspotten. Schließlich wissen wir beide, das kann jedem passieren, auch ihm. Wenn er mal keine Lust hat, mit mir zu reden, ist das kein Drama. Dann sage ich mir, er hat gerade viel um die Ohren. Was soll's, dann reden wir eben in einigen Tagen miteinander.»

Gute Freunde wecken in Ihnen diese kontakt«freund»liche Einstellung. Warum fällt es so schwer, die gleiche Haltung Fremden gegenüber einzunehmen? Der russische Schriftsteller Tendrjakow meinte: «Jahrhundertelange Erfahrung hatte die Menschen gelehrt, einem Fremden gegenüber misstrauisch zu sein. Sei auf der Hut, er könnte dein Feind sein! Ein erbärmliches Geschlecht, das jahrhundertelang in solchem Misstrauen lebt!» Wie sinnvoll ist diese Vorsicht? Sie kennen den Fremden nicht. Er ist nicht Ihr Freund. Allerdings auch nicht Ihr Feind. Denn Sie haben einander bislang kein Leid zugefügt. Seine Haltung ist neutral.

Denken Sie an Ihr Verhältnis zu anderen neutralen Personen, mit denen Sie gelegentlich ein paar Worte wechseln: Verkäufer, Briefträger, Ärzte oder entfernte Kollegen. Wetten, Sie begegnen ihnen ebenfalls mit einer freundlichen Einstellung. Wie kommt das? Erinnern Sie sich an Kapitel 1: Eine tiefe Freundschaft ist nicht nötig, um den anderen einzuschätzen. Dafür genügt ein einziger, kurzer Kontakt. Das Gefühl der Bedrohung, das eben noch von dem Fremden ausging, verschwindet. Er hat sich ihnen zugewandt, einen höflichen Satz gesagt, vielleicht sogar gelächelt. Er hat sie weder abblitzen lassen noch beschimpft – noch die Polizei gerufen.

Menschen ohne Kontaktprobleme nehmen die freundliche Einstellung auch gegenüber Unbekannten ein. Sie erwarten, dass Fremde ähnlich wie ihre Freunde denken und empfinden. Außerdem fühlen sie sich durch die Benimmregeln geschützt. Auch Leute, die wir nicht kennen, haben sie in der Kindheit verinnerlicht. Spreche ich eine unbekannte Person höflich an, wird sie mir auch höflich antworten. Selbst wenn sie nein sagt, wird sie die höfliche Form wahren. Tut sie es nicht, hat sie versagt – nicht ich. Denn auch sie will doch wie ich einen guten Eindruck hinterlassen. Es ist extrem unwahrscheinlich, dass sie ausrastet oder versucht, mich öffentlich zu blamieren. Ich brauche sie bloß so anzusprechen, wie es jedes Benimmbuch empfiehlt: «Entschuldigen Sie die Störung, können Sie mir sagen …?»

Mit fünfzehn Übungen vom Kontaktmuffel zum Kontaktprofi

Sie brauchen eine kontaktfreudige Einstellung also nicht erst zu erlernen. Sie besitzen sie bereits. Bisher hatten Sie sie für Personen reserviert, die Sie kennen. Übertragen Sie Ihre positive Überzeugung auf jedermann, und das mulmige Gefühl beim Zugehen auf Fremde wird verschwinden. Allerdings – mit einer bloßen Willensanstrengung ist es nicht getan. Die alte Gewohnheit, Begegnungen auszuweichen, muss durch die neue Gewohnheit, mit jedermann locker ins Gespräch zu kommen, ersetzt werden. Wie schaffen Sie das, wenn bislang allein der Gedanke, einen Fremden anzureden, das Herz bis zum Hals schlagen lässt?

Sie starten mit einigen Übungen, die selbst sehr ängstlichen oder ungeschickten Menschen leichtfallen. Sie probieren sie mehrmals am Tag. So lange, bis sie Routine geworden sind und Ihnen leichtfallen. Dann gehen Sie zu den nächstschwierigeren Situationen über. Am Ende werden Sie selbst Hürden meistern, vor denen die meisten zurückschrecken – zum Beispiel, eine attraktive Person des anderen Geschlechts anzusprechen und zu einem Kaffee einzuladen. Ohne schüchtern herumzudrucksen oder sie plump anzumachen.

Falls Ihnen die Einsteiger-Übungen zu leicht erscheinen – machen Sie sie trotzdem. Fast jeder traut sich, in einem Geschäft zu fragen, ob die Verkäuferin einen 50-Euro-Schein wechselt, wenn er die Münzen dringend benötigt. Aber wenn Sie das Kleingeld nicht wirklich brauchen, sondern nur probehalber fragen, sieht die Sache schon anders aus. Die Hemmungen sind größer, wenn wir insgeheim wissen, dass unser Anliegen nur vorgetäuscht ist. Doch dieses spielerische Element ist wichtig. Wenn Sie mehr Sympathie erwerben wollen, benötigen Sie die Fähigkeit, unter einem Vorwand Kontakt aufzunehmen. Sie wollen ja nicht nur im Notfall, sondern immer sympathisch wirken. Außerdem sollten Ihnen die Grundübungen sehr leichtfallen, wenn Sie später mit den anspruchsvolleren Situationen klarkommen wollen. Wenn nicht Schüchternheit Ihr Problem ist, sondern aggressive Forschheit, werden Sie mit den zwölf Übungen lernen, durch diplomatisches Auftreten eine freundlichere Reaktion als bisher zu erhalten.

Stufe 1: Basisübungen

1. Spazieren Sie über eine Einkaufsmeile, einen Universitätscampus, eine Strandpromenade oder einen ähnlich belebten Ort. Schauen Sie jedem, der sich Ihnen auf drei Meter nähert, für zwei Sekunden in die Augen und nicken Sie kurz, als ob Sie einen alten Bekannten

erkennen. Schauen Sie dann sofort wieder geradeaus. Einige werden zurückgrüßen, einige verwundert schauen: «Woher kennt der mich?» Andere ignorieren Ihr Nicken. Auf keinen Fall länger anstarren und auf eine Reaktion lauern! Verhalten Sie sich natürlich. Wie jemand, der es gewohnt ist, ständig seine vielen Bekannten zu grüßen. Für den unwahrscheinlichen Fall, dass Sie jemand fragt, wieso Sie ihn grüßen, legen Sie sich eine Antwort zurecht, zum Beispiel: «Ich hatte den Eindruck, wir wären uns hier schon öfter begegnet.»

2. Binden Sie Ihre Armbanduhr ab und fragen Sie jemanden nach der Uhrzeit. Sagen Sie auf jeden Fall «Bitte» («Können Sie mir bitte sagen, wie spät es ist?») und «Danke», wenn Sie die Auskunft erhalten haben. Fragen Sie nach einigen Minuten noch zwei andere Leute.

3. Grüßen Sie alle Leute, die man laut Knigge grüßen darf: die Briefträgerin, sämtliche Nachbarn, alle Verkäuferinnen, alle Leute, denen Sie in Ihrem Betrieb und in öffentlichen Gebäuden (Bibliothek, Ämter, Arztpraxen) begegnen. Beschränken Sie sich diesmal nicht auf ein kurzes Zunicken. Lächeln Sie bis zu drei Sekunden und sagen Sie laut und deutlich: «Guten Tag.» Fügen Sie möglichst noch eine kurze Bemerkung an: «Kalt heute, nicht wahr?» Oder «Nicht viel los heute, oder?» Auch hier nicht auf die Reaktion lauern! Wenden Sie den Blick wieder zur Seite und gehen Sie ganz selbstverständlich Ihren Tagesgeschäften nach. Grüßen Sie auf diese Weise jeden Tag mindestens fünf Personen, die Sie bisher nicht gegrüßt hätten.

Machen Sie diese Übungen eine Woche lang. Egal, ob die Leute zurückgrüßen oder gar nicht reagieren, ob sie Ihnen gern die Uhrzeit sagen oder sich belästigt fühlen – Sie werden an Selbstsicherheit gewinnen. Sie haben es gewagt, das erhöht Ihr Selbstvertrauen. Sie lernen die Reaktion Fremder besser einzuschätzen. Sie verinnerlichen die Erfahrung, dass Sie in der Lage sind, Begegnungen mit Fremden freundlich und unverkrampft zu meistern. Falls Ihnen jemand einen Korb gibt – auf dieser Stufe ist das kein Drama. Sie gewöhnen sich schnell daran, Zurückweisungen ohne Schaden hinzunehmen. Das ist eine wichtige Fähigkeit beliebter Menschen. Ein «Nein» wirft sie nicht aus der Bahn.

Sobald Sie die drei Basisaufgaben ohne Zögern bewältigen, gehen Sie zur nächsten Stufe über. Sie lernen aus den Übungen am meisten, die Sie als heikel empfinden, aber trotz leichten Herzklopfens und mit etwas Überwindung ausführen.

Stufe 2: Standardübungen

1. Kaufen Sie in fünf Geschäften Dinge, die Sie nicht brauchen, zum Beispiel ein Buch, eine CD, ein Kleidungsstück, einen Topf oder einen Füllfederhalter. Fragen Sie vor dem Bezahlen, ob Sie das Teil später umtauschen dürfen, weil Sie es als Geschenk kaufen. Lassen Sie sich die Umtauschbedingungen genau erläutern, fragen Sie notfalls nach. CDs zum Beispiel werden in der Regel nur original eingeschweißt zurückgenommen. Bewahren Sie den Kassenzettel auf. Gehen Sie am nächsten Tag wieder hin und tauschen Sie den Gegenstand um. Ohne sich zu rechtfertigen.

2. Rufen Sie in einer Bibliothek an. Fragen Sie, ob sich ein bestimmtes Buch im Bestand befindet. Ob es ausgeliehen ist oder im Regal steht. Rufen Sie in drei Ämtern an und erkundigen Sie sich nach den Öffnungszeiten. Fragen Sie, ob das Amt für eine bestimmte Angelegenheit zuständig ist. Erkundigen Sie sich weiter, welcher Beamte die Sache bearbeitet und in welchem Zimmer er sitzt. Sie können auch fragen, wie voll der Warteraum ist und mit wie viel Wartezeit Sie rechnen müssen. Die Aufgabe ist erfüllt, wenn Sie fünf Fragen hintereinander stellen. (Ihre Fragen können Sie sich natürlich vorher überlegen und aufschreiben.) Bedanken Sie sich am Ende für die Auskunft – auch wenn man Sie unfreundlich abblitzen lässt. Auf keinen Fall wegen der Belästigung entschuldigen! Anzurufen ist Ihr gutes Recht. Variieren Sie die Übung so, dass Sie mindestens einmal nach einer Angelegenheit fragen, für die ein anderes Amt zuständig ist. Lassen Sie sich dann sagen, wie das Amt genau heißt, wo es sich befindet, wie seine Telefonnummer lautet, wann es geöffnet hat. Setzen Sie Ihre gesamte Liebenswürdigkeit ein, damit die Telefonistin Ihnen die gewünschten Auskünfte heraussucht.

3. Nehmen Sie die dritte Basisübung wieder auf, erhöhen Sie aber den

Schwierigkeitsgrad. Grüßen Sie nun Nachbarn, Verkäufer und Kollegen nicht nur, sondern wechseln Sie mit ihnen einige Sätze über das Wetter oder ihre Tätigkeit. Fragen Sie zum Beispiel
- Nachbarn, ob sie auf dem Weg zur Arbeit sind,
- die Zeitungsausträgerin, wann ihre Schicht begonnen hat und endet,
- die Verkäuferin, ob es in ihrem Kiosk zieht,
- den Bäcker, ob er eigentlich selbst noch Süßes isst oder ein herzhaftes Steak vorzieht.

Stufe 3: Mittelschwere Übungen
1. Fangen Sie in der Warteschlange des Supermarktes eine Unterhaltung an. Fragen Sie: «Der Wein, den Sie im Korb haben, wie schmeckt der?» Oder: «In welchem Regal haben Sie diesen Saft gefunden?» Überlegen Sie sich mindestens eine Anschlussfrage. Sie können nach dem Anbaugebiet des Weines fragen und ob der Saft klar ist oder Fruchtfleisch enthält. Bedanken Sie sich für die Auskunft. Machen Sie das so oft, bis Sie eine solche Unterhaltung jederzeit ohne Herzklopfen und aus dem Stegreif beginnen können.
2. Gehen Sie in ein kleineres Geschäft und sagen Sie: «Würden Sie mir diesen Zwanziger in einen Zehner und Münzen wechseln?» Sie können eine Begründung hinzufügen, zum Beispiel: «Ich brauche zwei Euro für einen Ticketautomaten der U-Bahn.» Oder: «Mir fehlt ein Euro für den Einkaufswagen.»
3. Fügen Sie ab heute in jede Unterhaltung, die Sie führen, mindestens ein Kompliment ein. Egal, ob Sie mit Ihrer besten Freundin, einer Kollegin oder gar dem Chef sprechen. Überlegen Sie sich im Voraus zwei, drei konkrete Dinge, die Sie an der betreffenden Person lobenswert finden. Sagen Sie zum Beispiel:
«Ich mag Ihre Zuverlässigkeit.»
«Sie können die Dinge immer gut erklären.»
«Die Jeans stehen dir hervorragend.»
«Wie Sie es nur schaffen, so viele Dinge in so kurzer Zeit zu erledigen und nie die Übersicht zu verlieren!»

Stufe 4: Heikle Übungen

1. Eilen Sie an der Schlange im Supermarkt oder am Fahrkartenschalter nach vorn. Bitten Sie, Sie ausnahmsweise vorzulassen. Studien haben ergeben, dass die Leute geneigt sind nachzugeben, wenn der Fragende eine Begründung anführt – und sei sie noch so fadenscheinig. Es reicht, wenn Sie sagen: «... weil ich es eilig habe» oder «... weil mein Zug gleich abfährt». Manche werden nachgeben, aber murren. Lernen Sie, den Unmut zu ertragen. Sagen Sie auf jeden Fall: «Danke für Ihre Hilfsbereitschaft.»

2. Gehen Sie zu Ihrem Chef mit einem Anliegen. Was haben Sie sich bislang nicht getraut zu erbitten? Fragen Sie ihn zum Beispiel nach einer Gehaltserhöhung, einem besseren Computer oder veränderter Arbeitszeit. Begründen Sie Ihr Anliegen mit dem Wunsch, mehr für die Firma leisten zu können. Wenn Sie keinen Chef haben, versuchen Sie Ihren Vermieter oder ein Amt zu überreden, Ihnen eine Extraleistung zu gewähren.

3. Fahren Sie in ein Stadtviertel außerhalb Ihrer Wohngegend. Spielen Sie Tourist. Erkundigen Sie sich nach Sehenswürdigkeiten oder dem besten Restaurant am Platz. Fragen Sie nach Einzelheiten: was es in der Kirche oder dem Museum zu sehen gibt, wann es erbaut wurde, was der Eintritt kostet. Fragen Sie, ob Ihr Gesprächspartner in dem Restaurant schon mal gegessen hat, wie die Preise sind, welche Speise er empfehlen kann. Lassen Sie sich den Weg dorthin genau erläutern. Wiederholen Sie seine Wegbeschreibung, um sich zu vergewissern, dass Sie sie genau verstanden haben. Wieder sollten Sie fünf Fragen am Stück stellen und so eine kleine Unterhaltung führen.

Stufe 5. Profiübungen

1. Fahren Sie U-Bahn oder Bus außerhalb der Stoßzeiten. Setzen Sie sich einem lesenden Passagier gegenüber. Beginnen Sie eine Unterhaltung. Fragen Sie:
«Steht heute etwas Interessantes in der Zeitung?»
«Lesen Sie ein Hobbymagazin?»
«Ist das ein Sachbuch oder ein Roman?»

«Ist das Buch spannend? Ich verreise übermorgen und suche noch was Interessantes für unterwegs.»

2. Ziehen Sie sich seriös an (Anzug, Kostüm). Bewaffnen Sie sich mit Notizblock und Stift. Starten Sie in einer belebten Geschäftsstraße Ihre private Meinungsumfrage. Sprechen Sie Passanten an: «Ich mache eine Umfrage für ein Buch. Woran erkennen Sie, ob ein Fremder sympathisch ist?» Wenn Sie Auskunft erhalten, schreiben Sie Stichpunkte auf. So fühlt der Passant sich wichtig genommen. Bedanken Sie sich am Ende für seine interessante Meinung.

3. Sprechen Sie nun eine attraktive Person des anderen Geschlechts an. Inzwischen sollten Sie so viel Praxis haben, dass Sie mit einem Aufhänger aus einer der bisherigen Übungen ins Gespräch kommen – zum Beispiel, indem Sie als Tourist auftreten (Heikle Übungen, 3). Oder sagen Sie in aller Offenheit: «Sie sehen sympathisch aus. Darf ich Sie zu einer Tasse Kaffee einladen?» Als Frau werden Sie öfter ein Ja zur Antwort erhalten. Wenn der fremde Mann Ihre Einladung annimmt, können Sie sich nett unterhalten, sind aber nicht verpflichtet, sich wieder zu verabreden oder Ihre Telefonnummer herauszurücken. Als Mann werden Sie sich häufiger eine Absage einfangen. Quittieren Sie sie mit einem freundlichen «Schade» und wünschen Sie der spröden Unbekannten zum Abschied alles Gute. Wenn Sie Haltung bewahren, wird sie von Ihnen einen sympathischen Eindruck mitnehmen – und Tage später vielleicht noch bedauern, vorschnell nein gesagt zu haben.

Zusatzübung: Nie mehr ignoriert werden

Nach allen fünfzehn Übungen sollten Hemmungen für Sie kein Thema mehr sein. Erinnern Sie sich an Frage 18 aus unserem Beliebtheits-Fragebogen? Sie lautete: Werden Sie oft von Kellnern, Verkäufern und Auskunftspersonal ignoriert? Ich empfehle Ihnen eine Zusatzübung, mit der Sie das Problem ein für alle Mal aus der Welt schaffen werden.

Wenn Sie das nächste Mal essen gehen, wählen Sie ein Restaurant, in dem die Kellner erfahrungsgemäß nicht allzu eifrig sind. Früher haben Sie sich hingesetzt, gewartet und versucht, durch Blicke und vorsichtige Handzeichen ihre Aufmerksamkeit auf sich zu ziehen. Jetzt wechseln Sie die Taktik. Sofort nachdem Sie das Lokal betreten haben, gehen Sie auf den Kellner zu. Sollte niemand zu sehen sein, rufen Sie: «Ist hier geöffnet?» Dann sagen Sie zu ihm: «Haben Sie einen guten Tisch für mich ...?» Fügen Sie anstelle der drei Punkte irgendeine Anforderung an Ihren Wunschplatz ein: mit Blick auf die Terrasse, wo es nicht zieht, in einer ruhigen Ecke oder nicht zu nah am Eingang. Sobald der Kellner auf einen Tisch weist, lehnen Sie ihn ab: «Kann ich auch den Tisch da drüben haben?» Dorthin setzen Sie sich und verlangen die Speisekarte. Sie warten nicht ab, ob der Kellner von allein auf die Idee kommt, sie Ihnen zu bringen. Sobald er die Karte bringt, werfen Sie nur einen flüchtigen Blick hinein. Stattdessen verwickeln Sie ihn in ein Gespräch: «Was können Sie heute empfehlen? Was ist Ihre Spezialität?» Erkundigen Sie sich nach zwei, drei Einzelheiten: «Ist das Tiefkühlgemüse oder frisch? Was für Gewürze sind da dran? Etwa Knoblauch? Kann ich den Fisch auch mit Reis bekommen statt mit Kartoffeln?»

Fürchten Sie, sich mit diesem Auftreten unbeliebt zu machen? In einem meiner Seminare hatten einige Teilnehmer einst als Servierkräfte gearbeitet, um sich ihr Studium zu finanzieren. Eine Studentin erzählte: «Solche aktiven Gäste habe ich als sehr angenehm empfunden. Die meisten Leute gucken die Kellner nämlich gar nicht an. Man läuft sich die Hacken ab und kriegt weder einen Blick noch ein Dankeschön. Als ob da nur eine Serviermaschine ihr Programm abspult. Da war ich froh, wenn sich mal einer mit mir unterhielt und Fragen stellte, also irgendein Interesse zeigte.»

Wenn Sie das nächste Mal ein Geschäft betreten und die Verkäuferin fragt: «Kann ich Ihnen helfen?», antworten Sie nicht nur: «Ich will mich bloß umschauen.» Selbst wenn das Ihre einzige Absicht ist. Fügen Sie hinzu: «Ich wollte mir mal einige aktuelle Jeans (Schuhe, Computer, Lippenstifte, Krimis) anschauen.» Sie sagen damit: Ich habe Interesse, aber (noch) keine Kaufabsicht. Fragt die Verkäuferin nichts, sondern klönt mit ihrer Kollegin, gehen Sie auf sie zu und fragen: «Haben Sie in den letzten vier Wochen neue Jeans (Schuhe, Computer …) hereinbekommen?» Oder konkreter: «Haben Sie Drucker unter 80 Euro?» Gewöhnen Sie sich an, von nun an stets unverbindlich Kontakt aufzunehmen, bevor Sie sich umschauen. Sie werden sich nie mehr über ignorantes Personal ärgern müssen.

Wie Sie Hemmschwellen leichter überwinden

Falls Ihnen einzelne Übungen größere Probleme bereiten, denken Sie über die Gründe nach: Kommen sie Ihnen besonders albern, peinlich oder ungehörig («So etwas tut man nicht») vor? Dann auf jeden Fall durchführen! So lange, bis Sie sich dabei pudelwohl fühlen. Erfinden Sie als Einstieg eine etwas harmlosere Variante und üben Sie zunächst diese, zum Beispiel:

- Fragen Sie erst Passanten an einer Haltestelle nach Wechselgeld, bevor Sie in Geschäften darum bitten.
- Wenn Sie Hemmungen haben, lesende Fahrgäste in der U-Bahn zu stören, fragen Sie erst einmal Passagiere ohne Beschäftigung nach dem Weg: «Ich will zum Adenauerplatz. Wo muss ich aussteigen?»
- Führen Sie Ihre private Meinungsumfrage zunächst am Telefon durch. Suchen Sie zwanzig Nummern aus dem Telefonbuch heraus. Rufen Sie zu einer akzeptablen Zeit an (zum Beispiel zwischen 17 und 18 Uhr). Wenn der Angerufene ärgerlich reagiert, können Sie auflegen, ohne ihm in die Augen schauen zu müssen.
- Wenn attraktive Personen Sie besonders einschüchtern, sprechen Sie erst andere Leute an mit dem Ziel, sich mit ihnen mehrere Minuten zu unterhalten. Beginnen Sie solche harmlosen Gespräche nach und nach auch mit attraktiven Personen.

Denken Sie sich außerdem Varianten zu den einzelnen Übungen aus, um den Lerneffekt zu vertiefen. Zum Beispiel:

Falls schon für die Basisübungen Ihre Hemmschwelle hoch ist: Nehmen Sie als Einstieg Kontakte per E-Mail auf. Loggen Sie sich auf den Homepages von Prominenten und Normalbürgern ein. Die Adressen finden Sie über Suchmaschinen. Stellen Sie ihnen per E-Mail Fragen zu ihren Internetauftritten. Geben Sie eine kurze Begründung für Ihr Interesse. Mit jeder aufgeschlossenen Antwort, die Sie erhalten, wächst Ihre Kontaktsicherheit.

Rufen Sie in einer Universität an und fragen Sie nach dem Lateinamerikaspezialisten. Lassen Sie sich verbinden und fragen Sie nach der Architektur von Brasilia, Brasiliens futuristischer Hauptstadt mitten im Regenwald. Oder wer die wichtigsten jüngeren Autoren des magischen Realismus sind.

Gehen Sie in ein Elektronikgeschäft, lassen Sie sich eine teure Hi-Fi-Anlage detailliert vorführen, feilschen Sie um den Preis und sagen Sie schließlich: «Danke. Ich werde es mir überlegen.» Ohne etwas zu kaufen.

Besuchen Sie öffentliche Vorträge von Experten und Politikern. Überlegen Sie sich mindestens eine Frage. Melden Sie sich, sobald die Diskussion eröffnet wird, und fragen Sie. Äußern Sie keine Kritik am Redner, sondern haken Sie nach: «Was denken Sie über …?»

Sprechen Sie statt einer einzelnen attraktiven Frau (oder eines Mannes) eine Gruppe von Frauen oder Männern an, die gemeinsam unterwegs sind. Wenn Sie gehört haben, worüber sie reden, stellen Sie eine Frage dazu: «Ich habe Sie über den Film von gestern Abend reden hören. Mich würde Ihre Meinung interessieren, ob sich jemand auch im realen Leben so verhalten würde.» Ansonsten starten Sie bei ihnen Ihre Sympathieumfrage: «Sie scheinen einander zu mögen. Ich mache dazu eine Umfrage für ein Buch. Was hat Ihre Sympathie füreinander geweckt?»

Mit Smalltalk Kontakte ausbauen

Mit wachsender Routine werden Sie häufiger eine angenehme Überraschung erleben. Sie geraten mit den Fremden, die Sie beim Üben ansprechen, ins Plaudern. Da laut Statistik mindestens jeder Zweite selbst mit Schüchternheit zu kämpfen hat, wird so mancher Ihre Gesprächsinitiative dankbar annehmen. Doch was sagen Sie weiter, nachdem Sie Ihre vorbereiteten Einleitungsfragen abgespult haben?

Verabschieden Sie sich von allen hohen Gesprächsidealen. Niemand erwartet von Ihnen intelligenten Tiefsinn. Das würde nur wie Imponiergehabe wirken. Zumindest in den ersten Minuten ist Smalltalk angesagt. Bei vielen ist er als oberflächliches Blabla verschrien. Wenn er so simpel ist – warum fällt dann vielen das lockere Plaudern so schwer? Es zeugt von Lebensklugheit, anfangs strittige und heikle Themen zu meiden. Da Sie Ihr Gegenüber noch nicht kennen, umgehen Sie so zahlreiche Fettnäpfchen. Nehmen wir an, Sie haben einen Vortrag über Gentherapie besucht. In der Pause kommen Sie mit Ihrem Sitznachbarn ins Plaudern. Sie ereifern sich über die Schulmedizin, die Politik der CDU und die Haltung des Vatikans. Daraufhin outet sich Ihr Gesprächspartner als Ortsgruppenvorsitzender dieser Partei, engagierter Katholik und Arzt. Dumm gelaufen!

Denn jetzt brauchen Sie beide sehr viel Toleranz, um doch noch eine gemeinsame Basis zu finden.

Diese Falle ist leicht zu vermeiden. Beschränken Sie sich zunächst auf persönliche Informationen, die auch in jedem Lebenslauf stehen könnten. Ohne zu intim zu werden. Sprechen Sie über Ihre und seine Wohngegend, Familienstand, Kinder, den Beruf, die Ausbildung, Hobbys und Urlaubspläne. Mit diesen Themen bleiben Sie auf der sicheren Seite. Sie sind konfliktfrei. Gegensätze in diesen Bereichen regen nicht zum Streit an, sondern zum Erfahrungsaustausch. Nehmen wir «Landei trifft Citybewohner» oder «Single begegnet Familienvater»: Die Unterschiede sind in den persönlichen Lebensumständen begründet und keine Frage von Richtig oder Falsch. Beide stillen im Gespräch einfach ihre Neugier auf den Lebensstil des anderen.

Doch nicht nur auf das *Was* kommt es beim Smalltalk an, sondern auch auf das *Wie*. Geben Sie sich als Lernender, nicht als Belehrender. Das heißt in diesem Fall: Stellen Sie lieber Fragen, als zu erzählen, was für ein toller Hecht Sie sind. Sie interessieren sich für andere Menschen, deshalb wollen Sie mehr erfahren. Mit dieser Haltung können Sie selbst dann eine Unterhaltung führen, wenn Sie überhaupt keine gemeinsamen Themen finden. Nehmen wir an, für Ihren Gesprächspartner dreht sich alles um Fußball, Sie aber lässt dieser Sport kalt. Dann fragen Sie:

«Wann hat das mit Ihrer Begeisterung angefangen? Aus welchem Anlass?»

«Was finden Sie so toll am Fußball?»

«Was ist Ihre Lieblingsmannschaft? Warum?»

«Was waren Ihre schönsten Erlebnisse?»

Ergreifen Sie die Chance, sich in wenigen Minuten über fremdes Gebiet zu informieren. Sie fühlen sich außerdem in einen Menschen ein, der seelisch in einer anderen Welt lebt als Sie. Eine gute Gelegenheit, Ihre Menschenkenntnis zu erweitern. Falls Sie denken: «Was ich zu erzählen hätte, ist viel interessanter als dieser Fußballkram» – bremsen Sie diesen Impuls! Zuhörer sein bietet Ihnen drei Vorteile:

1. Sie müssen sich keine Gedanken machen, was Sie erzählen sollen.
2. Was Sie zu erzählen haben, kennen Sie schon. Neues dazulernen können Sie nur aus dem, was andere Ihnen erzählen.
3. Wer zuhört, strahlt Interesse und Respekt für seinen Gesprächspartner aus. Damit wecken Sie Sympathie.

Falls Sie gar keine Gemeinsamkeiten entdecken, verabschieden Sie sich nach den zehn Minuten Smalltalk freundlich voneinander. Falls jedoch übereinstimmende Interessen und Ansichten vorhanden sind, können Sie nun in eines dieser Themen tiefer einsteigen. Doch bleiben Sie auch jetzt bei der Haltung eines interessierten Zuhörers. Warum? Zwar haben Sie inzwischen die Weichen in Richtung Sympathie gestellt. Aber die können Sie sich durch einen einzigen Patzer wieder verscherzen. Ob Sie Ihren vorläufigen Bonus in beständige Akzeptanz verwandeln, hängt von Ihrem Sympathie-Image ab.

Schritt 5:
Bauen Sie sich ein Sympathie-Image auf

Eines der berühmtesten Gemälde des belgischen Surrealisten René Magritte zeigt einen Apfel. Darüber steht «Ceci n'est pas une pomme», zu deutsch «Dies ist kein Apfel». Nonsens? Keineswegs. Sie sehen auf dem Gemälde keinen Apfel, sondern das Bild eines Apfels. Es sieht zwar aus wie ein Apfel, aber spätestens wenn Sie versuchen, ihn zu pflücken und hineinzubeißen, merken Sie den Unterschied.

Solange es um Obst geht, können wir das Ganze als harmlosen Scherz abtun. Sie werden niemals den Apfel mit seiner Abbildung verwechseln. Wenn es um einen Ihrer Mitmenschen geht, sieht die Sache meist anders aus. Was er denkt und fühlt, werden Sie nie direkt erfahren. Selbst wenn Sie seinen Kopf aufschneiden würden, läge nur Hirnmasse vor Ihnen. Denken Sie an sich selbst. Kennen Ihre Freunde Sie bis ins Letzte? Lassen Sie alles, was Sie empfinden, ungefiltert nach draußen? Sicher nicht. Sie möchten einen positiven Eindruck hinterlassen. Daher passen Sie Ihre Botschaften Ihren Mitmenschen an. Manchmal bewusst, manchmal nach Lust und Laune. Wir machen uns aus dem Verhalten eines jeden ein Bild von seinem innersten Wesen. Ein Bild – das Wesen selbst bleibt sein Geheimnis.

Wie wir uns ein Bild von anderen Personen machen

In der Showbranche sprechen wir vom «Image», was auf Deutsch ja auch nur «Bild» heißt. Dort ist das Bild eines Stars ein kühl kalkuliertes Werbeprodukt für die Medien. Wie ähnlich es der Person hinter dem Image ist, weiß keiner der Fans so genau. Gérard Depardieu zum Beispiel spielt nicht nur den dicken Obelix, sondern vor allem das Image des genießerischen Franzosen «Gérard Depardieu», der im Interview von sich sagte: «Ich liebe gutes Essen, guten Wein und schöne Frauen.» Sängerin Annett Louisan startete ihre Karriere als Lolita, die einem verliebten Jungen zusang: «Ich will nur spielen.» In Wahrheit war sie Mitte zwanzig, und den Text hatte ein Mann für sie geschrieben, der Komponist Frank Ramond. Die Diskrepanz ist möglich, weil Stars zwischen ihren Auftritten vor Publikum und ihrem Privatleben strikt trennen. Dafür sorgen schon ihre Agenturen. Gelangen pikante Details aus dem Privatleben an die Öffentlichkeit, können Sie sicher sein: Dieses «Privatleben» ist auch nur Teil des sorgfältig inszenierten Bildes.

Bei den meisten Menschen ist der Unterschied von Bild und Realität nicht so groß. Dennoch ist er vorhanden. Sie können sich mit einem einfachen Test davon überzeugen. Organisieren Sie bei Ihrer nächsten Party ein Spiel. Jeder – auch Sie selbst – soll Ihre drei wichtigsten Stärken und Schwächen aufschreiben. Da Sie der Gastgeber sind, dürfte Sie jeder gut genug kennen, um die Aufgabe zu bewältigen. Damit keiner falsche Rücksichten nimmt, bitten Sie alle, anonym und in Druckbuchstaben zu schreiben. Lassen Sie die Zettel einsammeln, mischen und wieder austeilen. Keiner weiß nun, wessen Liste er vorliest.

Was Sie nun zu hören bekommen, sind die Bilder, die sich Ihre Gäste von Ihnen machen. Bei einigen Punkten werden Sie spontan widersprechen wollen: «So bin ich gar nicht! Der das geschrieben hat, sieht mich falsch!» Doch wenn Sie jetzt um Meinungen bitten, werden Sie eine erstaunliche Feststellung machen. Auch Ihre eigene Liste – von der nur Sie selbst wissen, dass sie von Ihnen stammt – wird auf Widerspruch stoßen. Einige werden meinen, der Schreiber (also Sie) hätte Sie falsch charakterisiert.

Aus dem ersten Impuls heraus werden Sie die Kritik an Ihrer Liste zurückweisen wollen. Schließlich kennt keiner Sie so gut wie Sie selbst. Nur Sie allein sind 24 Stunden am Tag mit sich in Kontakt. Doch Vorsicht! In vielen Studien haben Psychologen die Einschätzung, die Freiwillige von sich selbst trafen, mit den Resultaten aus Persönlichkeitstests verglichen. Ihr Ergebnis: Die übergroße Mehrheit überschätzt oder unterschätzt sich erheblich. Wir halten uns für besser oder schlechter, als wir sind. Mehr als 70 Prozent glauben, sie lägen in puncto Intelligenz, Einfühlung, Benimm, Geschmack und soziale Fähigkeiten über dem Durchschnitt. Zum Beispiel glauben 80 Prozent aller Autofahrer, sie gehörten zu den 5 Prozent besten Fahrern. Was schon rein rechnerisch nicht stimmen kann. Etwa 15 Prozent unterschätzen sich. Sie fühlen sich minderwertig.

Woher wissen Sie, ob Sie fleißig, geschickt, gefühlvoll oder nett sind? Sie vergleichen Ihr Verhalten mit dem Verhalten Ihrer Mitmenschen. Sie bilden aus den Leuten Ihrer Umgebung einen Mittelwert und prüfen, ob Sie selbst darüber oder darunter liegen. Sie halten sich für fleißig, wenn die meisten Ihrer Bekannten nachlässiger sind als Sie. Und umgekehrt. Dieses Vorgehen birgt zahlreiche Fehlerquellen. Die zwei wichtigsten sind in unserem Zusammenhang:

- Die Leute, an denen Sie sich messen, sind nicht repräsentativ. Da wir dazu neigen, uns an Gleichgesinnte anzuschließen, kennen Sie mehr Leute näher, die Ihnen ähnlich sind, als Leute, die anders sind.
- Ihr Urteil hängt von Ihrer Sympathie ab. Wir messen uns am liebsten an Personen, die wir mögen. Das sind wieder die, die Ihnen ähnlich sind. Von Personen, die wir unsympathisch finden, wollen wir uns möglichst unterscheiden. Wir achten auf die Unterschiede: «Gott sei Dank, so bin ich nicht!» Dabei übersehen wir leicht manche Charakterzüge, in denen wir ihnen trotz aller Antipathie gleichen.

Aber diese Fehlerquellen sind auch Ihre Chance. Jeder unterliegt ihrer Verführung, nicht nur Sie. Die Menschen Ihrer Umgebung reagieren auf das Bild, das Sie von sich vermitteln. Wenn Sie mehr Sympathie und Beliebtheit erreichen wollen, brauchen Sie nicht Ihre Persönlichkeit umzukrempeln. Bleiben Sie ruhig Sie selbst. Ändern Sie lediglich Ihr Image.

Starten Sie mit Ihrem Markennamen

Auf dem Weg zu einem sympathischen Image legen Sie vier Punkte fest:

1. Ihren Markennamen
2. Seine drei Hauptmerkmale
3. Den Image-Typ
4. Die ersten Schritte in die Praxis

Ein Image funktioniert wie eine Marke. Denken Sie einmal an die Kaffeesorten, die Sie kennen. Worin unterscheiden sie sich? Es wird Ihnen schwerfallen, auffällige Unterschiede in den Geschmacksnuancen zu benennen. Die größte Verschiedenheit liegt in der Verpackung, dem Markennamen und den Werbespots. Die einen setzen auf das Bild einer intakten Familie, andere auf Slogans, die dritten auf die Zugkraft von Promis. Mit der gleichen Strategie bauen Sie sich ein sympathisches Image auf. Zuerst entwerfen Sie Ihre Marke, danach ergreifen Sie praktische Werbemaßnahmen für Ihr Image.

Eine Marke besteht zunächst aus dem Produkt (Kaffee) und seinem Markennamen. Ideal ist es, wenn ein Markenname es schafft, Repräsentant des Produkts zu werden. «Nescafé» ist ein Markenname, viele Leute nennen aber jeden Instantkaffee so, auch wenn er von einer anderen Firma stammt. Andere Beispiele sind «Tempo» (Papiertaschentücher), «Tesafilm» (Klebestreifen), «Aspirin» (Kopfschmerztabletten).

Der erste Schritt – Entwurf des Markennamens – ist daher schnell getan. Sie wollen das Produkt «Sympathie» unter Ihrem Markennamen unter die Leute bringen. Ihr Idealziel ist die Verschmelzung beider. Wer an Sympathie denkt, soll an Ihren Namen denken. Und wer Ihren Namen hört, sollte sofort die Eigenschaft «sympathisch» mit ihm in Verbindung bringen. Nehmen Sie ein leeres Blatt Papier und schreiben Sie oben in der Mitte als Überschrift:

Marion Mustermann = Sympathie
Sympathie = Marion Mustermann

Statt «Marion Mustermann» schreiben Sie natürlich Ihren Vor- und Zunamen. Sie können auch eine graphische Lösung wählen, zum Beispiel Ihren Namen und das Wort «Sympathie» im Kreis schreiben wie eine Schlange, die sich in den Schwanz beißt.

Erkennen Sie Ihre Stärken und Schwächen

Der zweite Schritt ist etwas aufwändiger. Es gilt, das Wort «Sympathie» mit Inhalt zu füllen. Einem Inhalt, der genau auf Sie zugeschnitten ist. Denken Sie einmal an drei, vier Leute, die Sie mögen. Jeden werden Sie aus anderen Gründen sympathisch finden. Bei dem einen ist es seine freundliche Art, beim zweiten seine Bescheidenheit, am dritten bewundern Sie seine unerschütterliche Hilfsbereitschaft. Und was mögen Sie an sich selbst? Was mögen andere an Ihnen? Falls Sie das Partyspiel, das ich Ihnen im vorigen Abschnitt vorgeschlagen habe, durchführen, werden Sie genug Material erhalten haben, um diese Frage zu beantworten.

Falls nicht, gehen Sie so vor: Schreiben Sie auf ein zweites Blatt drei Eigenschaften, die Sie als Ihre Stärken empfinden, und drei Schwächen. Wählen Sie möglichst neutrale und konkrete Formulierungen. Sie wissen nicht genau, wo Ihre Talente liegen? Dann überlegen Sie: Wann war ich in meinem Leben schon mal richtig stolz auf mich? Welche Krisen habe ich clever gemeistert? Schreiben Sie auf, welche Fähigkeiten Sie damals eingesetzt haben. Und wann waren Sie gescheitert? Welche Ihrer Eigenheiten trugen dazu bei? Nachgiebigkeit, Perfektionismus, Leichtgläubigkeit, Unentschlossenheit? Schreiben Sie sie auf, und schon kennen Sie Ihre Schwächen.

Jetzt versuchen Sie, für Ihre Schwächen eine positive Formulierung zu finden. Bedenken Sie, dass gerade Fehler Menschen sympathisch machen. Perfektionisten mag niemand. Aus einer veränderten Perspektive erweisen sich Schwächen sogar als Stärken. «Pedantisch» heißt auch «akkurat, pünktlich und zuverlässig». «Schwer zu begeistern» heißt auch «nicht leicht aus der Ruhe zu bringen». Denken Sie an Werbespots. Keine Firma wirbt mit «Wir sind teurer als unsere Konkurrenten». Sie sagt vielmehr: «Wir bieten ein Qualitätsprodukt für gehobene Ansprüche.»

Als Nächstes brauchen Sie die Meinung von Leuten, die Sie gut kennen. Rufen Sie an und sagen Sie: «Ich hab hier einen Fragebogen vor mir. An einem Punkt komme ich nicht weiter. Ich soll meine drei größten Stärken und Schwächen nennen. Was würdest du an meiner Stelle schreiben?» Bitten Sie um eine ehrliche Auskunft und bedanken Sie sich am Ende für die Offenheit.

Wenn Sie die Antworten vergleichen, einschließlich Ihrer eigenen – schält sich eine übereinstimmende Beurteilung Ihres Wesens heraus? Falls ja, ist die Aufgabe einfach. Sie überprüfen: Welche Eigenschaften wurden am meisten genannt und welche seltener? Erstellen Sie eine Rangfolge. Falls nein, präsentieren Sie jedem offenbar ein anderes Bild von sich. Sie neigen dazu, Ihr Verhalten an die Erwartungen Ihrer Mitmenschen anzupassen. In diesem Fall wären «Wunsch, anderen zu gefallen» und «große Anpassungsfähigkeit» zwei wichtige Merkmale Ihres Charakters. Des Weiteren überlegen Sie: Welche dieser Personen möchte ich gern durch ein sympathisches Image für mich gewinnen? Setzen Sie deren Urteile in der Rangfolge Ihrer Eigenschaften an die Spitze.

Filtern Sie Ihre drei wichtigsten Eigenheiten heraus

Je nachdem, wie viele Leute Sie gefragt haben, kann Ihre Liste ziemlich lang werden. Streichen Sie zuerst alle Eigenschaften, die wenig Einfluss auf Sympathie und Antipathie haben. Dazu zählen die meisten intellektuellen, künstlerischen und handwerklichen Fertigkeiten. Zum Beispiel ein gutes Gedächtnis, sportliche Höchstleistungen, perfekt Spanisch sprechen, Kopfrechnen, alles im Haus reparieren können und Geige spielen wie ein Profi. Sollte man Sie jedoch gern zu Feten einladen, weil Sie viele Lieder zum Mitsingen auf der Gitarre spielen, halten Sie diese Begabung fest. Ebenso, wenn keiner Ihre Freundschaft verlieren will, weil Sie bei einem Rohrbruch sofort helfen können oder im Notfall immer als Babysitter zur Verfügung stehen.

Von solchen Ausnahmen abgesehen, bevorzugen Sie bitte Stärken, die einen direkten Einfluss auf Ihre Sympathiewerte haben. Schauen Sie im Zweifelsfall noch einmal ins erste Kapitel. Dort erfuhren Sie, dass Sympathie abhängt von

- emotionaler Wärme,
- Sachlichkeit,
- Konfliktbereitschaft,
- Einfühlungsvermögen,
- Nähe, ohne einzuengen, und
- Berechenbarkeit.

Antipathie entsteht aus

- Verschlossenheit,
- Misstrauen,
- Distanzlosigkeit,
- Widerspruchsgeist und
- Ich-Bezogenheit.

Jeder dieser Faktoren spiegelt sich in der Persönlichkeit. Um Ihnen die Auswahl zu erleichtern, gebe ich Ihnen eine Checkliste (rechts). Welche dieser Eigenschaften haben Sie und welche fehlen Ihnen? Was Sie in der Rangfolge Ihrer Stärken und Schwächen in meiner Liste wiederfinden, halten Sie fest. Die Gegenteile in Spalte 4 sollen Ihnen Ihre Selbstbeurteilung erleichtern. Treffen eine Eigenschaft und ihr Gegenteil abwechselnd für Sie zu – je nach Lage und Laune –, sind sie für Ihr Image nicht geeignet. Wählen Sie nur eindeutige Stärken aus.

Wie viele Eigenschaften stehen nun auf Ihrer Liste? Wählen Sie die drei wichtigsten aus. Lassen Sie sich dabei von folgenden Überlegungen leiten:

Sie sollten in Ihrer Liste ziemlich weit oben stehen, weil sie von mehreren Leuten genannt wurden.

Ein Image vereinfacht – deswegen beschränken wir uns auf drei Punkte –, und es spitzt zu. Wählen Sie daher Eigenschaften, die für Sie

Merkmal	Trifft zu	Trifft teilweise zu	Eher das Gegenteil trifft zu
entschlussfreudig			unentschlossen
durchsetzungsstark			nachgiebig
zielorientiert			stimmungsabhängig
Organisationstalent			unorganisiert
konzentriert			sich verzettelnd
sachlich			parteiisch
emotional			kühl
diszipliniert			unbeherrscht
andere motivierend			ohne Einfluss
einfühlsam			distanziert
lernbereit			besserwisserisch
teamfähig			Einzelgänger
konfliktfähig			konfliktscheu
kreativ			routiniert
intuitiv			logisch-folgerichtig
stressresistent			stressanfällig
impulsiv, spontan			bedächtig, überlegt
geduldig			ungeduldig
flexibel			rigide
tolerant			Prinzipienreiter
ganzheitlich denkend			ein Problem nach dem andern lösend

typisch, auf den ersten Blick erkennbar und leicht im Alltag umzusetzen sind.

Ein Image sollte aus einem Guss sein. Ihre drei Stärken sollten in Beziehung zueinander stehen. In ihrem Zusammenhang ergeben sie ein klares Persönlichkeitsbild. Für «einfühlsam», «andere motivierend» und «lernbereit» trifft das zu: Dieser Mensch ist sympathisch, weil er stets ein Ohr für andere hat. Die Kombination «durchsetzungsstark», «lernbereit» und «intuitiv» dagegen wirkt unklar. Handelt er eher zielbewusst oder mehr aus dem Bauch heraus?

Denken Sie an Ihre Marke. Betrachten Sie sich mit den Augen anderer: Wäre eine Person, die sich in erster Linie durch Ihre drei Eigenschaften auszeichnet, für Sie ein Inbegriff der Sympathie? Falls nicht, korrigieren Sie Ihre Auswahl.

Schreiben Sie nun Ihre drei Merkmale auf das erste Blatt unter Ihren Markennamen. Was jetzt auf Ihrem Papier steht, ist Ihr Wunschimage. Vergewissern Sie sich noch einmal: Haben Sie drei zentrale, positive und sympathische Eigenschaften gefunden, die für Sie typisch sind? Umso besser. Je mehr Image und Wirklichkeit übereinstimmen, desto leichter wird Ihnen die Umsetzung fallen. Was aber, wenn in Ihrer Ausgangsliste echte Sympathiewerte fehlen? Dann können Sie auch ein, zwei Eigenschaften wählen, die Sie gern hätten, aber Ihrer Mitwelt noch nicht an Ihnen aufgefallen sind. In diesem Fall werden Sie Ihr Auftreten stärker verändern müssen, um dem neuen Image zu entsprechen. Eines sollten Sie auf keinen Fall tun – unter die Überschrift «Sympathie» Eigenschaften setzen, die nichts mit Sympathie und Beliebtsein zu tun haben. Das wäre so, als wollten Sie gemahlene Gerste als echten Bohnenkaffee verkaufen.

Bestimmen Sie Ihren Sympathietyp

Unterschiedliche Charaktere können auf ihre Weise sympathisch sein. Die stille Zuhörerin hat ebenso gute Chancen wie eine quirlige Frohnatur oder der gewissenhafte Helfer. Welchem Typ ordnen Sie sich zu? Kreuzen Sie unten die Fragen an, die für Sie zutreffen. In welchem Typ erkennen Sie sich am ehesten wieder? Keiner von den dreien ist in puncto Beliebtheit überlegen. Jeder hat seine besonderen Talente, mit denen er bei seinen Mitmenschen punkten kann. Haben Sie bei zweien gleich viel Kreuze, sind Sie ein Mischtyp. Das Ergebnis dieses Tests verrät Ihnen, wie Sie am besten die drei Hauptmerkmale Ihres Images in Szene setzen – auf stille, fröhliche oder zielstrebige Weise.

1. Wenn ich mich auf Partys unterhalte, bevorzuge ich Gesprächspartner, die mir beruflich oder privat nützlich sein können.
2. Partys liegen mir nicht. Ich ziehe mich dann mit ein, zwei guten Freunden in eine Ecke zurück.
3. Wenn für einen Kollegen eine Geburtstagsüberraschung beschafft werden soll – da habe ich Ideen und kümmere mich darum.
4. Ich brauche Herausforderungen und Veränderungen. Tag für Tag die gleiche Routine halte ich nicht aus.
5. Ich versuche, durch meine Leistung zu überzeugen, statt mich lautstark in Szene zu setzen.
6. Ich habe eine genaue Vorstellung, was ich in zehn Jahren erreicht haben will.
7. Oft platze ich mit einem plötzlichen Einfall heraus, ohne erst lange über das Für und Wider nachgedacht zu haben.
8. Bei Besprechungen melde ich mich selten zu Wort. Wenn ich gefragt werde, gebe ich eine knappe sachliche Auskunft, statt herumzuschwafeln wie mancher Kollege.
9. Wenn ich eine Sache durch einen eigenen Fehler in den Sand gesetzt habe, hadere ich tagelang mit mir selbst.
10. Schriftliche Darstellungen liegen mir mehr als spontane Diskussionsbeiträge.
11. In entscheidenden Situationen neige ich dazu, mit einem Redeschwall meine Nervosität zu überspielen.
12. Auch was ich in der Freizeit unternehme, soll dazu dienen, mich in der Karriere voranzubringen.

I. Der zielstrebige Typ
Frage 1, 6, 9 und 12

Sie beherrschen Ihr Fach. Sie haben alle Karriereschritte gewissenhaft abgearbeitet. Sie arbeiten vorbildlich – doch je mehr Sie sich durch Leistung hervortun, desto größer wird die Distanz zu Ihren Mitmenschen. Betonen Sie nicht so sehr Ihr Streben nach Leistung. Sie sind gewissenhaft und berechenbar. Setzen Sie auf diese Tugenden:

Zeigen Sie persönliches Profil. Sprechen Sie weniger über Ihre Ergebnisse, sondern erzählen Sie, wie hart Sie dafür geackert haben. Wie froh und stolz Sie sind, dass sich Ihre Mühe gelohnt hat. Sieger, die behaupten, ihnen sei der Erfolg zugeflogen, wecken Neid und Antipathie. Doch wer sich abmüht, dem gönnt man sein Glück.

Sie sind gut, aber kein Streber. Sie dürfen erzählen, wie Sie Ihre Leistung erreicht haben. Aber sagen Sie nie, Sie seien besser oder effektiver als andere. Nennen Sie Ihren Anteil am Ergebnis, aber würdigen Sie auch den Beitrag der Übrigen.

Nehmen Sie sich Zeit und Geduld, auch mit scheinbar unwichtigen Personen zu sprechen. Erstens kommt der Impuls für entscheidende Fortschritte oft aus unerwarteten Begegnungen. Und zweitens zerstreuen Sie so den Verdacht bei wichtigen Personen, Sie wollten sie nur ausnutzen.

II. Der feurige Typ
Frage 3, 4, 7 und 11

Sie ziehen mit Ihrem Temperament schnell Leute in Ihren Bann. Sie wirken engagiert und entschlossen. Aber Sie laufen Gefahr, andere zu brüskieren. Was auf Sie wie kleinliche Bedenken wirkt, kann ein wichtiges Detail sein, das über Erfolg und Misserfolg entscheidet.

Achten Sie auf die Signale Ihrer Mitmenschen – vor allem auf die Körpersprache. Auch wenn es Ihnen gelingen sollte, in Ihrer stürmischen Art die anderen gegen ihren Willen mitzureißen – sie werden es Ihnen verübeln. Keiner mag es, wenn man sich über seine Bedenken mit aufmunternden Sprüchen hinwegsetzt.

Stellen Sie Fragen. Hören Sie sich alle Meinungen zu Ihrem Vorschlag an. Unterbrechen Sie niemanden, auch wenn es schwerfällt. Wenn Ihre spontane Idee gut war, wird sie es auch nach der Besprechung noch sein.

Lassen Sie auch mal andere Vorschläge machen oder die Initiative ergreifen. Statt «Lasst uns doch alle zum Griechen an der Ecke gehen» sagen Sie: «Wo geht ihr nachher hin, kann ich mitkommen?» Sind alle unentschlossen, bieten Sie Alternativen zur Auswahl: «Der Italiener oder der Grieche, was meint ihr?»

III. Der stille Typ
Frage 2, 5, 8 und 10

Schon in der Schule meldeten Sie sich so gut wie nie. Sprach der Lehrer Sie an, wussten Sie jedoch die Antwort. Zurückhaltende Kinder gelten als sympathisch. Allerdings finden sie wenig Beachtung und werden leicht übersehen. Das ist auch Ihr Problem als Erwachsener. Kaum einer sagt ein böses Wort über Sie. Weil man Sie nett findet oder weil man Sie nicht bemerkt?

Sie stellen Ihr Licht oft unter den Scheffel. Insbesondere für Sie gilt der Rat: Betrachten Sie Ihre Schwächen als Stärken. Sie sind der ruhende Pol in der Hektik. Sie sagen wenig, aber das hat Substanz. Sie arbeiten konzentriert und geduldig. Wenn es Vorwürfe gibt, weil Sie zu selten die Initiative ergreifen – reagieren Sie nicht gekränkt. Antworten Sie souverän: «Das ist meine Art, die Dinge zu erledigen. Was genau schlagen Sie vor?»

Lassen Sie sich nicht unterbuttern. Sagen Sie nicht gegen Ihre Überzeugung: «Ja, mach ich», nur um Ihre Ruhe zu haben. Bitten Sie stattdessen: «Darf ich eine halbe Stunde darüber nachdenken?» Machen Sie sich in dieser Zeit Notizen, was Sie entgegnen wollen. Wählen Sie Formulierungen, die Ihre Sache auf den Punkt bringen. Wenn ein temperamentvoller Gesprächspartner Sie «über»reden will, beharren Sie einfach auf Ihrer Meinung. Ohne zu argumentieren, sich zu verteidigen oder zu entschuldigen. Antworten Sie nur: «Ich denke trotzdem, dass ...», und wiederholen Sie Ihre Aussage. Nach vier, fünf Wiederholungen wird man Ihren Widerstand ernst nehmen.

Falls Sie bislang laute Partys gemieden haben – nutzen Sie die Chancen des privaten Zusammenseins auf Ihre Art. Bleiben Sie nicht den ganzen Abend bei Ihrer besten Freundin hocken. Unterhalten Sie sich alle halbe Stunde mit jemand anderem. Sagen müssen Sie nicht viel. Stellen Sie ein paar Fragen und lassen Sie Ihr Gegenüber reden.

Erproben Sie Ihr neues Sympathie-Image in der Praxis

Ihr neues Image ist keine Phantasiefigur. Sie benötigen keine Schauspielbegabung. Ihr Image stützt sich auf drei Stärken, die Sie tatsächlich besitzen. Sie müssen sich daher nicht verbiegen, um bei anderen einen guten Eindruck zu machen. Sie dürfen weiterhin Sie selbst sein. Ihr Image kann Ihnen keine Persönlichkeit verleihen, aber es hilft Ihnen, die positiven Seiten Ihrer Persönlichkeit *auszustrahlen*. Es legt fest, welche Ihrer Facetten Sie in den Vordergrund stellen. Sie stehen zu Ihrem wahren Charakter, betonen jedoch einige seiner Facetten stärker als andere. Zum Schluss einige Tipps für den Schritt von der Theorie zur Alltagspraxis:

Fangen Sie klein an. Trumpfen Sie nicht gleich überall mit Ihrem neuen Image auf. Die Menschen, die Sie schon länger kennen, werden sich nur langsam daran gewöhnen, dass Sie auf einmal anders auftreten als vorher. Starten Sie erst einmal mit einer Änderung bei einem Menschen. Warten Sie ab, wie er reagiert. Wundert er sich? Fragt er Sie, was mit Ihnen los ist? Macht er Ihnen ein Kompliment? Ihr verändertes Verhalten wird auch Veränderungen bei Ihrem Partner auslösen. Sie brauchen Ihre Veränderungen nicht zu rechtfertigen! Auf ein Kompliment erwidern Sie nur: «Danke.» Fragt er Sie nach Ihren Gründen, fragen Sie zurück: «Verunsichere ich dich? Welches Verhalten hast du von mir erwartet? Würde dir eine andere Reaktion von mir besser gefallen?» Erproben Sie einige Tage, wie Sie damit klarkommen. Erst dann dehnen Sie Ihr Sympathie-Image auf weitere Personen und Situationen aus.

Positives sagen. Anfangs werden Sie unsicher sein, wie Sie Ihr neues Image am besten darstellen sollen. Beginnen Sie mit der einfachsten Veränderung, die am schnellsten Wirkung zeigt. Mit wem Sie auch zusammen sind – sobald Ihnen etwas Positives durch den Kopf geht, sprechen Sie es aus. Und wenn es noch so banal ist. Sagen Sie: «Mir ist deine neue Frisur aufgefallen.» Oder: «Wie schön heute die Sonne scheint.» Sie arbeiten momentan nicht an einem Image für intelligenten Tiefsinn, sondern wollen sympathisch sein. Also jemand, der für gute Stimmung sorgt. Sagen Sie öfter als bisher Angenehmes und gewöhnen Sie sich an die veränderten Reaktionen Ihrer Mitmenschen.

Negatives ignorieren. Studien haben gezeigt: Wer einem anderen schlechtes Verhalten abgewöhnen will, handelt viel wirkungsvoller, wenn er seine Unarten übersieht, als wenn er sie kritisiert. Kritik löst Trotz aus. Sie liefert ihm die Bestätigung, dass seine Macken bei Ihnen Wirkung zeigen. Lassen Sie seine Unhöflichkeiten ins Leere laufen. Loben Sie stattdessen, was Ihnen gefällt. Sie erreichen zwei Effekte: Die Unarten verschwinden nach und nach. Und er findet Sie sympathisch, weil Sie aufhören, an ihm herumzumäkeln.

Schalten Sie auf «Empfang». Verwechseln Sie Image nicht mit offensiver Selbstdarstellung. Denken Sie an Ihre eigenen Erfahrungen. Wenn Ihnen einer einen langen Vortrag hält, was für ein Superheld er ist – nehmen Sie das für bare Münze? Sie warten vielmehr ab, ob er im Gegenzug auch Interesse für Ihre Probleme zeigt. Wenn nicht, glauben Sie ihm kein Wort. Sie gewinnen Ihr Bild vom anderen nicht aus seiner Selbstdarstellung, sondern aus der Art und Weise, wie er auf Sie reagiert. Verwandeln Sie Ihr Image daher nicht in eine Werberede für sich selbst. Ermuntern Sie Ihr Gegenüber lieber, seine Erwartungen und Bedürfnisse zu äußern. Entfalten Sie Ihr Image in Ihrer Reaktion auf seine Worte. Reagieren Sie sachlich, emotional, motivierend, einfühlsam, geduldig, lernbereit, flexibel, tolerant – je nachdem, was Sie als Ihre drei Hauptstärken bestimmt haben.

Erweitern Sie Ihren Horizont. Wenn aber Ihre Kollegen und Freunde Ihr neues Image nicht bemerken? Falls Sie in der Vergangenheit Ihr Verhalten schon öfter geändert haben, ist es für sie eine neue Laune von Ihnen. Erproben Sie Ihr Sympathie-Image in diesem Fall zuerst in der Fremde. Verlassen Sie die vertrauten Pfade. Gehen Sie mal in einen anderen Club, shoppen Sie in anderen Läden, chatten Sie in anderen Internetforen. Die Leute, die Sie dort treffen werden, haben noch keine vorgefasste Meinung über Sie. Bei ihnen erfahren Sie, wie Ihr neues Image ankommt.

Meiden Sie negative Zeitgenossen. Dazu zählt jeder, der Sie herabzieht, dauernd was zu meckern hat und Druck auf Sie ausübt. Der einfachste Weg, Sympathie auszustrahlen, besteht darin, unsympathische Menschen zu meiden. Ist der Kontakt unvermeidlich, beschränken Sie sich auf kurze Signale der Höflichkeit. Beliebte Promis machen es nicht anders. Sie umgeben sich mit Fans und Gönnern. Ihre Agenturen filtern die Pressemeldungen über sie und reichen nur die schmeichelhaften Kritiken weiter. Sie wissen zwar irgendwie, dass es jede Menge Zuschauer gibt, die sofort wegzappen, sobald sie auf dem Bildschirm erscheinen. Aber sie denken nicht weiter darüber nach. Günther Jauch und Thomas Gottschalk vereinen bis zu zehn Millionen vor der Mattscheibe. Doch in Deutschland gibt es 38 Millionen Haushalte, von denen 2,2 Millionen nicht einmal einen Fernseher besitzen. Das heißt, die meisten schauen etwas anderes oder gar nichts. Beeinträchtigt das in irgendeiner Weise den Erfolg von Gottschalk & Co.? Nehmen Sie sich die Megastars zum Vorbild. Halten Sie sich an Ihre Fans und ignorieren Sie die Übrigen.

Schritt 6:
Knüpfen Sie ein Netz aus Zuneigungen

Louise arbeitet als Übersetzerin für Spanisch, Portugiesisch und Italienisch. Sie erledigt ihre Arbeit am heimischen Computer. Ihre Aufträge erhält sie von einem großen Unternehmen, das ihr per E-Mail Briefe und Verträge zusendet, die sie übersetzt. Während ihres Arbeitstages sieht sie niemanden. Sie hat keine Kollegen. Ihr Auftraggeber lobt Louise in den höchsten Tönen. Sie ist zuverlässig und beherrscht ihr Metier. Allerdings trifft sie ihn nur zweimal im Jahr. Häufiger fährt sie nicht in die Stadt, wo die Firma ihren Sitz hat. Louise wohnt auf dem Dorf. Sie hat dort zwei gute Freundinnen, für beide ist Louise die sympathischste Person auf der Welt. Sie kann prima zuhören, ist immer freundlich und hilfsbereit.

Karsten arbeitet im Vertrieb eines Maschinenbauers. Er gilt als kalt, arrogant und unhöflich. Kaum einer seiner Kollegen kann ihn leiden. Sie sind froh, wenn er außerhalb zu tun hat. Was zum Glück oft der Fall ist. Bei den Kunden seines Unternehmens sieht es nicht besser aus. Wenn der Kerl sich nur nicht immer so wichtig machen würde! Sie empfangen ihn, weil sie an den Produkten interessiert sind, die er vertreibt. Karsten kennt etwa hundert Leute, die er regelmäßig trifft. Darunter sind gerade mal fünf, die sich an seiner Art nicht stören. Mit ihnen trifft er sich auch abends auf ein Bier, und sie besuchen ihn an seinem Geburtstag.

Quantität bringt Qualität

Wer ist sympathischer, Louise oder Karsten? Auf den ersten Blick ist Karstens Bilanz niederschmetternd. Nur jeder Zwanzigste kann ihn leiden, fünf von hundert. Louise dagegen mag jeder. Leider sind das nur drei Personen, ihr Auftraggeber und ihre beiden Freundinnen. Mehr kennt sie nicht. Vergleichen wir Louise und Karsten, kommen wir zu einem merkwürdigen Ergebnis. Obwohl Karsten unsympathisch ist, hegen mehr Leute Sympathien für ihn als für Louise.

Beliebtheit ist nicht nur eine Frage der Qualität, sondern auch der Quantität. Wer zehn Leute kennt und nur einem davon sympathisch ist, hat einen Freund mehr als jemand, der niemanden kennt. Erinnern Sie sich an das Ende des letzten Schritts, als es um Promis ging? Die meisten von ihnen haben mehr Gegner als Fans. Denken Sie nur einmal an einen TV-Star, den Sie nicht mögen. Sie sind nicht der Einzige. Auch Ihre Freunde zappen sofort weg, wenn der Typ auf dem Bildschirm erscheint. Trotzdem hat er seine Fans. Das mag eine Minderheit sein, aber sie reicht aus, um ihm Einkommen, Einschaltquote und Promistatus zu sichern.

Als beispielsweise Dieter Bohlen den zweiten Teil seiner Autobiographie veröffentlichte, die ihm die Hamburger Autorin Katja Kessler geschrieben hatte, stellte er sich den Fragen der Journalisten. Einer von ihnen meinte, für Bohlen und seine Memoiren würden sich höchstens zwei Prozent der Deutschen interessieren. Bohlens Antwort: Zwei Prozent seien großartig! Denn bei 80 Millionen Deutschen ergäbe das 1,6 Millionen verkaufte Bücher. Mit einem solchen Absatz wäre er der King der Bücherbranche.

Wenn Dieter Bohlen zwei Prozent Sympathisanten glücklich machen, ist Karstens Bilanz mit fünf Prozent mehr als doppelt so gut. Louises hundert Prozent sind traumhaft. Aber das Beispiel zeigt auch, dass es auf die Prozente allein nicht ankommt. Wer nur zu wenigen Freunden Kontakt hält, kann leicht allen sympathisch sein. Wer dagegen viele kennt, hat nicht nur Freunde. Trotzdem wird die Zahl seiner Freunde steigen. Einfach weil seine Auswahl größer ist.

Die praktische Nutzanwendung liegt auf der Hand: Versuchen Sie nicht, mit jedermann gut Freund zu sein. Bemühen Sie sich lieber, laufend neue Bekanntschaften zu schließen. Unter Ihren neuen Kontakten werden garantiert einige sein, die sich zu Ihren guten Freunden entwickeln. Der Weg zu diesem Ziel heißt Networking. Das ist die Methode der gezielten Kontaktsuche und Beziehungspflege. Sie wurde ursprünglich in den USA entwickelt, um für Karrierezwecke ein Netz vorteilhafter Beziehungen zu knüpfen.

Der Grundgedanke lautet: Egal, ob es um Job, Aufstieg oder Aufträge geht – wir wenden uns bei Problemen lieber an Leute, die wir kennen und mögen, als an Unbekannte. Dabei wäre es falsch, zuerst den Nutzen und dann erst die Freundschaft zu suchen. Erfolgreiches Networking verläuft umgekehrt. Am Anfang streben Sie nach Kontakt und Sympathie. Erst wenn sich die Beziehung stabilisiert hat, dürfen Sie Ihren neuen Bekannten bitten, Ihnen bei einem Problem zu helfen. So vermeiden Sie den Eindruck, andere bloß auszunutzen. Am Anfang steht die Sympathie.

Ermitteln Sie Ihre Wunschkontakte
Netzwerke sind keine zufällige Ansammlung von Gleichgesinnten. Alte Freundschaften können ein Ausgangspunkt sein. Nehmen wir an, Sie haben noch zu einer alten Schulfreundin Kontakt, wechseln freundliche Worte mit ihrem Nachbarn, verstehen sich mit Kollegen Ihrer Abteilung gut und telefonieren regelmäßig mit ihren Geschwistern und ihrer Cousine. Wenn Sie deren Namen untereinander auf ein Blatt Papier schreiben, ergäbe das die Liste Ihrer Ist-Kontakte.
 Diese Beziehungen bringen Ihnen zweierlei Gewinn:

Persönlich. Welche Tugenden schätzen Sie an diesen Personen? Die eine hört Ihnen zu, wenn Sie Probleme haben. Die zweite gibt tolle Partys und betreibt dasselbe Hobby wie Sie. Die dritte können Sie selbst nachts um drei anrufen, wenn Not am Mann ist. Mit der vierten können Sie prima über alte Zeiten reden, weil Sie lieb gewordene Erinnerungen teilen.
Praktisch. Manche Freunde haben nützliche Kenntnisse. Der eine kennt sich mit Computern aus und kann Ihnen helfen, wenn sich ein Virus eingenistet hat. Ein anderer ist handwerklich geschickt. Der dritte begleitet Sie im Sommer zum Schwimmen und Radfahren. Selbstverständlich würden Sie Ihre Freunde auch mögen, wenn sie diese nützlichen Talente nicht besäßen. Trotzdem ist es praktisch, dass Sie sie haben.

Schreiben Sie die persönlichen und praktischen Stärken Ihrer Freunde mit auf die Liste Ihrer Ist-Kontakte. Damit haben Sie eine gute Ausgangsbasis, um nun eine Liste Ihrer Wunschkontakte zu erstellen. Welche persönlichen und praktischen Talente könnten Sie noch gut gebrauchen? Ich gebe Ihnen einige Anregungen, zunächst für den persönlichen Nutzen. Suchen Sie jemanden, der

- gut zuhören kann,
- Ihnen Komplimente macht und an Sie glaubt,
- von sich aus bei Ihnen anruft, auch ohne Anlass,
- Trost spendet, statt mit Ratschlägen um sich zu werfen,
- über Menschenkenntnis und Lebenserfahrung verfügt,
- dasselbe Urlaubsland und dieselbe Kultur liebt wie Sie,
- bereit ist, mit Ihnen Gemeinsames zu unternehmen,
- gern Feiern organisiert,
- seine Freunde auch als Ihre Freunde betrachtet.

Laut einer Studie englischer Wissenschaftler besteht das ideale Netzwerk aus mindestens 18 Helfern für alle Lebenslagen. Eltern, Kollegen und Nachbarn zählen mit. Wenn es um den praktischen Ertrag geht, fragen Sie nicht nur nach der nützlichen Fähigkeit. Sind Ihre künftigen Freunde auch bereit, diese für Sie außer der Reihe einzusetzen? Ein Beispiel: Sie haben einen Hausarzt und einen Zahnarzt, die Sie regelmäßig besuchen. Sie fühlen sich gut beraten und erhalten auch persönliche Zuwendung. Nun nehmen wir an, für ein gesundheitliches Problem schlägt Ihnen Ihr Hausarzt eine teure Therapie vor, bei der Sie ordentlich zuzahlen müssen. Vermutlich hat Ihr Hausarzt dabei auch seinen Gewinn im Auge. Wen können Sie fragen, ob sich der Aufwand lohnt? Ein guter Freund, der von Beruf Arzt ist, würde Ihnen vielleicht sagen: «Diese Therapie ist teuer und nicht ohne Risiko. Wenn man gar nichts unternimmt, bildet sich das Symptom bei der Hälfte der Patienten nach einem Jahr von allein wieder zurück. Es gibt preiswerte Naturheilverfahren, die die Selbstheilung unterstützen. Die Heilungsquote der Luxustherapie liegt auch nur bei 50 Prozent.»

Ihre Sympathie wird Ihrem befreundeten Arzt wichtiger sein als der Wunsch, seine Fachkenntnisse zu versilbern. Sein beruflicher Rat ist stets ein ehrlicher, freundschaftlicher Rat. Für welche Bereiche könnten Sie freundschaftliche Kontakte gut gebrauchen? Das könnten außer dem Arzt sein:

- Tierarzt (falls Sie ein Haustier haben),
- Anwalt,
- Psychologe oder Seelsorger,
- Mitarbeiter bei Medien (Zeitschriften, Rundfunk, Fernsehen),
- berufliche Förderer,
- Kfz-Mechaniker,
- andere Handwerker,
- Versicherer,
- Finanz- und Steuerberater.

Sie müssen nicht alle selbst kennen. Fragen Sie nach, ob Ihre Verwandten und Freunde solche Kontakte besitzen. Bei Bedarf vermitteln sie Ihnen deren Rat. Es ist kein Zufall, dass der Fachbegriff für gezielte Kontaktpflege «Netzwerk» heißt. Sie befinden sich im Zentrum Ihres Kontaktnetzes. Das Netz besteht aus vielen Knoten. Auf wenige nahe der Mitte haben Sie direkt Zugriff. Die weiter entfernten erreichen Sie nur indirekt, über die Vermittlung Ihrer besten Freunde. Die aktivieren im Bedarfsfall Ihre Kontakte für Sie. Wenn das nicht reicht – diese Kontaktpersonen verfügen wiederum über weitere Kontakte. Wie viele Knoten müssten Sie durchlaufen, um sehr entfernte Personen zu erreichen wie Bill Clinton oder einen Hollywoodstar?

Sechs Ecken hat die Welt

Die erstaunliche Antwort lautet: sechs. Über sechs Knoten stehen Sie mit der ganzen Welt in Verbindung. Die Entdeckung verdanken wir Stanley Milgram. Der Harvardprofessor drückte 1967 zufällig ausgesuchten Leuten in Omaha (Nebraska) im Mittleren Westen der USA Briefe in die Hand, die an einen Empfänger in Massachusetts an der Ostküste adressiert waren. Die Briefe sollten nicht direkt auf dem üblichen Postwege, sondern etappenweise über Freunde weitergegeben werden. Sechs Stationen genügten, damit der Brief seinen Adressaten erreichte. Obwohl der Absender in Nebraska schon das übernächste Glied in der Kette nicht mehr persönlich kannte. Als beste Strategie erwies sich, den Brief an einen Freund weiterzugeben, der dem Zielort am nächsten wohnte.

2002 hat Duncan Watts von der New Yorker Columbia-Universität ein mathematisches Modell zu diesem Experiment entwickelt und im renommierten Fachblatt *Science* veröffentlicht. Er konnte beweisen, dass die Sechs-Knoten-Regel weltweit gilt. Jeder von uns ist in unterschiedliche Netze eingebunden. Ihr Freundeskreis bildet wahrscheinlich ein anderes Netz als die Kontakte Ihrer Arbeitskollegen. Beide Netze werden nur durch Sie verknüpft. Watts berechnete, dass über sechs Stationen jedes Netz jedes andere erreicht. Watts erprobte seine Theorie zeitgemäß mit E-Mails. Er forderte freiwillige Teilnehmer auf, 18 Zielpersonen in 13 Ländern durch Weiterleiten elektronischer Nachrichten direkt zu erreichen.

Die Mehrzahl der 384 Nachrichten, die an ihr Ziel fanden, benötigten sogar nur vier Zwischenstationen. Allerdings waren ursprünglich einige tausend Mails auf die Reise gegangen. Die meisten gingen verloren, weil viele Zwischenkontakte zu faul waren, sich an dem Experiment zu beteiligen. Das erklärt folgendes Rätsel: Wenn sechs Stationen genügen, um einen Film- oder Popstar zu erreichen, warum nutzen dann so wenige Fans die Chance? Die Antwort lautet: Die Existenz von nur sechs Stationen genügt nicht. Alle sechs Personen an den Netzwerkknoten müssen auch bereit sein, ihre Beziehungen für Sie zu aktivieren.

Der «Würde-er-wirklich»-Test

Ich erinnere mich an eine Ratgebersendung im Fernsehen. Dort stellte die Moderatorin die Frage: Wie viele Kontakte brauchten Sie, um mit Günther Jauch in Verbindung zu treten? Mein erster Gedanke war: Das wäre in meinem Fall sehr einfach. Einige Monate zuvor hatte mich ein Journalist aus Jauchs Produktionsfirma angerufen. Er bereitete eine

Sendung für «Stern TV» vor und wandte sich wegen einiger Recherchen an mich. Ich brauchte ihn nur anzurufen und ihn als Gegenleistung zu bitten, mich mit Günther Jauch in Kontakt zu bringen.

Mein zweiter Gedanke jedoch lautet: Würde er die Mühe auf sich nehmen? Es wäre viel einfacher für ihn, mich mit der Ausrede abzuwimmeln, Günther Jauch hätte keine Zeit. Oder er verfüge über keinen direkten Zugang zu Jauch. Nehmen wir nun an, einer meiner Freunde würde mich bitten, ihn mit Günther Jauch in Verbindung zu bringen. Wenn ich den Journalisten anriefe und von seinem Wunsch erzählte – was würde er wohl antworten? «Selbstverständlich, kein Problem»? Oder eher: «Darum bitten mich zwanzig Leute pro Tag»?

Einerseits bringen viele Kontakte unter Garantie mehr Sympathie. Das hatte ich Ihnen zu Anfang am Beispiel von Louise und Karsten gezeigt. Andererseits sind nur Kontakte, die auf Sympathie beruhen, wertvoll. Das zeigt das letzte Beispiel. Es genügt nicht, Visitenkarten vieler flüchtiger Begegnungen zu sammeln. Die entscheidende Frage lautet vielmehr: Sind die Leute so sehr an Ihnen interessiert, dass sie bereit sind, im Ernstfall für Sie in die Bresche zu springen? Überlegen Sie bei jedem: Würde er wirklich für mich aktiv werden? Der Aufbau eines wertvollen Netzwerkes erfordert daher zwei Schritte:

Kontaktsuche. Treten Sie mit vielen Leute in Verbindung. Schätzen Sie möglichst rasch ein, wer von denen Ihnen weiterhilft und wer nicht.

Kontaktpflege. Es genügt nicht, die Verbindung aufrechtzuerhalten. Entwickeln Sie Beziehungen mit Zuneigung und Sympathie. Nur dann werden Sie bereit sein, füreinander durch dick und dünn zu gehen.

Die drei Hürden erfolgreichen Networkings

Einem großen Netzwerk guter Freunde stehen häufig drei Hindernisse im Weg:

Hemmungen. Trauen Sie sich nicht, Fremden Ihre Freundschaft anzubieten? Dieses Hindernis überwinden Sie mit den Anti-Schüchternheits-Übungen aus Schritt 4. Gewöhnen Sie sich an, immer wieder Leute anzusprechen – und wenn Sie nur fünfmal am Tag Passanten nach der Uhrzeit fragen. Nach zwei bis sechs Wochen beseitigt diese Gewohnheit Ihre Kontakthemmungen.

Zeitmangel. Sind Sie bereit, eine wichtige Arbeit oder einen spannenden Fernsehfilm sausen zu lassen, um sich mit Leuten zu treffen? Um vielleicht zwei Stunden lang nur Banalitäten auszutauschen? Nehmen Sie es sportlich. Mediziner der Harvard-Universität fanden heraus, dass ein großer Freundeskreis ebenso stark die Lebenserwartung erhöht wie regelmäßiger Sport. Kurzfristig mag die Kontaktsuche Zeit kosten. Langfristig ist die Zeit für Freunde besser investiert als jeder Zusatzjob, den Sie übernehmen, um in Ihrer Firma Punkte zu sammeln. Einsame Einzelkämpfer versuchen, mit Fleißarbeiten ihre Karriere voranzubringen. Alle Übrigen setzen auf das «Vitamin B(eziehungen)». Personalchefs sind auch nur Menschen. Sie vertrauen lieber den Tipps guter Bekannter als schriftlichen Bewerbungen Unbekannter. Wer keine guten Bekannten hat, bleibt draußen. Wie wenig Zeit Sie auch haben mögen – investieren Sie sie in Ihre Beziehungspflege! Es lohnt sich.

Mangel an Gelegenheit. Kontaktmangel ist ein Teufelkreis. Wer viele Leute kennt, erhält Einladungen zu Partys, bei denen er weitere Leute trifft. Wer niemanden kennt, den lädt auch niemand ein. Geht er allein los, kommt er sich überall als Eindringling vor. Falls Sie sich in dieser Lage befinden, handeln Sie nach der Maxime: Wer keine Gelegenheit erhält, schafft sich seine Gelegenheiten selbst. Ich habe für Sie die besten Tricks bei Netzwerkprofis recherchiert und hier zusammengestellt.

Die besten Kontakttipps der Netzwerkprofis
Klicken Sie die Internetseite Ihrer Stadt an. Schauen Sie auf den Veranstaltungskalender. Welche angekündigten Events sind öffentlich, preiswert und bringen die Besucher in Kontakt? Achten Sie auf Messen, Buchpremieren, Ausstellungseröffnungen, Vorträge mit Diskussion, Tage der offenen Tür und Jubiläen aller Art. Überlegen Sie sich im Voraus drei Fragen zum angekündigten Thema, die Sie dort stellen könnten. Gehen Sie hin und sprechen Sie einen anderen Gast an. Sagen Sie: «Ich bin zum ersten Mal hier. Wissen Sie, wie der Abend abläuft?» Um das Gespräch in Gang zu halten, stellen Sie weitere Fragen: «Was wissen Sie über den Veranstalter? Was interessiert Sie am heutigen Thema?»

Treffen Sie dort gemeinsame Bekannte, bleiben Sie nicht bei ihnen kleben. Bitten Sie vielmehr, Sie anderen Leuten vorzustellen. Unterhalten Sie sich maximal eine halbe Stunde lang mit einer Person. Dann lassen Sie sich jemandem anderen vorstellen. Oder stellen Sie sich selbst vor: «Ich bin … Ich kenne hier leider kaum jemanden.»

Wissen Sie nicht, worüber Sie mit Fremden reden sollen? Bei einer Buchpremiere fragen Sie, ob Ihr Gegenüber schon etwas von dem Autor gelesen hat. Bei einer Vernissage fragen Sie nach der Meinung zu einem der ausgestellten Bilder. Während einer Messe dreht sich die erste Frage um das Produkt, das Ihr Gesprächspartner kauft oder verkauft.

Eine hervorragende Kontaktgelegenheit sind geschlossene Veranstaltungen, die geladene Gäste zulassen. Versuchen Sie, sich eine solche Einladung zu beschaffen. Das ist häufig gar nicht schwer. Rufen Sie im Sekretariat des Veranstalters an. Sagen Sie: «Ich interessiere mich für Ihr Thema. Können Sie mir helfen, dass ich teilnehmen kann?» Oft wird die Antwort lauten: «Aber ja, ich schicke Ihnen eine Einladung.» Entweder weil Gäste abgesagt haben. Oder weil man einige Einladungen in Reserve hält. Veranstalter freuen sich über jeden, der aus Interesse teilnimmt. Die meisten sind nämlich verpflichtet, aus beruflichen Gründen teilzunehmen. Wenn Sie dort sind: Ihr Status als Außenstehender ist ein hervorragender Aufhänger für ein Gespräch. Sagen Sie zu Ihrem Sitznachbarn: «Ich bin nur Gast und das erste Mal hier. Wer ist der Redner? Welche Funktion hat er? Was wissen Sie noch über ihn?» Von dort aus können Sie leicht zum Job Ihres Gesprächspartners überleiten.

Pausen sind Ihre Chance. Bleiben Sie nicht allein in einer Ecke stehen. Schnappen Sie sich Ihren Kaffee und gehen Sie auf jemanden zu, der gerade mit niemandem spricht. Fangen Sie wieder an mit: »Ich bin fremd hier. Können Sie mir etwas über die anderen Teilnehmer und den Anlass der Veranstaltung sagen?»

Alle stehen in Cliquen zusammen, nur Sie sind allein? Kein Grund, abseits zu bleiben! Stellen Sie sich dazu und sagen Sie: «Verzeihen Sie, ich hörte Sie über den Vortrag von vorhin reden. Ich bin das erste Mal hier und kenne niemanden. Was macht der Redner sonst so?» Auch wenn die Gruppe gar nicht über den Vortrag diskutierte, sondern Klatsch und Tratsch austauschte – man wird Ihre Frage dennoch beantworten. Um im Gespräch zu bleiben, schließen Sie eine zweite Frage an: «Der Redner, der jetzt dran ist, kennen Sie ihn?» Als Drittes fragen Sie die Gruppe nach den Gründen für Ihre Teilnahme. Wenn alles gut geht, sind Sie schnell in einem anregenden Gespräch über Ihre Berufe und Interessen gelandet.

Nach dem Ende verschwinden Sie nicht sofort, sondern bleiben eine Weile im Foyer oder in der Hotelbar. Dort treffen Sie Teilnehmer, die Sie ohne Zeitdruck in ein Gespräch verwickeln können. Fragen Sie nach ihrer Meinung zu ein, zwei Statements, die Ihnen in Erinnerung geblieben sind.

Nehmen Sie in Ihrer Firma jede offizielle Besprechung wahr, meiden aber Betriebsfeste oder den Kollegentratsch in der Kantine? Kehren Sie Ihre Prioritäten um. Die wichtigen Dinge erfährt man eher über inoffizielle Kanäle. Dort schließt man auch die entscheidenden Kontakte. Den Chef Ihrer Firma werden Sie bei Beratungen immer nur aus der Distanz erleben. Im Fahrstuhl, in Pausen oder auf dem Parkplatz könnten Sie ihm durchaus mal unter vier Augen begegnen. Gehen Sie bei so einer Gelegenheit nicht schweigend weiter. Überlegen Sie sich jetzt schon eine Frage, die Sie dann loswerden könnten. Oder stellen Sie sich zumindest vor: «Guten Tag, Herr/Frau ... Ich bin (Ihr Name) und arbeite bei Ihnen als ... in der Abteilung ...» So kurz dieser Kontakt sein mag – bei einer erneuten Begegnung könnten Sie daran anknüpfen.

Weitere Gelegenheiten der Kontaktsuche
Wohnen Sie in der abgelegensten Ecke Deutschlands, wo im Umkreis von 50 Kilometern überhaupt keine Veranstaltungen stattfinden? Oder ist Ihre Bewegungsfreiheit stark eingeschränkt – weil Sie krank, behindert oder wegen Ihrer kleinen Kinder an Ihre vier Wände gefesselt sind? Dank Telefon und E-Mail ist es heutzutage möglich, ein Netzwerk von zu Haus aus zu organisieren.

Wen haben Sie mal gekannt, aber aus den Augen verloren? Erstellen Sie eine Liste, von der Sandkastenliebe über Studienkameraden bis zu flüchtigen Berufskontakten. Eine US-Befragung ergab, dass 80 Prozent Ihren Traumjob nicht über die nahen Freunde, sondern entfernte Bekannte fanden. Sammeln Sie deshalb so viele Namen wie möglich. Versuchen Sie, die aktuellen Adressen und Telefonnummern herauszufinden. Nutzen Sie dafür Suchmaschinen im Internet. Fragen Sie bei gemeinsamen Bekannten nach. Schreiben Sie alles auf, was Sie über diese Leute noch wissen und neu in Erfahrung bringen – von persönlichen Daten bis zu Erinnerungen an gemeinsame Erlebnisse. Knüpfen Sie daran an, wenn Sie anrufen: «Ich habe mich gerade erinnert, wie wir vor zwölf Jahren ... Ich habe mich gefragt, was du heute machst.»

Als ich nach 15 Jahren Pause mit einer alten Bekannten telefonierte, war sie freudig erstaunt, dass ich noch wusste, in welcher Straße sie damals wohnte. Nichts leichter als das – ich hatte vorher lediglich in meinem alten Adressbuch nachgesehen. Aber auch ohne eine solche Vorbereitung freuen sich die meisten, wenn man sich an sie erinnert. Plauschen Sie ein paar Minuten und vereinbaren Sie, in den nächsten Tagen etwas ausführlicher zu telefonieren. Später haben Sie die Chance, über Ihre alten Freunde weitere frühere Bekannte oder auch neue Freunde in Ihr Netzwerk aufzunehmen.

Das Internet ist eine hervorragende Plattform, um neue Leute kennenzulernen. Es bietet weit mehr als Partnerbörsen für die große Liebe.

Zahlreiche Gruppen und Einzelpersonen suchen Gleichgesinnte. Was für Leute interessieren Sie? Hobbyreiter? Fußballfans? Kunstfreaks? Freizeitjogger, mit denen Sie gern eine Laufgruppe aufmachen würden? Geben Sie entsprechende Stichwörter bei einer Suchmaschine ein und schauen Sie sich einige Homepages an. Wenn eine Seite interessant aussieht, schicken Sie eine E-Mail und fragen Sie nach weiteren Informationen. Sie werden zahlreiche Personen finden, die wie Sie Sympathie und Nähe suchen. Geben Sie nicht gleich Ihre Anschrift und Telefonnummer heraus. Falls Ihnen mal ein Spinner unterkommt, können Sie notfalls den weiteren Kontakt unterbinden, indem Sie Ihre E-Mail-Adresse wechseln. Oder besser noch: Sie verwenden dafür vorsichtshalber gleich eine gesonderte E-Mail-Adresse.

Sie finden sogar spezielle Netzwerke, also Internetseiten, die es sich zur Hauptaufgabe gemacht haben, Fremde zum gegenseitigen Nutzen in Kontakt zu bringen. Darunter sind garantiert auch Netzwerke, die zu Ihrem Profil passen. Prüfen Sie, ob es Netzwerke zu Ihrem Beruf, Ihren Hobbys und von Absolventen Ihrer Ausbildungsstätte gibt. Schicken Sie eine Mail, in der Sie sich als Gleichgesinnter outen.

Versuchen Sie stets, Einzelpersonen zu erreichen. Mails an Organisationen landen in Büros für Öffentlichkeitsarbeit, die pro Tag Tausende von Zuschriften erhalten. Die speisen Sie mit einer unpersönlichen Standardmail ab. Das gilt auch für die meisten Promis aus Medien und Politik. Ihre E-Mail-Adressen, die Sie im Internet finden, werden von ihren Agenturen betreut. In einem solchen Fall rufen Sie lieber in der Agentur an und versuchen, in einem persönlichen Gespräch zu erklären, warum Sie den Kontakt suchen. Oder suchen Sie über Ihr Netzwerk jemanden, der die private E-Mail-Adresse Ihrer Zielperson kennt.

Wie Sie die richtigen Kontakte auswählen
Bei der Kontaktsuche zählt zunächst die Quantität. Sie lernen möglichst viele Leute kennen. Während dreißig Minuten Smalltalk – beziehungsweise dem Wechsel von zwei, drei E-Mails – treffen Sie eine

Vorentscheidung. Lohnt es sich, die Bekanntschaft fortzusetzen? Hier das richtige Maß zu finden, erfordert Fingerspitzengefühl. Wenn Sie zu viele Leute akzeptieren, wird Ihnen nachher die Zeit fehlen, alle Bekanntschaften zu pflegen. Sind Sie zu kritisch, gehen Ihnen unter Umständen wertvolle Kontakte durch die Lappen. Später ärgern Sie sich über den Verlust.

Nehmen Sie anfangs lieber etwas zu viel Personen in Ihr Netzwerk auf. Sobald Ihr Freundeskreis größer wird, als Sie bewältigen können, lassen Sie die weniger ergiebigen Bekanntschaften einschlafen. Meist reicht es, wenn Sie sich nicht mehr melden. Ruft der andere an, erklären Sie: «Ich habe im Moment kaum Zeit. Vielleicht im Januar. Lassen Sie uns dann noch einmal telefonieren.»

Wenn Sie schon beim Kennenlernen merken, dass die Chemie nicht stimmt, beenden Sie nach ein paar Minuten das Gespräch mit einem Vorwand. Zum Beispiel:

«Schon zehn? Ich muss los.»

«Wo sind hier die Toiletten?»

«Ich hol mir noch was vom Büfett.»

«Bitte entschuldigen Sie mich. Da drüben sehe ich eine Kollegin, mit der ich unbedingt reden muss.»

«Kennen Sie den Redner? Können Sie mich ihm vorstellen?»

Können Sie Fremde schnell einschätzen? Oder sind Sie nach einer halben Stunde noch unsicher, mit was für einem Menschen Sie es zu tun haben? Bremsen Sie Ihren Impuls, selbst viel zu erzählen. Fragen Sie ihn, wo er wohnt, was er arbeitet und was seine Hobbys sind. Lassen Sie ihn erzählen und achten Sie auf folgende Signale:

Fragt er Sie im Gegenzug nach einigen Minuten nach Ihrem Beruf, Ihrem Wohnort und Ihren Hobbys? Oder betrachtet er Sie nur als sein Publikum und nutzt seine Chance zur Selbstdarstellung ungebremst?

Beantwortet er Ihre Fragen offen oder weicht er aus? Oder neigt er zum anderen Extrem und ergeht sich gleich in intimen Einzelheiten – mit wem sein Chef schläft, mit wem er selbst gern schlafen würde, wer mit wem verfeindet ist, welche Intrigen hinter den Kulissen laufen?

Wie groß sind die Ähnlichkeiten in Ihren Interessen, Lebensverhältnissen und Ansichten? Damit können Sie vorhersagen, ob Sie sich bei längerer Bekanntschaft gegenseitig bestätigen oder in den Haaren liegen werden.

Hat er nützliche Talente oder Kontakte? Das könnte ein Grund sein, über kleinere charakterliche Macken hinwegzusehen. Ein Beispiel: Wahrscheinlich halten Sie sich von Angebern fern. Wenn der Typ sich aber wichtiger Verbindungen rühmt, könnte dieser Charaktermakel Ihr Vorteil sein. Er wird dann begierig sein, Ihnen zu beweisen, wie gut bei Ihrem Problem seine Kontakte funktionieren.

Wenn Sie sich gut verstehen, schlagen Sie vor, den Kontakt fortzusetzen. Oft bleibt es aber bei dem guten Vorsatz. Sie tauschen Visitenkarten aus. Zu Haus angekommen, legen Sie sie ins unterste Schreibtischfach, wo schon rund fünfzig andere schlummern. Wenn Sie nach einem Vierteljahr wieder hineinschauen, fragen Sie sich: «Jürgen Müller? Wer war das bloß?» Im selben Moment betrachtet Müller Ihre Visitenkarte und stellt sich angesichts Ihres Namens die gleiche Frage.

Netzwerkprofis beugen dem Vergessen vor. Lesen Sie die Karte durch, wenn Sie sie entgegennehmen. Stellen Sie Fragen, zum Beispiel: «Was bedeutet die Abkürzung im Namen Ihrer Firma? Ist das eine Filiale oder ihr Hauptsitz? Befindet sich Ihre Straße am Stadtrand oder im Zentrum?» Geben Sie im Gegenzug Informationen zu Ihren Daten. Mit hoher Wahrscheinlichkeit fällt Ihnen beiden auch nach Monaten beim Anblick der Karte das Gespräch darüber wieder ein.

Falls Sie auf Stil und Eleganz stehen, hinterlassen Sie mit folgender Variante einen bleibenden Eindruck. Lassen Sie Visitenkarten drucken, auf denen nur Ihr Name steht. Eventuell noch Ihr Beruf. Vor dem Überreichen der Karte schreiben Sie weitere Angaben per Hand dazu. (Falls Ihre Handschrift schwer lesbar ist, in Druckbuchstaben.) Das hat mehrere Vorteile:

- Sie können vor Ort entscheiden, welche Daten Sie preisgeben wollen und welche nicht. Sie nennen entweder nur Ihre Dienstadresse oder nur Ihre Privatanschrift. Oder Sie beschränken sich auf E-Mail und Handynummer.
- Ihre Karte ist ungewöhnlich. Durch sie wird sich Ihr Gesprächspartner auch nach einem Jahr noch an Sie erinnern.

- Da Sie beim Austausch einen Stift in der Hand haben, notieren Sie zwei, drei wichtige Informationen, die Ihnen Ihr Gesprächspartner gerade mitgeteilt hatte, auf seiner Karte. Oder Sie vermerken darauf in seinem Beisein, wann Sie beide wieder in Kontakt treten wollen. Ihr Gesprächspartner wird beeindruckt sein, wie wichtig Sie die Begegnung nehmen.

Namen merken – die Dialog-Methode
«Ich kann mir so schlecht Namen und Gesichter merken» lautet eine häufige Entschuldigung, wenn es mit neuen Bekanntschaften nicht klappt. Wie peinlich, wenn Sie auf die Frage «Wer sind Sie?» zur Antwort erhalten: «Ich bin Anita, wir haben vorgestern bei der Lesung nebeneinandergesessen und uns in der Pause bekannt gemacht.»

Eine der einfachsten Regeln, Ihren Sympathiewert fühlbar zu steigern, lautet: Reden Sie Ihre Gesprächspartner mit Namen an. Sagen Sie zu Ihrer Freundin Anita nicht nur: «Sag mal, was hältst du von dem neuen Film?» Sondern: «Sag mal, Anita, was hältst du von dem neuen Film?» Dieser kleine Unterschied wirkt Wunder. Wir haben ein emotionales Verhältnis zu unserem Namen. Er hebt uns aus der Masse der Menschen heraus. Wenn wir ihn hören, wissen wir: Ich bin gemeint – niemand sonst. Das ist Aufbaunahrung für das Selbstwertgefühl.

Zu diesem Zweck müssen Sie den Namen allerdings kennen. Auf einer Party erfahren Sie mitunter ein Dutzend Namen innerhalb weniger Minuten. Wie können Sie sicher sein, alle akustisch richtig verstanden zu haben? Und wie verwahren Sie die Namen sicher in Ihrem Gedächtnis? Warum fällt es uns überhaupt so schwer, Namen zu behalten?

Namen sind zufällig. Sie benennen keine Eigenschaft der bezeichneten Person. Sie sind inhaltlich bedeutungslos. Im wörtlichen Sinne – frei von Bedeutung. Eine Frau, die sich Ihnen als «Iris Gerstmann» vorgestellt hat, ist keine Blume, kein Mann und pflanzt keine Gerste an. Kein Wunder, dass unser Gehirn Namen für unwesentlich hält und gleich wieder vergisst. Gedächtnisexperten haben zur Gegenwehr ausgeklügelte Systeme entwickelt, mit denen es möglich ist, sich Hunderte von neuen Personen mit Namen und Aussehen zu merken. Sie sind aber meist nur für Profis – Politiker, Personalchefs, Schulungsleiter – interessant, die es häufig mit großen, wechselnden Gruppen zu tun haben. Wer sich selten mehr als zehn neue Gesichter auf einmal einprägen muss, kommt mit mentalen Hilfen aus, die keinen Lernaufwand erfordern. Die einfachste ist die **Dialog-Methode**. Sie nutzen das Gespräch, in dem Sie sich bekannt machen, um sich den Namen einzuprägen:

Seien Sie auf neue Namen vorbereitet. Sie betreten eine Party in vollem Gange und drücken einem Dutzend Leute die Hand. Die murmeln kurz ihren Namen, doch der Hintergrundlärm verschluckt die Hälfte. Ist es da ein Wunder, dass Sie sich hinterher an keinen erinnern können? Nach dem fünften Namen haben Sie den ersten garantiert vergessen. Stellen Sie sich gedanklich auf die Situation ein und nehmen Sie sich vor, auf Namen und Gesichter zu achten.

Wiederholen Sie grundsätzlich jeden Namen im Gespräch, mit dem sich Ihnen ein(e) Fremde(r) vorstellt. Das hilft nicht nur dem Gedächtnis auf die Sprünge, sondern sichert Ihnen auch Aufmerksamkeit und Sympathie. Sie beginnen den Dialog:

«Guten Abend, ich bin … Und Sie?»

«Judith Hansen.»

«Judith Hansen? Ich freue mich, Sie kennenzulernen.»

Gewöhnen Sie sich eine Antwort an, die Ihnen Gelegenheit gibt, jeden Namen, den Sie hören, noch einmal laut zu nennen. Das vereint drei Vorteile: Sie zwingen sich zur Aufmerksamkeit auf den Namen, vergewissern sich, ihn richtig verstanden zu haben, und prägen ihn sich besser ein. Am größten ist der Merkeffekt, wenn Sie eine Gedankenverbindung, die der Name bei Ihnen weckt, gleich mit ins Gespräch bringen:

«Judith Hansen? Das klingt für mich nach Norddeutschland, Hansestädte … Kommen Sie von der Küste?»

«Judith Hansen? In meiner Schule hatten wir einen Volker Hansen.»

An diese Assoziation werden Sie sich auch nach Wochen noch erinnern. Wenn es die Situation erlaubt, stellen Sie sich einander unbedingt mit Vornamen vor. Man merkt sie sich leichter, da es weniger verschiedene Vornamen als Familiennamen gibt und Sie fast alle Vornamen schon einmal gehört haben.

Bei nicht alltäglichen Namen stellen Sie sofort eine interessierte Frage: «Szebylski? Das ist ein ungewöhnlicher Name. Ich kenne niemanden, der so heißt. Woher kommt Ihr Name? Wie schreiben Sie sich?» Fragen Sie auch dann, wenn Sie glauben, den Namen genau verstanden zu haben. So ein Kurzgespräch ist eine hervorragende Merkhilfe.

Um sich das Gesicht zu merken, achten Sie auf auffällige Merkmale. Stellen Sie sich vor, Sie sollten von dem Gesicht Ihres Gegenübers eine Karikatur zeichnen. Tests haben ergeben, dass wir uns Übertreibungen leichter merken als die Originalgesichter. Fügen Sie diese Karikatur zu Ihrem Gedächtnisbild von dem Namen der Person hinzu.

Namen merken – die Profi-Methode

Profis, die sich fünfzig oder mehr Personen auf einen Schlag merken, nutzen die **Profi-Methode**. Sie ordnen Gedächtnisbilder in vorbereitete Kategoriensysteme ein. Über neunzig Prozent der Namen können Sie einer der folgenden Schubladen zuordnen.

Namensgleichheit. Wenn Sie schon eine Person mit diesem Familiennamen kennen, stellen Sie sich vor, der neue Träger dieses Namens sei ein(e) Verwandte(r).

Konkrete Einzelbegriffe. Ein Teil der Namen besitzt eine Bedeutung, die sich noch heute beim ersten Anhören erschließt. Zu den häufigsten gehören

- *Berufe.* Herr/Frau Müller, Fischer, Schulz(e) (von Dorfschulze), Schmidt (von Schmied), Brettschneider, Schumacher, Zöllner, Koch, Markgraf oder Meyer (von Meier, landwirtschaftlicher Verwalter oder Vorarbeiter).
- *Tiere oder Pflanzen.* Herr/Frau Wolf, Hundt, Vogel, Egel, Hummel, Linde, Kirsch, Kohl, Reisig.

- *Orte/Örtlichkeiten.* Herr/Frau Templin, Freiberger, Wiese, Heym, Grashof.
- *Gegenstände.* Herr/Frau Degen, Buch, Höllriegel, Huth, Binder, Nagel, Kaltofen.
- *Eigenschaften.* Herr/Frau Schwarz, Weiß, Roth, Redlich, Schnelle, Kraft, Schlicht.
- *Vornamen* kommen auch als Familiennamen vor: Herr/Frau Bastian, Arnold, Hellmuth, Frommhold, Wilhelm.

In all diesen Fällen eignet sich ein Phantasiebild des Ursprungsbegriffs – bei Vornamen eine bekannte Person des gleichen Vornamens – als Gedächtnisstütze. Für Müller, Schneider oder Schuster stellen Sie sich einen Mann mit den Insignien seines Handwerks vor, also Mehlsack, Nadel oder Schuh. Bei Eigenschaften versehen Sie in Ihrer Phantasie den Namensträger mit der Eigenschaft. Kennen Sie bereits Personen mit dem gleichen Namen, stellen Sie sich Ihre alte und neue Bekanntschaft gemeinsam auf einem Foto vor.

Bildhafte Namen. Viele Namen stimmen nicht direkt mit einem Alltagsbegriff überein, rufen aber dennoch eine bildhafte Assoziation hervor: Grabert, Körner, Rempel, Huster, Frömmig, Ertmann, Kramer, Winkler. Bei anderen können Sie mit etwas Phantasie ein Bild erfinden: Hempel (hampeln), Merkel (kleiner Blitzmerker), Reinisch (reinlich oder Reineke Fuchs), Freese (Fräse oder Friese). Bei meinem Namen (Naumann) denken Sie an einen Mann, der das Wort «Now!» (englisch: jetzt) auf dem T-Shirt trägt.

Abstrakte Einzelbegriffe. Manche Namen besitzen zwar eine allgemein verständliche Bedeutung. Aber es fällt einem nicht ohne Weiteres ein Bild dazu ein: Herr/Frau Freitag, Herbst, Demuth, Kühne. Herrn Herbst könnten Sie sich auf einem Baum mit bunten Blättern vorstellen. Bei Kühne malen Sie sich aus, wie Frau Kühne kühn in eine Schlacht zieht. Aber was machen Sie mit «Freitag»? Verknüpfen Sie gedanklich das Gesicht von Herrn Freitag mit einer Tätigkeit, der Sie freitags nachgehen. Mit dem Wochenendeinkauf oder einer Fernsehsendung, die jeden Freitag läuft.

Kombinationsnamen. Viele Namen sind (oder wirken wie) aus zwei Wörtern zusammengesetzt. Oft sind die Einzelbestandteile verkürzt: Holzmann, Kaminski, Brennecke, Biering, Gottschalk. Sie laden zu kombinierten Bildern ein: Ein Mann mit einer Holzlatte, ein Kamin mit Ski, eine brennende Ecke, ein Ring aus Bier, ein Gott mit Narrenmütze.

Bedeutungsleere Namen. Die Bedeutung mancher Namen ist ohne Nachforschen nicht zu erschließen. Das betrifft die meisten ausländischen Namen, aber auch deutsche Namen wie Strübing, Peuckert oder Lüdicke. Wenn Sie sich alle übrigen Namen Ihrer neuen Bekannten mit Hilfe von Bildern gemerkt haben, bleiben wahrscheinlich nur drei oder vier Namen dieser letzten, komplizierten Kategorie übrig. Merken Sie sich diese Namen mit der Dialog-Methode, indem Sie sich nach der Herkunft des Namens erkundigen oder ihn aufschreiben. Der Namensträger wird es gewohnt sein, dass die Leute Schwierigkeiten mit seinem Namen haben.

Kontaktpflege leicht gemacht

Wenn Sie alle Tipps der Kontaktsuche und -auswahl beherzigen, kommen schnell einige Dutzend Visitenkarten zusammen. Was machen Sie nun mit all den neuen Bekanntschaften? Stellen Sie sich vor, Sie wollten jeden einmal im Monat treffen. Dann wären Sie bei nur dreißig Personen jeden Abend unterwegs. Eine nicht zu bewältigende Aufgabe! Aus diesem Grund haben die meisten von uns nur wenige gute Freunde. Netzwerkprofis führen nicht selten einige hundert Leute in Ihrer Datei. Ohne mehr Zeit zu opfern als Leute wie Sie und ich. Wie halten sie ihr Netzwerk aufrecht? Ein Netzwerk ist keine zufällige Ansammlung von ebenso zufälligen Bekanntschaften, sondern ein System, das Menschen miteinander verbindet. Systematik erspart Zeit und Mühe. Notieren Sie gleich nach der Begegnung einige Stichwörter auf der Visitenkarte. Wie waren die Umstände der Begegnung? Was haben Sie über Ihren Gesprächspartner erfahren? Notieren Sie Hobbys, Beruf, Angaben zu seinem Aussehen und eventuell gemeinsame Bekannte, wie zum Beispiel den Gastgeber der Veranstaltung. Zu Haus ergänzen Sie ihre Notizen, spätestens am nächsten Tag, wenn die Erinnerung noch frisch ist.

Ordnen Sie alle Visitenkarten nach einem System. So verlieren Sie niemanden aus dem Blick. Sie können dafür die Rubriken der Liste Ihrer Wunschkontakte vom Anfang dieses Kapitels nutzen. Welches sind eher freundschaftliche, welches praktisch nützliche Beziehungen? Sortieren Sie Ihre Visitenkarten mit allen Notizen in eine Kartei ein. Oder übertragen Sie alle Angaben in eine Computerdatei. Das macht zunächst mehr Arbeit. Dafür können Sie Ihre Bekannten mehreren Rubriken zuordnen. Es könnte ja sein, dass die nette Frau von gestern Abend nicht nur eine gute Freundin sein wird, sondern auch perfekte Salate zubereitet und als Babysitterin in die Bresche springt.

Wie nun weiter? Wenn Sie jemanden kennengelernt haben, der wie Sie ein Netzwerk aufbaut, ruft er Sie möglicherweise an. Ansonsten liegt der erste Schritt bei Ihnen. Sie erinnern sich: Mindestens jeder Zweite ist schüchtern. Viele trauen sich nicht: «Wir haben uns zwar neulich blendend unterhalten und wollten telefonieren. Aber ob er das heute auch noch so sieht? Bestimmt findet er mich aufdringlich, wenn ich jetzt anrufe.»

Die Sorge ist nicht unberechtigt. Mir ist es auch schon passiert, dass ich einen neuen Bekannten anrief und er mich sofort abwimmelte. Umso besser, wenn Sie gleich erfahren, woran Sie sind. Wer gleich nein sagt, erspart Ihnen viel Zeit, die Sie sonst für einen sinnlosen Kontakt vergeuden würden. Aber genauso oft freut sich der Angerufene, dass Sie sich melden, weil er selbst nicht gewagt hat anzurufen. Welcher Fall zutrifft, werden Sie nur erfahren, wenn Sie zum Hörer greifen. Sagen Sie: «Ich hatte ja versprochen, mich zu melden. Ich fand interessant, was Sie vorgestern über … erzählt haben.» Erinnern Sie an einige Einzelheiten aus dem Gespräch. Das fällt Ihnen leicht, da Sie alles Wichtige gleich nach der Begegnung notiert haben. Was meinen Sie wohl, wie beeindruckt der andere sein wird, wenn Sie sich an Äußerungen von ihm erinnern, die er selbst schon vergessen hat!

Eine andere Möglichkeit – melden Sie sich per E-Mail. Dagegen ist es nicht nötig, sich gleich wieder zu verabreden. Die Zeit haben Sie gar nicht. Sie werten sich auf, wenn Ihre Partner spüren, dass Sie eine vielbeschäftigte Persönlichkeit sind und sich nicht wie eine Klette an sie hängen. Rufen Sie täglich zwei, drei Personen aus Ihrer Kartei an.

Oder senden Sie E-Mails. Warten Sie nicht auf einen guten Grund anzurufen. Sie wirken sympathischer, wenn Sie auch ohne Anlass Interesse zeigen: «Ich wollte mich mal melden. Was gibt es Neues bei Ihnen?» Sie freuen sich doch auch, wenn eine alte Freundin unerwartet anruft? Einfach so, ohne konkretes Anliegen? Anderen geht es genauso. Knüpfen Sie an das letzte Gespräch an. Wenn Sie nach dem letzten Telefonat Stichpunkte notiert hatten, ist das für Sie eine leichte Aufgabe. Wenn Sie gute Nachrichten erfahren – einer hat einen Spitzenjob ergattert, ein anderer hat einen tollen Urlaub erlebt –, übermitteln Sie Ihre Glückwünsche. Freuen Sie sich mit ihm. Solche kleinen Gesten rücken Sie in der Beliebtheitsskala Ihrer Freunde rasch nach oben. Bringen Sie die Geburtstage in Erfahrung. Meist wissen gemeinsame Bekannte das Datum. Und dann gratulieren Sie überraschend.

Zeit und Dauer festigen die Freundschaft. Wenn Sie über Monate immer wieder den Kontakt suchen, werden Sie allmählich vom flüchtigen Bekannten zum vertrauten Freund. Es genügt dann, wenn Sie jeden zweimal im Jahr persönlich treffen. Veranstalten Sie zu Ihrem Geburtstag eine große Party, zu der Sie alle einladen. Wenn Ihr Geburtstag auf einen ungünstigen Zeitpunkt fällt (Sommerferien, Weihnachten), wählen Sie einen anderen Anlass, zum Beispiel eine Jahresauftaktparty. Anfang Januar haben viele Leute Zeit und sind im Lande. Fehlen Ihnen der Wohnraum und das Geld für eine große Party, tun Sie sich mit Freunden zusammen. Sie sparen Kosten. Sie feiern dort, wo am meisten Platz ist. Sie führen außerdem Ihre Netzwerke zusammen. Im Gegenzug werden viele Ihrer Gäste Sie zu ihren Partys einladen. Dort lernen Sie deren Netzwerke kennen.

Richten Sie einen Jour fixe ein. Zu einem festen Termin – zum Beispiel jeden ersten Freitag im Monat ab 18 Uhr – kann jeder aus Ihrem Netzwerk unangemeldet bei Ihnen vorbeikommen. Diese Variante lohnt sich, sobald Ihr Netzwerk so groß ist, dass Ihre Geburtstagsparty jeden überschaubaren Rahmen sprengen würde. Bei den festen Abenden ist die Gästezahl kleiner. Mal kommen die einen, mal die anderen. Manche Profis geben diesen Abenden einen Namen, zum Beispiel Stammtisch oder literarischer Salon. Dort geben sie Freunden Gelegenheit, ihre Talente einem privaten Publikum zu präsentieren.

Beziehungsprofis haben wie jedermann nur wenige nahe Freunde, mit denen Sie sich zwischendurch öfter treffen. Kein Wunder – auch ihr Tag hat nur 24 Stunden. Ihr Lieblingsthema bei diesen Treffen sind die Freunde ihrer Freunde. Sie erzählen sich, welche Kontakte sie füreinander aktivieren können. Auf diese Weise stehen ihnen bei Bedarf einige hundert Leute zur Verfügung, von denen sie die meisten nur dem Namen nach kennen. Wenn zum Beispiel Dagmar nach dem Joggen Schmerzen in der Kniekehle spürt, ruft sie Angelika an. Die telefoniert mit ihrem alten Klassenkameraden Jörg, der eine Orthopädiepraxis betreibt: «Könntest du mal meine Freundin Dagmar untersuchen? Bitte berate sie so, wie du mich beraten würdest.»

Es fällt nicht schwer, auf diese Weise zahlreiche sympathische Kontakte zu pflegen. Sie sind für Ihre Bekannten da, ohne ihnen auf den Wecker zu fallen. Sie unterstützen einander, wo Sie Gemeinsamkeiten haben. Für größere Konflikte ist Ihre Beziehung nicht eng genug. Streit bis aufs Messer, Verrat und Eifersucht – Gefühlsdramen ereignen sich nur unter intimen Freunden. Wenn Ihre beste Freundin Sie enttäuschen sollte, wird Ihr Sympathie-Netzwerk Ihnen Halt geben. Es besteht aus Dutzenden von netten Leuten, die eine gute Meinung von Ihnen haben. Sie werden Sie vor Selbstzweifeln bewahren. Zahlreiche Signale der Sympathie aus der Umgebung sind das Zauberelixier, um selbst Sympathie auszustrahlen.

Schritt 7:
Optimieren Sie Ihre Körpersprache

Stellen Sie sich vor, Sie wären Schönheitsforscher(in). Sie wollen ergründen, welchen Frauentyp Männer besonders sexy finden. Zu diesem Zwecke laden Sie nacheinander tausend Männer in Ihr Labor ein und zeigen ihnen Fotos unterschiedlicher Frauen: dünn, dick, klein, groß, blond, dunkel, mit üppigen Rundungen oder eher knabenhaft schmal. Die Jungs sollen entscheiden, welche die schönste ist. Die übergroße Mehrheit wird sich für dasselbe Foto entscheiden. Es zeigt eine Frau, die weder besonders üppig noch besonders schmal gebaut ist. Eher ein mittlerer Typus mit ebenmäßigen Gesichtszügen, ohne auffällige Besonderheiten. Sie kommen zu dem Schluss, dass die Geschmäcker wohl doch nicht so verschieden sind, wie Sie dachten.

Doch wenn Sie als Zweites diese Männer bitten, Ihnen ein Foto ihrer aktuellen Partnerin zu zeigen, werden Sie eine Überraschung erleben. Diese Frauen ähneln keineswegs dem Schönheitsideal, das sie gerade vorher ausgewählt hatten. Trotzdem behauptet jeder, dass seine Freundin genau seinem Geschmack entspricht. Das ist keine Lüge, die Liebe hat ihn auch nicht blind gemacht. Es liegt auch nicht daran, dass er keine Hübschere abgekriegt hätte. Davon können Sie sich leicht überzeugen. Sie brauchen die Männer nur zu bitten, Fotos früherer Freundinnen zu zeigen. Dann werden Sie feststellen, dass die meisten schon einmal mit schöneren Frauen zusammen waren. Doch sie sind nicht bei ihnen geblieben. Sie entschieden sich für eine weniger attraktive neue. Sie, und nicht die superschöne, erwies sich als die richtige.

Ähnlichkeit ist wichtiger als Schönheit

Sie können diesen Test mit weiblichen Freiwilligen wiederholen und werden zu demselben Resultat gelangen. Auf Fotos finden Frauen Typen wie Brad Pitt oder Sean Connery am attraktivsten. Die Männer jedoch, die sie lieben, sehen alltäglich aus. Im wahren Leben ziehen die meisten einen Mann mit Bäuchlein einem Waschbrettbauchträger vor.

Der Grund für diese seltsame Diskrepanz liegt wieder im Gesetz der Ähnlichkeit. Wir sind uns zwar einig, wer schön aussieht und wer nicht. Trotzdem sind die Geschmäcker verschieden. Ich verbinde mich lieber mit jemandem, der ähnlich attraktiv ist wie ich selbst. In diese unbewusste Berechnung der ähnlichen Attraktivität geht nicht nur die körperliche Schönheit ein, sondern auch andere Bereiche des sozialen Erfolgs: Beruf, Einkommen, Status und Beliebtheit. Sieht bei einem Pärchen einer wesentlich besser aus als der andere, gleicht der seinen Nachteil durch mehr Liebenswürdigkeit und beruflichen Erfolg aus. In den meisten Fällen sind jedoch ein Mann und eine Frau, die seit längerem zusammenleben, einander auch äußerlich ähnlich.

Wenn Sie sympathisch und beliebt sein wollen, brauchen Sie nicht wie Venus oder Casanova auszusehen. Das wäre sogar von Nachteil. Denn so superattraktiv sind nur wenige. Sie wären außergewöhnlich schön, aber auch außergewöhnlich einsam. Weniger Attraktive würden unwillkürlich Abstand halten. Verführer, die ihre Mitmenschen um den Finger wickeln, sind alles andere als auffällige Schönheiten. Schon im 19. Jahrhundert waren Richter immer wieder verblüfft, wie spießig notorische Heiratsschwindler aussahen, die ihnen die Polizei zur Aburteilung vorführte. Diese Männer strahlten kein dominantes Heldentum aus, sondern biedere Zuverlässigkeit, Treue und Solidität. Daran hat sich bis heute nichts geändert. Als 1999 der Hochstapler Gert Postel vier Jahre Haft erhielt, trat ein schmächtiges Kerlchen mit Brille vor die Kameras. Sein wahrer Beruf war Postangestellter, und so sah er auch aus. Dennoch hatte er eine Erfolgskarriere als falscher Oberarzt hinter sich, in deren Verlauf er Dutzende echte Doktoren von sich überzeugte.

Treten Sie vor den Spiegel. Sie sehen brav und bieder aus? Sie haben weder die 1,94 Meter eines Harald Schmidt noch das breite Lächeln einer Julia Roberts? Und schon gar nicht den Sex-Appeal einer Sharon Stone oder das Powergrinsen eines Jack Nicholson? Umso besser! Mindestens 90 Prozent geht es wie Ihnen. Deren Sympathien werden

Ihnen gehören. Wenn Sie die Zuneigung der Mehrheit erringen wollen, zeigen Sie ihnen von der ersten Sekunde an, dass Sie einer von ihnen sind.

Nutzen Sie den Ganzheitseffekt

Bevor Sie das nächste Mal in die Öffentlichkeit gehen, machen Sie sich vorab einige Gedanken über Ihre Wirkung. Betrachten Sie noch einmal Ihr Spiegelbild. Stellen Sie sich vor, Sie wären ein Fremder, der Sie zum ersten Mal zu Gesicht bekommt. Vergessen Sie mal für einen Moment alles, was Sie von sich wissen. Betrachten Sie nur Ihre äußere Erscheinung. So als sähen Sie sich zum ersten Mal. Wie würden Sie die Person beschreiben, die vor Ihnen steht? Welche Vermutungen über ihr inneres Wesen würden Ihnen durch den Kopf gehen?

Sagen Sie nun guten Tag zu Ihrem Spiegelbild und stellen Sie sich vor. Wie hat Ihr zweites Ich sich präsentiert? Überzeugend? Offen? Entgegenkommend? Oder fühlte es sich sichtlich unwohl? Wirkte es schüchtern und unsicher? Die Präsentation hat vielleicht vier Sekunden gedauert. Trotzdem reichte sie aus, um einen ersten Eindruck zu hinterlassen. Ein Urteil zu bilden, das über Erfolg oder Scheitern der Begegnung entscheidet. Das Gehirn verarbeitet in dieser kurzen Zeitspanne Dutzende von Wahrnehmungen zu einem Gesamteindruck. Sie stammen aus den Bereichen

- Aussehen,
- Haltung,
- Mimik,
- Gestik,
- Distanz zum Partner,
- Stimme.

Sie machen 93 Prozent Ihres ersten Eindrucks aus. Nur sieben Prozent entfallen auf den Inhalt der ersten Worte. Wollten Sie bewusst Ihre Wirkung manipulieren und alle Elemente Ihrer Körpersprache kontrollieren, wären Sie völlig überfordert. Niemand kann mehr als drei oder vier Faktoren seines Verhaltens gleichzeitig überwachen. Sie würden verkrampfen. Ihre Wirkung wäre katastrophal. Um überzeugend eine Rolle vorzuspielen, brauchten Sie eine gediegene Schauspielausbildung mit viel Training Ihrer Körperbeherrschung. Selbst die großen Stars manipulieren nicht ständig an ihrer Körpersprache herum. Sie nutzen eine Abkürzung, die auf zwei Gesetzmäßigkeiten beruht:

- Gefühle und Körpersprache sind direkt miteinander gekoppelt. Wenn Sie lächeln, bessert sich Ihre Laune. Aber auch die Umkehrung gilt. Denken Sie an etwas Lustiges, und Ihr Gehirn wird ein echtes Lächeln auf Ihre Lippen zaubern.
- Körpersprache hat die Tendenz zur Ganzheitlichkeit. Zwar zeigen sich innere Widersprüche auch äußerlich. Ein Kind wird ausgezankt und guckt ängstlich. Zugleich kann es sich ein Grinsen über seine Untat nicht verkneifen. Doch das dauert nur eine Sekunde. Am Ende vereinheitlicht das Grundgefühl das äußere Auftreten – bei dem Kind zum Beispiel zu einem Verlegenheitslächeln. Es genügt daher, ein zentrales Element der Körpersprache bewusst zu verändern. Der übrige Körper macht automatisch mit.

Probieren Sie es aus. Stellen Sie sich gerade hin. Schauen Sie in die Ferne, zum Himmel. Strecken Sie Ihre Arme zur Seite. Heben Sie nun Ihre Arme halb nach oben wie eine Uhr, deren Zeiger auf zehn vor zwei zeigen. In welcher Stellung befinden sich Ihre Mundwinkel? In der Regel steigen bei dieser Übung die Mundwinkel mit nach oben. Sie dürften also ein leichtes Lächeln zeigen. Versuchen Sie, bei erhobenen Armen die Mundwinkel depressiv hängen zu lassen. Das wird Ihnen in dieser Position schwerer fallen. Doch wenn Sie die Arme hängen lassen, sinken auch die Mundwinkel nach unten.

Beliebtheit ist eine Frage des Stils
In Büchern über Körpersprache wird das Aussehen oft vergessen. Zu Unrecht. Zwar können wir uns Körper und Gesicht nicht aussuchen. Wir können aber mit Kleidung und Frisur Einfluss auf ihre Wirkung

nehmen. Wie oft haben Sie schon angesichts eines Fotos den Satz gehört und selbst geäußert: «Sie sieht sympathisch aus»? Obwohl Sie der Person noch nie begegnet sind! Wenige Kriterien genügen für ein Urteil, vor allem

- innere Stimmigkeit des Gesamteindrucks,
- Ähnlichkeit der Person mit Leuten, die Sie gut kennen und mögen,
- freundliche Miene und Blick zum Betrachter,
- offene, dem Betrachter zugewandte Haltung.

Sie erreichen innere Stimmigkeit, wenn Sie Ihr Sympathie-Image aus Schritt 5 in Ihrem persönlichen Stil umsetzen. Stil ist etwas Beständigeres als Mode. Mode übersetzt den aktuellen Zeitgeist in Aussehen. Sie ist nicht an individuelle Bedürfnisse angepasst. Deswegen kann sie von Models präsentiert werden, die dünner und größer sind als 95 Prozent der Bevölkerung. Wer die Kunst beherrscht, die Mode auf seine Person zuzuschneiden, besitzt Stil. «Stil bedeutet, sich selbst zu erfinden», verriet Diana Vreeland, unter deren Leitung die Modezeitschrift *Harper's Bazaar* einst berühmt wurde. Über Geschmack lässt sich streiten, über Stil nicht. Stil ist die Kunst, aus dem umfangreichen Modeangebot auszuwählen, was zu Ihrer Persönlichkeit und Ihrer Lebenssituation passt, und daraus ein stimmiges Ganzes zu komponieren.

Welchen der drei Sympathietypen hatten Sie im fünften Schritt für sich ausgewählt? Jedem dieser Typen entspricht ein bestimmter Stil.

Klassisch heißt der traditionsbewusste Stil des **zielstrebigen** Typus. Er setzt auf einfache, konservative Linien. Formelle Kleidung gibt ihrem Träger Sicherheit.

Dramatisch heißt ein modebewusster Stil des **feurigen** Typus. Er experimentiert mit kühnen Farben, Schnitten und Accessoires. Er liebt es aufzufallen.

Natürlich-romantisch heißt der Stil des **zurückhaltenden** Typus. Er setzt auf Bequemlichkeit und bewegliche Silhouetten mit weichen Schnitten.

Sicheres Stilempfinden erfordert viel Übung. Schauen Sie sich in Modezeitschriften öfter Kleidung und Frisuren an. Ordnen Sie sie den drei Stilen zu. Was davon entspricht Ihrem Stil? Welche Sachen würden Sie selbst gern anziehen? Wenn Sie sich unsicher fühlen, fragen Sie gute Freundinnen um Rat. Mit der Zeit bekommen Sie ein Gespür für Ihren Stil. Kaufen Sie keine Sachen mehr, in denen Sie sich verkleidet fühlen. Sie haben Ihren Stil gefunden, wenn Sie sich beim Blick in den Spiegel selbst sympathisch finden.

Stilberater empfehlen, sich in der Kleidung seiner Umgebung anzugleichen. Die Freiburger Kommunikationstrainerin Elisabeth Bonneau rät: «Bieten Sie eine positiv-neutrale Interpretationsfläche.» Wählen Sie Ihr Outfit danach aus, was andere in der Firma tragen. In einer Bank arbeiten Sie im konservativen Anzug, in einer Werbeagentur treten Sie bunter und flippiger auf, auf einer Baustelle bevorzugen Sie strapazierfähige Sachen in gedeckten Farben. Wenn Sie dazugehören wollen, zeigen Sie es auch in der Kleidung. Ihre Individualität unterstreichen Sie mit ein, zwei auffälligen Accessoires. Das ist viel wirkungsvoller und eleganter, als unter lauter dunklen Anzügen als bunter Paradiesvogel herumzulaufen. Oder unter Studenten in Jeans und T-Shirt mit Krawatte, Blazer und Bügelfalte den künftigen Karrieristen heraushängen zu lassen.

In einer Firma ist die Hierarchie auch in der Kleidung zu erkennen. Die Chefin trägt ein elegantes Kostüm einer Nobelmarke, die Sekretärin kommt in Bluse und Rock von C&A. Kleiden Sie sich auf dem gleichen Niveau wie Ihre gleichrangigen Kollegen. Wenn Sie zu stark abweichen, kostet es Sie Sympathiepunkte. Sind sie schlechter gekleidet, wirken Sie nachlässig bis schlampig. Kleiden Sie sich deutlich eleganter, heißt es hinter vorgehaltener Hand: «Sie hält sich wohl für was Besseres.» Auf Nummer sicher gehen Sie, wenn Sie einen Tick besser gekleidet sind als der Durchschnitt. So viel, dass es bemerkt wird, aber nicht so sehr, dass Sie als Abweichler auffallen. Versuchen Sie nicht, der oder die Bestgekleidete zu sein, aber als Zweitbeste(r) durchs Ziel zu gehen, ist optimal.

Gerade – wegen der Haltung

Sind Sie ein «aufrechter» Charakter? Bewahren Sie «Haltung» – was auch passiert? Zeigen Sie «Rückgrat», wenn es hart auf hart kommt? Sagen Sie dann: «Nun ‹gerade› erst»? Unsere bildhafte Sprache verrät, was wir insgeheim alle wissen. Innere und äußere Haltung gehören zusammen.

Ein gerader Gang zieht nicht nur den Scheitel nach oben. Alles richtet sich auf: die Wirbelsäule, die inneren Organe, die Mundwinkel, die Nasenspitze, das Selbstvertrauen und die Stimmung. Eine zusammengedrückte Sitzposition bewirkt das Gegenteil. Die Muskeln sind angespannt, obwohl sie auf schnelle Beweglichkeit ausgelegt sind. Der nach vorn gereckte Kopf verlangt von den Nackenmuskeln Höchstarbeit. Nach zwei Stunden verkrampfen sie so stark, dass sie Spannungskopfschmerz auslösen. Das Hantieren mit Maus, Papier und Stiften führt zur Asymmetrie. Der rechte Arm (bei Linkshändern der linke) ist weiter vom Körper abgespreizt als der andere. Er wendet mehr Kraft auf, dadurch hängt seine Schulter tiefer. Die Durchblutung leidet. Wir fühlen uns kraftlos und müde. Die Lunge und andere Organe sind zusammengedrückt. Die Atmung wird flach. Kopf, Mundwinkel und Stimmung sinken nach unten, sie «gehen in den Keller».

Eine schlechte Haltung bemerken wir leicht an anderen, aber nur selten an uns selbst. Das liegt am Ganzheitseffekt. Da die schlechte Haltung auf die Stimmung drückt, fühlen wir uns bei mäßiger Laune mit krummem Rücken in Übereinstimmung mit uns selbst. Wären Sie in gebückter Sitzhaltung fröhlich, würde es Ihnen auffallen. Sie biegen dann unwillkürlich den Rücken gerade. Auch die Umkehrung klappt. Richten Sie sich auf, und Ihre Laune bessert sich.

Eine krumme Haltung bildet sich aus Gewohnheit. Von der Schule bis zum Computerarbeitsplatz des Erwachsenen erleben wir die Welt auf Stühlen. Das ständige Sitzen kennt die Menschheit erst seit dem Mittelalter. Noch in der griechischen Antike wandelten die Philosophen aufrecht durch Säulenhallen, während sie ihre Ideen diskutierten. Beim «Gastmahl», das Platon in seinem gleichnamigen Dialog schildert, lagen Sokrates und seine Kollegen langgestreckt auf Ruhebänken. Das Dauersitzen kam erst in den mittelalterlichen Klöstern auf. Das schwache Licht der Kerzen im dunklen Nordeuropa zwang die Mönche, sich stundenlang tief über ihre Manuskripte zu beugen, um etwas zu erkennen.

Mit fünf kleinen Übungen gewinnen Sie die natürliche Haltung zurück, die Sie als Kind im Vorschulalter schon einmal besessen haben. Beobachten Sie einmal so ein eineinhalbjähriges Wesen, das kürzlich erst Laufen gelernt hat. Es stakst noch unbeholfen über den Teppich, aber es hält sich dabei kerzengerade. Diese Haltung behält es die nächsten Jahre bei. Erst die Erwachsenen bringen dem Schulkind bei, seinen Blick nach unten zu senken.

1. **Der emporwachsende Baum.** Nehmen Sie eine aufrechte Haltung ein. Wenn Sie unsicher sind, ob Sie wirklich gerade stehen, stellen Sie sich seitlich vor einen Ganzkörperspiegel, sodass Sie sich im Profil sehen. Sie können auch ein Buch auf den Scheitel legen – eine hervorragende Übung, um Kopf und Nacken die optimale Position anzugewöhnen. Auch Models schwören auf diese Übung. Neben einer geraden Haltung fördert sie einen straffen Hals. Nun schließen Sie die Augen. Stellen Sie sich vor, ein Seil würde Ihren Scheitel Richtung Himmel ziehen, während Ihre Fußsohlen am Boden kleben. Spüren Sie, wie diese Kraft Ihre Muskeln und die Wirbelsäule in die Länge zieht? Achten Sie auf Ihre Schultern. Spannen Sie sie kurz an, dann lassen Sie sie locker fallen. Wohin fallen die Schultern? Nach vorn, nach hinten oder gar nicht? Drehen Sie sich vom Profil zur Frontalansicht. Fallen beide Schultern gleich tief? Oder ist eine Seite höher als die andere? Bei einer korrekten Haltung fallen beide Schultern gleich weit nach hinten. Falls das bei Ihnen nicht der Fall war, gehen Sie ein paar Schritte, lassen Sie Schultern und Nacken ein paar Mal zur Lockerung kreisen und wiederholen die Übung. Halten Sie diesmal den Kopf noch höher. Heben Sie die Nase an, seien Sie ruhig etwas «hochnäsig». Fallen diesmal Ihre Schultern nach hinten? Prima. Falls zum Ausgleich Ihr Bauch unanständig weit nach vorn ragt – verstärken Sie die Kraft, die Ihren Scheitel nach oben zieht. Prägen Sie sich diese Haltung gut ein.

2. **Das bebende Schilfrohr.** Gehen Sie mit geschlossenen Augen einige Schritte durch Ihr Zimmer. Bleiben Sie stehen, ohne die Augen zu öffnen. Stehen Sie gerade wie in der vorigen Übung? Korrigieren Sie notfalls Ihre Haltung – die Augen bleiben zu. Jetzt schärfen Sie Ihre innere Wahrnehmung. Achten Sie auf Ihre Muskeln und Ihren Gleichgewichtssinn. Spüren Sie die kleinen, weichen Bewegungen, die ständig durch Ihren Körper laufen. Sie halten ihn in der Balance. Ständig melden die Muskeln ihre Lage ans Gehirn, und das antwortet mit Korrekturbefehlen. Dieser Mechanismus arbeitet perfekt, auch wenn Sie mit Ihren Gedanken woanders sind. Wie ein Schilfrohr, das gerade deswegen im Sturm nicht umknickt, weil es sich biegsam anpasst. Das Gespür für Ihre Minibewegungen wird Ihnen helfen, in Zukunft jederzeit Ihre aufrechte Haltung wiederzufinden. Auch wenn Sie keinen Spiegel in der Nähe haben.

3. **Der fröhliche Sänger.** Durch das jahrelange Sitzen haben wir uns angewöhnt, den Kopf nach vorn und unten zu recken. Mit folgender Übung finden Sie seine natürliche Haltung wieder. Gehen Sie ein paar Schritte und trällern Sie aus vollem Hals ein fröhliches Lied. Wegen des vollen Atems und des Resonanzraumes, den Sie dazu benötigen, bringt der Körper Kopf und Hals automatisch in die optimale Haltung.

4. **Die grazile Sonne.** Nun beginnen Sie, Ihre neue Haltung mit fließender Bewegung zu verbinden. Nehmen Sie die aufrechte Position aus Übung 1 vor einem Stuhl ein. Dann setzen Sie sich – geschmeidig und ohne ruckartiges Stop und Go. Wie die untergehende Sonne, im Zeitraffer betrachtet. Achten Sie auf eine gleichmäßig fließende Bewegung. Lassen Sie Ihren Rücken lang, krümmen Sie sich nicht zusammen. Auf dem Stuhl angekommen, sitzen Sie aufrecht. Ihre Schultern fallen immer noch locker nach hinten. Ihre Augen schauen nicht nach unten, sondern sind auf einen Punkt über dem Horizont gerichtet. Sie sitzen, als würde es Sie gleich wieder nach oben reißen. Nun lassen Sie Ihre Sonne wieder aufgehen. Stehen Sie ebenso geschmeidig wieder auf. Wiederholen Sie den Bewegungsablauf, bis er «sitzt».

5. **Der wandelnde Baum.** Gehen Sie nach draußen. Überprüfen Sie kurz Ihre Haltung. Ihre Nase zeigt leicht nach oben, Ihre Augen blicken über der Horizontlinie in die Ferne, Ihre Schultern fallen locker nach hinten? Gut. Behalten Sie diese Haltung bei, wenn Sie nun losgehen, geschmeidig, mit fließenden, ruckfreien Schritten. Rollen Sie Ihre Füße von der Außenkante der Ferse bis zur vorderen Fußmitte ab. Spüren Sie, wie sich mit der neuen Gangart auch Ihr Selbstbewusstsein wächst? Fühlen Sie sich als Sieger. Ihnen gehört die Welt. Forscher haben herausgefunden, dass ein Aufrechtschreiter mindestens zwei Zentimeter größer wirkt, sobald er sich vom üblichen Schlurfgang verabschiedet.

Ein kurzes Lächeln, ein klarer Blick

Die fürchterlichste Waffe unserer urzeitlichen Vorfahren war der Speer. Er trug den Tod bis zu 70 Meter weit. Stellen wir uns vor, zwei Horden begegneten sich in der Savanne. Wie konnten sie aus einer solchen Distanz ihre friedlichen Absichten kundtun? Die Antwort fand Paul Ekman von der Universität in San Francisco, weltweit anerkannter Mimikforscher. Er ließ zwei Gruppen von Freiwilligen aufeinander zugehen und dabei die verschiedensten Gesichter schneiden. Das Ergebnis: Ein lachendes Antlitz erkennen wir bereits aus 90 Meter Entfernung. Es reicht weiter als der tödlichste Speer. Kein Wunder, dass Lächeln und Lachen bei der Begrüßung so eine große Rolle spielen.

Eine der häufigsten Empfehlungen von Trainern der Körpersprache lautet daher: Lächeln Sie! Ein Lächeln verschönt jedes Gesicht. Es hebt die Laune, beim Lächelnden ebenso wie beim Betrachter. Die Experten warnen freilich vor dem falschen Lächeln, bei dem nur die Mundwinkel nach oben gezogen werden. Beim echten Lächeln zieht sich auch der Ringmuskel um die Augen zusammen, es bilden sich Lachfältchen in den Augenwinkeln. Da dieser Muskel nicht unserer willentlichen Kontrolle unterliegt, arbeitet er nur, wenn uns innerlich zum Lächeln zumute ist. Ist die Mimik nur aufgesetzt, bleiben die Augen «kalt».

Doch die wahre Schwierigkeit liegt woanders. Längst hat sich in der Werbebranche die Zaubermacht des Lächelns herumgesprochen. In vielen Kaufhäusern und Luxusläden werden Sie gnadenlos niedergelächelt – egal, ob Sie freundlich sind, herumpoltern oder die Verkäuferinnen zur Verzweiflung treiben, weil sie sich ein Dutzend Sachen vorführen lassen, ohne etwas zu kaufen. Dabei geht es hierzulande noch bescheiden zu. In Amerika gehören die hochgeklemmten Mundwinkel zur kommerziellen Nationalkultur. Dort herrscht das Prinzip: «Unsere Angestellten lächeln nur einmal, und zwar den ganzen Tag.» Gegen das Lächeln amerikanischer Supermarkt-Kassiererinnen wirkt selbst die Mimik einer deutschen Stewardess spontan. McDonald's in den USA bot sogar eine «Smile Guarantee»: Sollten Sie nicht angelächelt werden, haben Sie Anspruch auf ein Geschenk. Am liebsten möchte man den Angestellten etwas schenken, wenn sie nur einmal ihr wahres Gesicht zeigen würden.

Ein Dauerlächeln ist ein Unterwerfungssignal. Es weckt Misstrauen, da es kaum ehrlich gemeint sein kann. Niemand, der in einem Servicejob arbeitet, hat ununterbrochen gute Laune. Oder Sie vermuten dahinter versteckten Spott, dann wirkt es wie ein Dauergrinsen. Studien zeigen, dass wir je nach der Stärke unseres Selbstwertgefühls auf Stress und Ärger verschieden reagieren:

- Wer über ein gesundes Selbstvertrauen verfügt, richtet seinen Zorn gegen die Quelle. Er weist den Angreifer zurück und zeigt seinen Missmut auch im Gesicht.
- Menschen mit geringem Selbstvertrauen dagegen werden noch liebenswürdiger als vorher. Sie senken den Kopf und lächeln unsicher vor sich hin. Sie suchen die Schuld am Konflikt bei sich und versuchen, den Angreifer mit einem verlegenen Lächeln zu beschwichtigen. Lächeln ist durchaus nicht immer ein Zeichen von Fröhlichkeit. Es kann auch ein Zeichen von Angst sein.

Wie gewinnen Sie auf Anhieb Sympathie? Lächeln Sie, aber niemals länger als vier Sekunden am Stück! Eine Mimik, die fünf Sekunden und länger dauert, wirkt unehrlich. Das fanden Lügenforscher heraus. Echte Gefühle zeigen sich auf dem Gesicht schnell und kurz. Ein rasches, aber deutliches Anheben der Mundwinkel und Augenbrauen. Die Mimik bleibt beweglich – kein eingefrorenes Grinsen! Ein Lächeln bis drei Sekunden ist ein Höflichkeitssignal. Drei bis vier Sekunden deuten auf außergewöhnliches Interesse hin, zum Beispiel beim Flirten. Ab fünf Sekunden fühlt der Betrachter sich unwohl. Er fragt sich: Was ist mit dem Typ? Will der was von mir? Dauergrinser haben schon Schläge provoziert.

Die gleiche Regel gilt für den Blickkontakt. Wen Sie bis vier Sekunden anschauen, spürt Ihr steigendes Interesse. Er fühlt sich als «angesehene» Person. Bei mehr als vier Sekunden – vor allem, wenn die Augen unbeweglich auf denselben Punkt im Gesicht gerichtet bleiben – wird aus dem Blick ein Starren. Und Anstarren sieht bedrohlich aus. Ein überlanger Blick wirkt einschüchternd, beleidigend, hochmütig und respektlos. Die anfangs positive Wirkung schlägt ins Gegenteil um. Wer den Augenkontakt gänzlich meidet, wirkt dagegen unaufmerksam, unhöflich oder unterwürfig – wie jemand, der etwas zu verbergen hat.

Das Timing ist also wichtiger als Perfektion in der Ausführung. Selbst wenn Sie nur künstlich die Mundwinkel anheben – na und? Das genügt, um die Wirkung eines echten Lächelns zu entfalten. Nicht nur beim Betrachter, sondern sogar beim Lächler selbst. Denn sein Gehirn erhöht daraufhin die Produktion des Nervenbotenstoffes Serotonin. Er sorgt für Entspannung und gute Laune. Es ist daher ein guter Tipp, selbst dann die Mundwinkel anzuheben, wenn Ihr Gesprächspartner Sie nicht sieht. Zum Beispiel beim Telefonieren. Lächeln Sie ein paar Sekunden, bevor Sie zum Hörer greifen. Gleich klingt Ihre Stimme gelöster und freundlicher.

Aber weckt ein künstliches Lächeln nicht Misstrauen? Tests ergaben, dass wir große Schwierigkeiten haben, echtes und falsches Lächeln zu unterscheiden. Selbst wenn Sie wissen, dass die Augen mitlächeln müssten: Schauen Sie sich zehn lächelnde Fotos höchstens fünf Sekunden lang an und versuchen Sie, spontan zu entscheiden, ob da die Augen nun mitlächeln oder nicht. Wenn die Mundwinkel hochgezogen sind und die Augen den Betrachter anschauen, ist der Unterschied gar nicht so leicht zu erkennen. Beim echten Lächeln ziehen sich die Augen durch die Anspannung des Ringmuskels leicht zusammen. Selbst erfahrene Betrachter täuschen sich, wie die Experimente des Amerikaners Paul Ekman ergaben. Ihre Erfolgsquote liegt nur bei 52 bis 57 Prozent. Da es nur zwei Antwortmöglichkeiten gibt – echt oder unecht –, wären beim bloßen Raten auch 50 Prozent zusammengekommen.

Bei längerem Lächeln würde der Unterschied stärker auffallen. Aber drei bis vier Sekunden sind zu kurz für eine ausführliche Musterung der Details. Es ist daher leicht, bei der ersten Begegnung sympathisch rüberzukommen. Treten Sie Ihrer Zielperson mit aufrechter Haltung und schwungvoll-geschmeidigem Gang entgegen, wie im vorigen Abschnitt beschrieben. Nehmen Sie in vier bis sechs Meter Entfernung Blickkontakt auf und lächeln Sie – so gut Sie können. Nach drei Sekunden wenden Sie den Blick kurz zur Seite und hören auf zu lächeln. Wenn Sie dann Ihren Partner begrüßen, blicken und lächeln Sie erneut. Heben Sie kurz und deutlich die Augenbrauen. Das ist ein körpersprachliches Grußsignal: «Ich habe Sie erkannt und hege freundliche Absichten.»

Auch später wechseln Sie zwischen Blick und Wegschauen hin und her. Einzige Ausnahme: Wenn Sie nur zuhören und Ihr Partner längere Zeit redet, können Sie ihn länger anschauen. Ihr Blick signalisiert dann, dass Sie aufmerksam seinen Worten folgen. Doch auch hier wäre ein Dauerlächeln fehl am Platz. Es würde wie Spott wirken. Setzen Sie Ihr Lächeln sparsam ein. Um so wirkungsvoller ist es. Das weiß man aus dem Vergleich der Geschlechter. Männer lächeln seltener als Frauen. Dafür hat ihr Lächeln eine stärkere Wirkung.

Was einen Händedruck sympathisch macht

Gesten sind Signale der Offenheit, Selbstsicherheit und friedlichen Absichten. Seit Jahrtausenden zeigen Fremde bei der Begrüßung ihre leeren Handflächen vor als Zeichen, dass sie keine Waffen bei sich haben. Römische Verschwörer unterliefen dieses Ritual, indem sie einen Dolch im Ärmel ihres Gewandes verbargen. Daher kam als zusätzliche Grußgeste der Griff der Hand an den Unterarm des Partners in Mode.

Daraus entwickelte sich in der Neuzeit der Handschlag. Zuerst besiegelten Händler mit dieser Geste eine Vereinbarung. Seit dem 19. Jahrhundert setzte sie sich als fester Teil der Begrüßung durch.

Die alte Sitte, mit der Grußgeste die freundlichen Absichten des anderen zu prüfen, besteht auch im modernen Handschlag fort. Wir suchen nicht mehr nach versteckten Waffen, sondern nach versteckten Absichten. Ein Händedruck kann sympathisch sein oder binnen Sekunden Abneigung auslösen. Das ist keine Einbildung. Selbstsichere Menschen haben einen festen Händedruck, unsichere nicht. Diese Annahme hat der US-Forscher William Chaplin 2001 in einer Studie bestätigen können. Ein sympathischer Handschlag zeichnet sich durch fünf Merkmale aus:

1. Halten Sie Benimmregeln ein. Der Rangniedere grüßt zuerst – und wartet ab, ob ihm der Höhere die Hand reicht. Als ranghöher gelten Frauen gegenüber Männern, Ältere gegenüber Jüngeren und Vorgesetzte gegenüber Mitarbeitern. Sitzende stehen zum Handschlag auf. Reicht Ihnen der Ranghöhere nach Ihrem Gruß nicht die Hand, zeigen Sie keine Verwunderung, sondern begnügen sich mit einem knappen Zunicken. Bei Gruppen geben Sie entweder allen oder keinem die Hand. Je größer die Gruppe, desto akzeptabler ist bloßes Zunicken.
2. Reichen Sie die Hand ohne Zögern, drücken Sie kurz und fest zu, ohne die Hand des andern zu zermalmen. Wieder gilt eine Dauer von bis zu drei Sekunden als optimal. Drei bis vier Sekunden zeigen erhöhtes Interesse an. Der Partner erwartet dann, dass Sie ein besonderes Anliegen äußern werden. Ein längeres Händeschütteln wirkt unsicher oder bedrohlich – als ob Sie den anderen am freien Gebrauch seiner Hände hindern wollten.
3. Seitliches Händereichen (die Handfläche zeigt nach links) ist der sympathische Gruß unter Gleichen. Wenn Sie Ihre Hand von oben geben (die Handfläche zeigt nach unten), wirken Sie dominant. Umgekehrt (die Handfläche zeigt nach oben) unterwürfig. Auch den Arm des andern durchzuschütteln, ist ein Dominanzgebaren. Der Partner wird versuchen, sich dem Versuch, ihn zu dominieren,

zu entziehen – oder ihn auszugleichen. In Seminaren zur Körpersprache lehrt man folgenden Trick. Während Sie mit rechts die Hand reichen, legen Sie Ihre linke Hand auf den rechten Unterarm des Partners. Damit stellen Sie die Balance wieder her. Als Angela Merkel zum ersten Staatsbesuch zu Jacques Chirac fuhr, verblüffte er sie, als sie aus dem Auto stieg, mit einem Handkuss (übrigens ein Verstoß gegen die guten Manieren: Der Handkuss darf nur in geschlossenen Räumen ausgeführt werden). Bei der zweiten Begegnung hatten ihre Berater sie offenbar vorbereitet. Sie legte jetzt beim Handschlag vor den Kameras ihre linke Hand auf Chiracs Unterarm. Studien bestätigen die Macht der Berührung: Wenn Sie während des Gesprächs Ihr Gegenüber ab und zu wie unabsichtlich am Unterarm berühren, steigt seine Sympathie für Sie.

4. Sie schaffen Sympathie, wenn Sie für Gleichstand sorgen. Dazu gehört nicht nur das seitliche Händegeben. Ein zweiter Faktor ist die Kraft. Männerhände üben im Schnitt einen doppelt so starken Druck aus. Drücken Sie als Frau bei einem Mann stärker, als Mann bei einer Frau weniger stark zu.

5. Haben Sie schon einmal den Satz gehört: «Er hat einen unangenehm feuchten Händedruck?» Der Auslöser ist Nervosität. Der Körper schaltet bei Angst – zum Beispiel vor einer heiklen Begegnung – auf den urzeitlichen Fluchtreflex um. Das Blut weicht aus der oberen Hautschicht zurück und fließt in die Beinmuskeln. Dadurch kühlt die Hand ab. Zugleich sondert sie wie der übrige Körper Schweiß ab, der zur Hautkühlung beim schnellen Weglaufen bestimmt ist. Das Ergebnis: Die Hand wirkt kalt und glitschig. Beugen Sie vor, wenn Sie nervös sind. Wischen Sie Ihre Hand vorher an einem Taschentuch ab. Atmen Sie langsam aus, mindestens zehn Sekunden lang. Da der Fluchtreflex die Atmung beschleunigt – damit Sie beim Wegrennen genug Luft bekommen –, signalisiert langsames Atmen dem Gehirn, dass die Gefahr vorbei ist. Sie werden ruhiger.

Kommen Sie näher, indem Sie Abstand halten

Wie oft fahren Sie mit öffentlichen Verkehrsmitteln? Busse und U-Bahnen sind ein hervorragender Ort, um Sympathiemängel und versteckte Machtspielchen zu studieren. Eine dicke Frau hat prall gefüllte Plastiktüten um sich ausgebreitet und zwingt das Mädchen auf dem Nebensitz, sich in die äußerste Ecke zurückzuziehen, die Schulmappe vor den Oberkörper gepresst. Drei Jugendliche blockieren im angeregten Gespräch den Durchgang. Jedem, der sich dennoch vorbeidrängelt, schlagen sie mit einer leichten Bewegung des Rückens ihre Rucksäcke ins Gesicht.

Wie verhält man sich da am klügsten? Sich an die kalte Außenwand drücken oder kräftig mitschubsen? Unser Gefühl für Distanzen hat sich in einer Epoche herausgebildet, als kaum eine Million Menschen auf unserem Planeten wandelte. Da hatte jeder genug Platz. Überfüllte Enge ist für unser Gefühl ein Ausnahmezustand. Der Amerikaner Edward T. Hall hat vor fünfzig Jahren die Territorialansprüche vermessen:

1. Die intime Zone, in der wir nur nahe Vertraute zulassen, beträgt maximal 60 Zentimeter.
2. Die persönliche Zone für Gespräche mit guten Freunden reicht bis 1,20 Meter.
3. Die soziale Zone für Gespräche mit Verkäufern, Beamten und Fremden reicht bis 3,60 Meter.
4. Die öffentliche Zone über 3,60 Meter erleben wir in der Rolle des Publikums von Rednern, Theatern und Paraden.

Wer ohne Erlaubnis die angemessene Distanz unterschreitet, läuft Gefahr, sich unbeliebt zu machen. Zum Beispiel, wer in die intime Zone eines Fremden eindringt, ihm «auf die Pelle rückt». Die Ausnahmefälle, die es erlauben, sind durch gesellschaftliche Rituale streng geregelt. Dazu gehören Berufe wie Ärzte, Friseure oder Bekleidungsverkäufer. Und Notfallsituationen wie Hilfe bei Unfällen – sowie öffentliche Verkehrsmittel und Fahrstühle. Nutzen Sie die unbewussten Distanzerwartungen, um Sympathie zu erwerben:

Fangen Sie im Zweifelsfall ein Gespräch lieber in der größeren als in der zu geringen Distanz an. Nach der Uhrzeit fragen Sie einen Passanten in der sozialen Distanz. Entwickelt sich eine Unterhaltung, treten Sie in die persönliche Zone. Eine zu große Distanz können Sie mit dem Blick ausgleichen. Je größer der körperliche Abstand, desto länger dürfen Sie dem andern in die Augen schauen, ohne dass er sich angestarrt fühlt. Müssen Sie ihm wegen räumlicher Enge näher treten, als Ihnen lieb ist, verkürzen Sie Ihren Blickkontakt. Wenn Sie meinen, es ist Zeit, einander näher zu kommen, achten Sie darauf, wie der andere reagiert. Wenn er zurückweicht – vielleicht nur den Oberkörper zurückbeugt oder sich seitlich wegwendet –, vergrößern Sie den Abstand wieder.

Zeigen Sie Ihren Wunsch nach Nähe lieber, indem Sie dem Partner die Vorderseite Ihres Körpers zuwenden. Verschränken Sie nicht die Arme vor der Brust. Bauen Sie auch keine anderen Barrieren in Form von Taschen oder Schreibtischen vor sich auf.

Setzen Sie das Territorialverhalten geschickt ein, um auf sich aufmerksam zu machen. Wenn Sie einen Raum betreten, begeben Sie sich in die Mitte. Wer am Rand steht und sich umschaut, muss seinen Blick durch die Mitte des Raumes wandern lassen. Die Umkehrung gilt nicht. Die in der Mitte bemerken nur wenig von dem, was sich in den Ecken abspielt. Wer schüchtern ist oder sich als Außenseiter fühlt, steht am Rand. Wer sich seiner sicher fühlt oder dazugehört, steht im Zentrum. Diese unbewusste Erwartung können Sie für sich ausnutzen. Stellen Sie sich in Mitte, und Sie werten sich in den Augen der anderen auf.

Gute Stimme schafft gute Stimmung

Ratssitzung in einer mecklenburgischen Landgemeinde. Auf der Tagesordnung steht der Ausbau einer Straße. Handwerker und Geschäftsbesitzer haben den Bauausschuss überzeugt. Sie versprechen sich und der Gemeinde zusätzliche Einnahmen von Touristen, die zur Ostsee durchfahren. Die Abstimmung scheint nur eine Formalität. Da meldet sich Beate, die 40-jährige Leiterin der Gemeindebibliothek. Sie warnt mit eindringlicher Stimme vor den Gefahren für die Kinder, die jeden Nachmittag ihre Bibliothek an der Straße aufsuchen. Hat jemand an den Lärm gedacht und die Umwelt? Gibt es irgendeinen Beweis, dass die Touristen, die früher schon eilig durchgerauscht sind, nun anhalten werden, weil die Straße einen Meter breiter ist?

Die Zuhörer werden aufmerksam. Die Stimmung wechselt von Gleichgültigkeit zu wacher Anteilnahme. Applaus ertönt. Statt das Projekt einfach durchzuwinken, beschließt die Mehrheit, ein Gutachten einzuholen und die Anwohner zu befragen.

Beates Sieg war ein Triumph ihrer engagierten und warmen Stimme. Bei einem hohen und hektischen Tonfall wären ihre Worte als das Gezeter einer hysterischen Intellektuellen wirkungslos verpufft. Es macht einen erheblichen Unterschied, ob Sie schrill und aufgeregt oder ruhig und im tiefen Brustton Ihrer Überzeugung sprechen. Eine dünne Stimme lässt Argumente dünn, eine kraftvolle Stimme dieselben Sätze gewichtig wirken.

Sie brauchen sich nur mal eine Sendung im Radio anzuhören, an der sich Zuhörer per Telefon beteiligen. Sie werden eine Reihe von Stimmen zu hören bekommen, die Sie sofort als sympathisch, langweilig oder unsympathisch einstufen. Nach einer Studie des US-Forschers Albert Mehrabian be«stimmt» die Stimme 38 Prozent des ersten Eindrucks. Allein ihr Klang – unabhängig von den geäußerten Worten – genügt, um ein Gesamturteil über ihren Besitzer zu fällen. Sie transportiert dank ihrer hohen Variabilität eine Reihe von Informationen über die Gemütsverfassung ihres Sprechers. Die Stimme kann flüstern, säuseln, krächzen, brummen und brüllen. Sie kann flach, reizbar und monoton klingen oder im Gegenteil mit Resonanz, Volumen und Vibrato schwingen. Ihr Klang ist mehr als ein Zusammenspiel von Lippen, Kehlkopf und Zunge. Sie sagt uns, ob ein Mensch interessant, langweilig, gefühlvoll, kalt oder erotisch ist. Manch beeindruckender Hüne enttäuscht, sobald er den Mund öffnet. Hingegen kann ein unauffälliges Mäuschen durch einen warmen Stimmklang mächtig an Ausstrahlung gewinnen. Einige Beispiele, was Stimmen verraten:

- Wer nasal spricht, gilt als weinerlich oder hochnäsig.
- Eine monotone Rede verrät mangelnde Begeisterungsfähigkeit.
- Wer beim Reden immer leiser wird, ist unsicher und lässt sich von seiner Umgebung einschüchtern.
- Eine tiefe, ruhige Stimme signalisiert Autorität, seriöse Absichten und innere Selbstgewissheit.
- Personen mit dünnem Stimmchen wirken unsicher und unreif.

Die weibliche Stimme hat sich in den letzten Jahrzehnten erheblich verändert. Schauen Sie sich alte Filme aus den Jahren um 1950 an. 90 Prozent der Darstellerinnen piepsten in einem hohen Kleinmädchen-Ton. Moderne Frauen sprechen tiefer und mit deutlich mehr Resonanz. Da die Gene dieselben geblieben sind, ist die Entwicklung allein auf den veränderten Gebrauch der Stimme zurückzuführen. Jeder von uns verfügt über rund zwei Oktaven Stimmumfang. Das untere Drittel dieses Bereichs ist die so genannte Indifferenzlage. In dieser Tonlage sprechen wir ruhig und entspannt. Sind wir aufgeregt oder ängstlich, steigt die Stimme nach oben. Wer sich ständig unsicher fühlt, gewöhnt sich an, immer in der oberen Tonlage zu sprechen. Das belastet die Stimme. Sie klingt, als ob sie jeden Moment versagen könnte. Eine einfache Sympathieübung besteht darin, zur Indifferenzlage zurückzufinden:

Singen Sie mit einem langen «O» den tiefsten Ton, den Sie noch sauber herausbringen. Steigen Sie dann singend Ton für Ton nach oben, bis sie den höchsten Ton erreicht haben, der Ihnen noch ohne Mühe gelingt. Dann singen Sie denselben Weg zurück, bis Sie wieder beim tiefsten Ton angekommen sind. Gehen Sie noch einmal zwei, drei Töne nach oben. Sprechen Sie nun in dieser Tonhöhe langsam einige Sätze. Das ist Ihre Indifferenzlage. Prägen Sie sich diese Stimmlage ein und versuchen Sie im Alltag, in dieser Höhe zu bleiben, wenn Sie reden.

Erinnern Sie sich noch an Ihren Schrecken, als Sie das erste Mal eine Tonbandaufnahme Ihrer Stimme gehört haben? Die Schallwellen der Stimme werden auch innen, über den eigenen Körper, weitergeleitet. Dieser Teil des Klangs fällt für andere Menschen und auch für das Aufnahmegerät weg. Nur Sie hören Ihre innere Resonanz. Auf der Aufnahme klingt die eigene Stimme fremd. Es fehlen die inneren Schwingungen. Alle Schwächen treten erbarmungslos hervor. Für eine objektive Selbstbeurteilung ist es nützlich, seine Stimme mal vom Band zu hören. Wie würden Sie als Fremder den Menschen, der da spricht, einschätzen?

Stimmtrainer haben eine Reihe von Übungen entwickelt, um Schwächen auszugleichen. Eine Auswahl zeigt die Tabelle rechts.

Ein leichterer Weg besteht darin, sich mit der eigenen Stimme anzufreunden und auf Ihre Stärken zu setzen. So wie kaum jemand über ein perfektes Aussehen verfügt, besitzen auch die wenigsten von uns ein perfektes Sprechorgan. Die wichtigsten Tipps, damit Ihre Stimme sich zu einem Ausweis Ihrer Sympathie entwickelt:

Selbst eine ungeübte Stimme klingt gut, wenn ihr Eigentümer aus dem Brustton der Überzeugung spricht. Legen Sie Gefühl und Engagement in Ihre Worte. Wenn Sie mit Begeisterung sprechen, vergessen die Zuhörer Ihre Stimme und lassen sich von Ihrer Anteilnahme am Inhalt mitreißen.

Fragen Sie Ihre Freunde, was ihnen an Ihrer Stimme auffällt. Sie stehen nicht wie Sie unter dem «Tonbandschock». Sie kennen den äußeren Klang Ihrer Stimme schon länger und können sie besser als Sie mit anderen Stimme vergleichen. Wenn Ihre Freunde Ihre Stimme für akzeptabel halten, können Sie es auch tun.

Sprechen Sie langsamer und konzentrierter. Wenn Ihre Redezeit knapp ist, fangen Sie nicht an, hastiger zu reden, um noch alles loszuwerden. Melden Sie sich lieber ein zweites Mal zu Wort. Lassen die anderen Sie nicht zu Wort kommen, rufen Sie: «Das verstehe ich nicht. Darf ich dazu etwas fragen?» Schon sind Sie dran.

Reden Sie lieber etwas weniger als die anderen. Gleichheit der Sympathie zeigt sich auch in annähernder Gleichheit der Redeanteile. Wer zu viel redet, versucht die anderen zu dominieren. Selbstunsichere greifen zu diesem Mittel, wenn sie ihre Autorität schwinden fühlen. Je mehr Sie reden, desto weniger kommt von dem, was Sie mitteilen, bei Ihren Zuhörern an. Das sicherste Mittel, gehört zu werden: Beschränken Sie sich auf zwei kurze Statements, aber wiederholen Sie die im Laufe des Gesprächs mehrere Male.

Stimmeigenschaft	Ursache	Was man dagegen tun kann
undeutliche Aussprache	schlechte Angewohnheit, zu schwache Muskulatur	Texte mit scharfem Flüstern vorlesen. Oder einen Plastikkorken zwischen die Zähne nehmen und laut lesen.
klingt piepsig und flach, was der Sprecher durch erhöhte Lautstärke auszugleichen versucht	zu wenig Resonanz durch Anspannung und schlechte Haltung	Kauübung: Mit offenem Mund Kaubewegungen ausführen und dabei kurze Silben sprechen, in denen «au», «a» und «u» vorkommen: mjum, mjaum u. Ä. Auf gerade Haltung achten.
klingt emotionslos	mangelnde Begeisterungsfähigkeit oder zu flache Atmung (ohne Zwerchfell)	Bewusst auf Bauchatmung achten. Dabei wölbt sich der Bauch nach vorn, das Zwerchfell senkt sich. Optimal, wenn sich zugleich die Rippen nach außen bewegen. Das ist ein Hinweis, dass sich die Lungen mit viel Luft füllen. Kontrollieren Sie Ihre Atmung, indem Sie beim Ein- und Ausatmen Ihre Hände teils auf den Bauch und teils seitlich auf die Rippen legen.
klingt zu hoch	Anspannung im Zwerchfell-, Kehlkopf- und Stimmlippenbereich	Mit geschlossenen Lippen gähnen, das entspannt den Kehlkopf. Bewusst langsamer sprechen und ruhiger atmen. Indifferenzlage finden (siehe Text).
klingt zu monoton	Unsicherheit, Ängstlichkeit, fehlende Anteilnahme am Inhalt	Mehr Engagement. Während des Sprechens öfter eine Pause wagen, mal langsamer und mal schneller sprechen und Tonhöhe variieren. Übung: Lesen Sie laut Dialogtexte mit wörtlicher Rede. Sprechen Sie die Rollen so unterschiedlich wie möglich.

Je mehr Ruhe Sie ausstrahlen, desto gewichtiger wirken Ihre Worte. Atmen Sie langsam. Wagen Sie kurze Pausen (bis drei Sekunden). Will Ihnen in der Zeit ein anderer ins Wort fallen, heben Sie die Hand und sagen: «Moment! Lassen Sie mich kurz nachdenken.»

Unterbrechen Sie niemanden. Die Geduld, die Sie aufbringen, wird Ihnen hundertfach an Sympathie zurückstrahlen. Ist der Wortschwall Ihres Gegenüber absolut nicht zu ertragen, gehen Sie mit einer Frage dazwischen. Wollen Sie unbedingt das Thema wechseln – kein Problem. Stellen Sie Ihre Frage einfach zu einem anderen Thema.

Schritt 8:
Führen Sie das Sympathiegespräch

Unsere Sprache verrät, worauf es ankommt. Wir «finden» Leute sympathisch, «äußern» Worte und «führen» Gespräche. Wir *finden* sympathische Leute, wenn wir nach ihnen suchen. Wir bringen mit Worten unsere Gedanken aus unserem Innern zu ihnen nach *außen*. Die Gespräche mit ihnen *führen* wir sogar im doppelten Wortsinn – wir führen sie durch, und wir dirigieren den Verlauf.

Manchmal scheint uns das Gespräch allerdings zu entgleiten. Wir führen das Gespräch nicht, sondern werden von ihm geführt. An einer Kleinigkeit entzündet sich der Streit und schaukelt sich hoch zu einem handfesten Krach. Zum Beispiel, wenn der Ehemann aus dem Schlafzimmer ruft:

«Liebling, wo hast du meinen grünen Pullover hingelegt?»

Seine Frau ruft aus der Küche zurück: «Ich hab ihn nirgends hingelegt. Schau mal in dein oberstes Fach.»

«Meinst du, darauf wäre ich nicht selbst gekommen? Da ist er nicht.»

«Dann weiß ich auch nicht, wo du ihn in deinem Chaos ....»

«Mein Chaos? Letzte Woche, als ich meine gestreifte Krawatte suchte, wo habe ich sie drei Tage später gefunden? Bei deinen Strümpfen!»

«Ich hatte sie da jedenfalls nicht reingelegt.»

«Ich etwa? Wir brauchen doch bloß zu gucken, wie lange du morgens brauchst, um deine Sache zusammenzusuchen. In der Zeit hab ich schon gefrühstückt.»

«Weil du alles bei mir durcheinanderwirfst, wenn du deine paar Klamotten nicht findest!»

«Genau wie deine Mutter! Die hackt auch immer auf deinem Vater herum! Wo er ihre Brille gelassen hat. Dabei hatte sie sie schon auf ihrer Nase!»

«Typisch! Immer wenn du was vermasselt hast, beschuldigst du andere.» Sie eilt entnervt aus der Küche herbei und baut sich am Eingang des Schlafzimmers auf. «Meine Mutter mag mit ihren zweiundsiebzig manchmal etwas zerstreut sein. Aber du – du bist schusselig hoch drei.»

«Ich? Das ist doch die Höhe!»

«Du suchst deinen grünen Pullover? Schau in den Spiegel! Du hast ihn bereits an!»

Wenn das Gehirn Fehlalarm auslöst

Das menschliche Gehirn ist genetisch darauf geeicht, Anzeichen von Gefahr wahrzunehmen. Jeden Moment stürmen einige tausend Reize auf uns ein. Der Kopf kann aber nur sieben neue Informationen pro Sekunde verarbeiten. Den Eingangsfilter passiert, was bedrohlich wirkt. Das Übrige rauscht vorbei. Urmenschen, bei denen das innere Alarmsystem nicht funktionierte, sind im Zeitalter der Säbelzahntiger und feindlichen Krieger ausgestorben.

In der modernen Gesellschaft erzeugt unser Alarmsystem häufig Fehlmeldungen. Wir reagieren gereizt auf kleinste Unstimmigkeiten, übersehen aber Riesenfelder voller Gemeinsamkeiten. Wie bei unserem Ehepaar. Die Suche nach einem grünen Pullover artete aus in einen grundsätzlichen Streit über Ordnung und Chaos. Im Austausch der Beschuldigungen gerieten alle Dinge, die das Paar verbindet, in Vergessenheit.

Vielleicht empfinden Sie den Streit der beiden als Banalität. Schließlich hat sich der Pullover schnell angefunden. Wenn sich das Paar liebt, werden beide bald über seine Zerstreutheit lachen können. Dennoch kratzt jeder Krach am Lack der Sympathie. Beide haben einander unschöne Dinge an den Kopf geworfen. Sie bleiben im Gedächtnis. Beim nächsten Streit holen beide sie wieder hervor: «Du hast damals gesagt ...»

Hundertprozentige Übereinstimmung gibt es nicht. Es hat keinen Sinn, die Gegensätze zu leugnen und mit einer vorgetäuschten Dauerharmonie zuzudecken. Beim ersten Anlass würden sie mit doppelter

Kraft hervorbrechen. Wir können jedoch auf zweierlei Art mit ihnen umgehen. Wie «führen» (und dirigieren) Sie die Unterhaltung?

Sympathiegespräch. Sie freuen sich über Ihre Übereinstimmungen und informieren einander über Unterschiede und ihre Gründe. Ihre Differenzen lösen Sie einvernehmlich auf der Basis der Überzeugungen, die Sie miteinander teilen.

Antipathiegespräch. Sie sehen einen unüberbrückbaren Graben. Der andere muss sich entweder Ihren Überzeugungen anschließen oder aus Ihrem Leben verschwinden. Sonst werden Sie ihm einen Krieg bis aufs Messer liefern, bis zum Sieg. Egal, was er an Zeit und Nerven kostet.

Für den ersten Eindruck gibt es keine zweite Chance

Die ersten Sekunden stellen die Weichen. Viele Gespräche scheitern, weil diese Anwärmphase misslingt. Für einen positiven ersten Eindruck sind sieben Verhaltensweisen entscheidend. Einige kennen Sie schon aus den vorigen Kapiteln:

Selbstsichere Haltung. Ohne Zögern mit gerader Haltung auf den Partner zugehen. Weder verlegen hereinschleichen noch mit beiden Händen sich an der Tasche festklammern.

Zum Anlass passendes Outfit. Weder zu schick noch zu lässig, aber in Ihrem Wohlfühlstil. Nichts, was Sie sonst nie anziehen würden – Sie sollten sich nicht verkleidet fühlen.

Positive Einstellung. Sie fühlen sich unsicher? Nehmen Sie das Kribbeln als gutes Zeichen. Der Ausgang der Begegnung ist offen. Sie haben die Chance, einen Fremden für sich einzunehmen. Freuen Sie sich auf das Gespräch. Sie sind neugierig und suchen nach Übereinstimmungen.

Partnerorientierung. Je unsicherer man sich fühlt, desto größer ist der Drang, sich selbst zu kontrollieren. Sitzt meine Kleidung richtig? Wie klingt meine Stimme? Das kommt nicht gut an. Wer sich überwacht, wirkt wie jemand, den außer seinem Ego nichts interessiert. Proben Sie deshalb vorher, wie Sie Ihren Auftritt gestalten. Bei der Begegnung vergessen Sie sich selbst. Richten Sie alle Aufmerksamkeit auf Ihren Partner. Er spürt Ihr Interesse und nimmt es als Zeichen von Sympathie.

Blickkontakt und Lächeln. Sehen Sie Ihrem Gegenüber mit freundlicher Miene offen in die Augen – maximal vier Sekunden. Dann schauen Sie zur Seite, dann wieder hin. Auf keinen Fall unbeweglich anstarren oder den Blick senken!

Offene Begrüßung. Kein nebenbei gemurmeltes «'n Tag»! Normaler Händedruck, Blickkontakt und den anderen mit Namen ansprechen. Wenn Sie sich zum ersten Mal sehen, stellen Sie sich vor – auch wenn der andere weiß, wer Sie sind, weil Sie einen Termin vereinbart hatten.

Einstiegs-Smalltalk. Kommen Sie nicht sofort zur Sache. Schaffen Sie mit zwei, drei allgemeinen Sätzen erst einmal eine positive Atmosphäre. Zur Not sagen Sie etwas über das Wetter, wie Sie hergefunden haben oder loben (ohne zu übertreiben) ein Detail der Einrichtung oder des Gebäudes. Sagen Sie außerdem: «Ich freue mich auf das Gespräch und bin sehr gespannt auf Ihre Meinung.»

Platzen Sie nicht gleich mit Ihrer Meinung heraus. Zeigen Sie erst einmal Interesse für die Ansichten des anderen. Reagiert er auf Ihren Einstiegssatz anders als erwartet? Lassen Sie sich nicht aus der Fassung bringen. Nehmen wir an, Sie haben die Büroeinrichtung gelobt und der andere antwortet: «Ich finde sie fürchterlich, aber was soll ich machen? Mein Vorgänger hat sie ausgesucht.» Was nun? Wenn Sie widersprechen und auf Ihrem Lob beharren, haben Sie bereits einen Streit, bevor Sie beim eigentlichen Thema sind. Wenn Sie zustimmen und Ihr Lob zurücknehmen, wirken Sie unehrlich – wie ein Opportunist, der seine Fahne in den Wind hängt. Ein eleganter Ausweg: Verkneifen Sie sich jeden Kommentar. Reagieren Sie neutral. Stellen Sie eine Frage, zum Beispiel: «Wie würden Sie Ihr Büro gern einrichten?»

Hören Sie sich seine Ideen an. Wenn das für Sie nach einer Geschmackskatastrophe klingt – na und? Lohnt es, darüber zu streiten?

Sagen Sie: «Das klingt nach einer interessanten Variante. Dann wünsche ich Ihnen, dass Sie bald Gelegenheit bekommen, Ihr Büro nach Ihrem Geschmack zu gestalten.» Vor allem am Anfang sind Meinungsgegensätze Gift für die Sympathie. Lassen Sie sich nicht gleich in einen Konflikt hineinziehen. Selbst anfängliche Antipathie verliert sich, wenn Sie am Ball bleiben. Manchmal werden Sie mit einem Menschen zunächst nicht so recht warm. Nach einer Weile lernen Sie ihn doch noch schätzen. Hauptsache, Sie ziehen sich nicht in Ihr Schneckenhaus zurück. Wie Sie mit offenen Fragen Reserviertheit überwinden, erfahren Sie im übernächsten Abschnitt.

Warum Argumente Sympathie kosten
Unter Verkaufsprofis kursiert seit Jahrzehnten der Spruch:

«Wer fragt, der führt, wer argumentiert, verliert.»

Ein guter Verkäufer hält keine langen Vorträge, in denen er die Güte seines Produkts anpreist. Das macht den werbemüden Kunden nur misstrauisch. Der Verkäufer erkundigt sich vielmehr, welche Eigenschaften sich der Kunde von dem Produkt, das er erwerben will, wünscht. Dann zeigt er ihm, dass sein Angebot genau diese Wünsche erfüllt. Am besten durch eine Vorführung – bei Autohändlern zum Beispiel durch eine Probefahrt.

Hinter diesem Spruch steht eine zentrale Erkenntnis der Kommunikationspsychologie. Sie lautet: «Ob eine Botschaft ankommt, entscheidet immer der Empfänger.» Anders ausgedrückt: Sie können noch so geschickt argumentieren – wenn Ihre Worte Ihren Adressaten nicht überzeugen, hätten Sie sich Ihren Atem auch sparen können. Wie finden Sie heraus, was beim Empfänger ankommt? Indem Sie ihn fragen, was er interessant findet. Das ist der Informationsaspekt des Gesprächs.

Aber es besitzt auch einen Beziehungsaspekt. Solange Sie argumentieren, erwarten Sie, dass Ihr Adressat Sie als Wissensquelle anerkennt. Sie besitzen einen Informationsvorsprung. Sie haben etwas mitzuteilen, was er noch nicht weiß. Kurz, zu argumentieren ist ein Versuch, die eigene Überlegenheit zu beweisen. Das beeinträchtigt die Sympathie, die ja auf Gleichheit beruht. Wenn Sie Fragen stellen, behandeln Sie den Partner als Wissensquelle. Sie sagen ihm indirekt, dass Sie ihn für kompetent halten, Ihnen Auskunft zu geben.

Aber kehren Sie damit das Problem nicht bloß um? Unterwerfen Sie sich damit nicht lediglich seiner Dominanz? Keineswegs. Der Spruch heißt nicht umsonst: «Wer fragt, der führt.» Als Fragender bestimmen Sie, worüber gesprochen wird. Sie geben das Thema vor. Mit jeder neuen Frage lenken («führen»!) Sie die Unterhaltung in eine von Ihnen gewünschte Richtung. Stellen Sie auf einer Party die beliebte Frage «Und was machen Sie beruflich?». Schon haben Sie das globale Thema vorgegeben. Sie sprechen über Jobs und Ausbildung – nicht über die Familie, Hobbys oder politische Ansichten. Die Antwort, die Sie erhalten werden, erlaubt Ihnen unterschiedliche Anschlussfragen, zum Beispiel:

«Wo arbeiten Sie?»

«Selbständig oder angestellt?»

«Haben Sie in Ihrem Job mit unserem Gastgeber zu tun?»

«Ah, dann kennen Sie vielleicht Frau Martens? Die Brünette dort in der Ecke. Sie verkauft Ihr Produkt an Großabnehmer.»

«Wo haben Sie studiert?»

«Das klingt interessant. Was würden Sie raten, wenn ein Kunde Sie fragt, ob …?»

Sie können aber auch das Thema wechseln, indem Sie als Nächstes fragen, was Ihr Gegenüber in seiner Freizeit macht. Kommunikationsprofis bringen es fertig, eine Unterhaltung zu 100 Prozent nach ihrem Willen zu lenken, obwohl 90 Prozent der Redebeiträge vom Gesprächspartner kommen. Denken Sie an ein Bewerbungsgespräch. Der Personalchef lenkt die Unterhaltung, obwohl es der Kandidat ist, der die meiste Zeit redet.

Ein Sympathiegespräch im Alltag verläuft nicht so einseitig. Nachdem Sie einige Fragen gestellt haben, wird auch Ihr Partner anfangen zu fragen, und Sie werden Auskunft geben. Es herrscht Ausgewogenheit. Mal führt der eine, dafür darf der andere sich selbst darstellen.

Dann wechseln Sie die Rollen. Bei zu einseitiger Ausrichtung kann eine Serie von Fragen rasch in ein Verhör ausarten. Dem beugen Sie vor, indem Sie darauf achten, **wie** Sie fragen. Wir können den Vertreterspruch so präzisieren:

«Wer offene Fragen stellt, führt mit Diplomatie,
wer ausfragt und argumentiert, verliert Sympathie.»

Die Kunst der offenen Frage

Typische Verhörfragen lassen nur kurze Antworten zu:

«Wo waren Sie gestern Abend?»
(Ferngesehen, ins Kino gegangen, zu Haus gelesen …)
«Wie war Ihre Fahrt?»
(Gut, schlecht, angenehm, stressig.)
«Hast du gut geschlafen?»
(Ja, nein, ging so.)
«Ist das dein Auto?»
(Ja, nein, leider nicht.)

Da Sie auf solche Fragen nur knappe Antworten erhalten, sind Sie gezwungen, in einer Minute mehrere Fragen hintereinander zu stellen, damit die Unterhaltung nicht einschläft. Kein Wunder, dass sich der Befragte ausgefragt fühlt. Man bezeichnet sie als geschlossene Fragen. Sie eignen sich für Auskünfte, wichtige Informationen – und Verhöre.

Besser für eine Unterhaltung geeignet sind **offene Fragen**. Das sind Fragen, die den Sprecher auffordern, ausführlich Auskunft zu geben:

«Was hast du gestern Abend unternommen?»
«Erst war ich mit meiner Freundin im Kino. Kennst du schon den neuen James Bond? Danach waren wir in dem neuen Irish Pub. Da musst du auch mal hingehen, die haben hervorragendes Guinness …»
«Was hast du während deiner Fahrt erlebt?»
«Ach, die war öde wie immer. Und natürlich hatte der Zug schon bei der Abfahrt eine Viertelstunde Verspätung. Und die Gänge proppenvoll. Ich hatte zwar eine Platzkarte, aber wenn ständig einer seinen Rucksack vor deine Nase schiebt …»

«Wie hast du geschlafen?»
«Erst konnte ich schlecht einschlafen. Nach Mitternacht ist noch jemand mit so einem Knattermotorrad durchgerauscht …»
«Was für ein Auto hast du?»
«Einen Nissan Micra, Baujahr 05. Einen von der neuen Bauart. Bisschen eng, geb ich zu, dafür passt er in jede Parklücke. Und bei den Spritspreisen heute bin ich froh, dass ich mich für den Kleinwagen entschieden habe.»

Die Beispiele zeigen, dass sich jede geschlossene Frage in eine offene Frage umformen lässt. Geschlossene Fragen beginnen entweder ohne Fragewort («Hattest du …?») oder mit einem Fragewort, das nach einer präzisen Angabe fragt. Dazu gehören die berühmten fünf W der Journalisten: Wer hat wo wann was wie getan? Offene Fragen beginnen mit «Warum …?», «Weshalb …?», «Wodurch …?». Oder noch besser: «Aus welchen Gründen …?», «Wie kommt es, dass …?», «Was halten Sie von …?». Die Fragewörter «Was» und «Wie» können am Anfang von beiden Fragetypen stehen. Es kommt darauf an, was Sie damit erfragen: eine Information (geschlossene Frage) oder eine Meinung (offene Frage).

Gelegentlich werden Sie auf einsilbige Gesprächspartner treffen, die selbst auf Ihre besten offenen Fragen nur kurze Antworten geben:

«Aus welchem Grund sind Sie Augenärztin geworden?»
«Das galt damals als aussichtsreich.»

Wenn Sie nun weiter offene Fragen anschließen und nur kurze Antworten erhalten, entwickelt sich die Unterhaltung zu einem frustrierenden Erlebnis. Sie geben sich größte Mühe, dennoch fühlen Sie sich wie ein Kommissar beim Verhör:

«Aber warum gerade Ärztin?»
«Was hätte ich sonst studieren sollen?»
«Warum nicht zum Beispiel Ingenieurin für Optik?»
«Dafür hätte ich meine Eins im Abitur nicht gebraucht.»

Es gibt einen Trick, um diese Falle zu vermeiden. Es ist die Technik der **verlängerten Frage**. Statt eine Frage nach der anderen zu stellen, geben Sie sich mit der kurzen Antwort nicht zufrieden, sondern haken nach:

«Das heißt?»
«Das bedeutet für Sie ...?»
«Zum Beispiel?»
«Tatsächlich?»
«Was Sie nicht sagen!»
«Das müssen Sie mir bitte genauer erklären.»

Das machen Sie so lange, bis Sie eine erschöpfende Antwort erhalten haben. Erst dann stellen Sie die nächste Frage. Sie brauchen keine Sorge zu haben, dass Sie nun stundenlang fragen und sich Monologe Ihres Partners anhören müssen. Der Wunsch nach Sympathie – und damit nach Gleichheit – lebt auch in ihm. Nach einigen Fragen wird er anfangen, seinerseits Fragen zu stellen. Nach fünf bis zehn Minuten sind die Redeanteile ausgewogen.

Wenn er aber nur von sich redet und kein Interesse an Ihnen zeigt? Falls das für Sie nicht Grund genug ist, sich einen anderen Gesprächspartner zu suchen – fügen Sie Ihren Fragen eine **Begründung** an, **warum Sie fragen**. Damit schlagen Sie zwei Fliegen mit einer Klappe:

Sie beugen dem Eindruck vor, ein Verhör zu veranstalten. Sie erklären, worin Ihr Interesse besteht. Das schafft Vertrauen und erhöht die Bereitschaft, Auskunft zu erteilen.

Sie bringen in Ihrer Begründung Ihre Meinung unter, die Sie zu dem Thema gern an den Mann (oder die Frau) bringen wollen. Beispiel: «Und warum bist du Krankenschwester geworden? Ich frage, weil ich auch mal mit dem Gedanken gespielt habe, aber dann habe ich mich für Versicherungskaufmann (-frau) entschieden. Ich bin für Schichtarbeit nicht geschaffen ...»

Zuhören ist gut, Umschreiben ist besser

Ihre Gesprächspartnerin könnte antworten: «Genau genommen bin ich Kinderkrankenschwester. Ich wollte gern mit Kindern arbeiten. Gesundheit ist schließlich das Wichtigste. Wenn schon Kinder ernsthaft krank werden ... Dort habe ich das Gefühl, etwas wirklich Nützliches zu leisten.»

Nach diesen Worten wartet die junge Frau auf Ihre Meinung. Leider hatten Sie aber gerade vorher erklärt, dieser Beruf sei nichts für Sie. Es wäre wenig sinnvoll, diesen Punkt weiter auszuwalzen. Sie könnten rasch in einen ergebnislosen Streit über die beste Berufswahl geraten. Sie wollen jedoch über Gemeinsamkeiten reden und nicht auf Ihren Unterschieden herumreiten. Wie könnten Sie das Sympathiegespräch fortsetzen?

1. Sie wechseln das Thema so lange, bis Sie eine Gemeinsamkeit finden. Dann bleibt jedoch die Erinnerung an eine nicht geklärte Meinungsverschiedenheit zurück. Und was machen Sie, wenn Sie bei den nächsten Themen in die gleiche Sackgasse geraten?
2. Sie nutzen die Technik der verlängerten Frage aus dem vorigen Abschnitt. Oder Sie sagen gar nichts. Nach spätestens drei Sekunden Pause wird die Krankenschwester weiterreden. Ein längeres Schweigen erträgt kaum jemand. Sie können Sie zusätzlich mit einem Kopfnicken und einem kurzen «Verstehe» ermuntern, sich ausführlicher zu äußern. Das klappt jedoch nur einige Minuten lang. Dann wird Sie sich wundern, warum Sie nichts sagen.
3. Statt ihrer Meinung Ihre abweichende Meinung entgegenzusetzen, wiederholen Sie mit eigenen Worten, was sie Ihnen gerade erzählt hat: «Sie wollten also Kranken helfen und glauben, dass Kinder Ihre Hilfe besonders nötig haben.» Wohlgemerkt – Sie sagen nicht, dass Sie ihre Ansicht teilen. Sie geben nur zu erkennen, dass Sie aufmerksam zugehört und sie verstanden haben. Diese Gesprächstechnik nennen Kommunikationsprofis **Paraphrasieren**, zu Deutsch «Umschreiben». Mit dieser Technik schaffen Sie das Gefühl der Gemeinsamkeit trotz inhaltlicher Gegensätze.
4. Sie können zusätzlich das Gefühl benennen, das Sie aus den Worten der Krankenschwester heraushören: «Sie *sind froh*, dass sie kranken Kindern helfen können.» Dieser Stil heißt **Verbalisieren**, Gefühle in Worte fassen.

Wenn Sie sich keine Sympathien verscherzen wollen, vermeiden Sie folgende Arten von Meinungsäußerungen:

Zweifel. «Die Hoffnung auf einen sicheren Arbeitsplatz spielte doch sicher auch eine Rolle bei Ihrer Berufswahl?» Zweifel drücken wir oft in Form geschlossener Fragen aus. Der Angesprochene hört Misstrauen heraus.

Interpretation. «Sie hofften auf die Dankbarkeit Ihrer kleinen Patienten und der Eltern?» Selbst wenn dieses Motiv zutrifft – die Krankenschwester hat es nicht genannt. Mit Absicht oder weil sie dieses Motiv sich selbst nicht eingestehen will. Sie werden sich bei ihr nicht gerade beliebt machen, wenn Sie es aussprechen. Selbst dann nicht, wenn Ihre Interpretation gutwillig ist. Ihre Gesprächspartnerin wird sie als Unterstellung empfinden. Sie fühlt sich auf die Therapeutencouch gelegt.

Ratschläge. Vor allem Männer sind schnell mit einfachen Tipps bei der Hand. Sie glauben oft, die Probleme anderer besser lösen zu können: «Wollen Sie ewig in diesem undankbaren Beruf bleiben? Haben Sie schon mal daran gedacht, das Abitur nachzumachen und Medizin zu studieren? Ihre praktische Erfahrung wird Ihnen bei der Bewerbung zum Studium Pluspunkte verschaffen.» Wetten, dass die Krankenschwester längst schon über alle Varianten beruflicher Veränderung nachgedacht hat? Vermeiden Sie unerbetene Ratschläge. Sie wirken wie Besserwisserei und Einmischung in intime Entscheidungen. Selbst wenn die Krankenschwester Sie von sich aus um Rat fragt, handeln Sie klüger, wenn Sie erst einmal nachfragen, welche Möglichkeiten sie selbst schon in Erwägung gezogen hat.

Bewertung. Sie geben ein Urteil über die Meinung ab. Sie finden sie gut oder schlecht. In unserem Beispiel: «Ich finde es lobenswert, dass Sie sich einen schweren und schlecht bezahlten Beruf gewählt haben.» Bestenfalls wird die Krankenschwester nun Klagen über ihre schlechte Entlohnung zum Besten geben. Wollen Sie sich die anhören? Und was könnten Sie schon Tröstliches entgegnen – außer vom Glück dankbarer Kinderaugen zu schwärmen? Wahrscheinlich wird Ihre Bewertung aber gönnerhaft wirken. Die Krankenschwester hört heraus: «Ach, du Ärmste, da schlägst du dir also für tausend Euro netto die Nächte um die Ohren, während wir rauschende Partys veranstalten.»

Warum wir ausrasten

Wann haben Sie sich das letzte Mal mit einer nahestehenden Person in die Haare gekriegt? Die meisten von uns streiten sich täglich. Selbstverständlich würden wir uns lieber mit jedermann vertragen. Wer träumt nicht von einer Welt voller Harmonie, ohne Ärger und Zwietracht? Der tägliche Hickhack um Geld, Kindererziehung oder das Fernsehprogramm ist ermüdend. Am Ende steht selten mehr Verständnis füreinander. Man möchte vielmehr verzweifeln. Wenn schon meine Nächsten mir widersprechen, wie soll ich mich dann mit einem Fremden verständigen?

Wie oft waren Sie an heftigen Wortwechseln beteiligt? Wie oft haben Sie gar selbst einen Streit vom Zaun gebrochen? Erinnern Sie sich an Ihre Gefühle. Sie sind zwiespältig. Einerseits regen wir uns auf, andererseits spüren wir heimliche Genugtuung: «Dem hab ich es aber gründlich gegeben.» Als ob in meinem Kopf ein kleiner Kobold sitzt, der sich die Hände reibt, wenn ich die Selbstbeherrschung verliere. Hinterher ärgere ich mich. Wieder habe ich mich hinreißen lassen. Und herausgekommen ist nichts. Der andere ist eingeschnappt, hat aber keine Einsicht gezeigt.

Wenn wir trotz bester Vorsätze streiten, muss es für dieses Ausrasten gute Gründe geben. Sie sind nicht schwer zu verstehen. Jeder Mensch ist einzigartig. Aus Unterschieden der Persönlichkeiten erwachsen unterschiedliche Interessen, Meinungen und Ziele. Sie prallen im Gespräch aufeinander. Es nutzt daher gar nichts, zwanghaft Harmonie bewahren zu wollen. Sie können zwar eine Zeitlang schweigen. Aber dadurch verschwinden die Gegensätze nicht. Im Gegenteil.

Nehmen wir an, Sie wirtschaften äußerst sparsam. Bei Ihrem Partner dagegen sitzt das Geld locker. Mal geht er spontan essen im teuersten Restaurant. Er ist großzügig und lädt Sie dazu ein. Am nächsten Tag leistet er sich ein Taxi, weil der Bus Verspätung hat. Am dritten Tag kann er einem Computerspiel für 80 Euro nicht widerstehen. Eine Woche vor dem Lohntag kommt er dann zu Ihnen, 200 Euro borgen. Sie ärgern sich, sagen aber nichts. Solange er das Geld pünktlich zurückzahlt.

Eine Weile geht das gut. Sie ärgern sich zwar, bemühen sich aber um

Toleranz. Es ist schließlich sein Geld. Nur, irgendwie betrifft es auch Ihr Geld. Sie müssen ihm ständig aushelfen. Sie stellen gemeinsame Wünsche nach einer großen Reise auf die Antillen zurück, weil er seinen Anteil nicht bezahlen könnte. Und ihm den Urlaub spendieren, bloß damit er weiter Taxi fahren kann …? Nach und nach häuft sich der Konfliktstoff an. Die Menge unausgesprochener Probleme wächst. Dazu kommt der Unmut, über diese Dinge nicht reden zu dürfen. Bis sich eines Tages der angestaute Ärger in einem Gewitter entlädt.

Dann kommt mit einem Mal alles auf den Tisch. All der heruntergeschluckte Zorn, all die mühsam verziehenen Ungehörigkeiten:

«Du hast damals …!»
«Ich? Alles wegen dir! Deinetwegen musste ich …»
«Wegen mir? Nur weil du immer …»
«Du hast es nötig! Nie machst du …»
«Nie? Erst gestern habe ich …»
«Was du da … das macht man einfach nicht!»
«Von wegen! Ständig muss ich für dich …»
«Du brauchst gar nichts für mich … Wenn dir das alles nicht passt …»
«Weißt du, was? Du kannst mich mal …»

An die Stelle der drei Pünktchen können Sie beliebige Themen einsetzen: Umgang mit Geld, Pünktlichkeit, Beteiligung an der Hausarbeit, Urlaubsziele, mangelnde Unterstützung im Beruf. Was den Streit so zerstörerisch macht, sind nicht seine Themen. Sondern die Formeln, die vor und hinter den drei Pünktchen stehen:

Vergangenes vorwerfen. «Damals hast du» oder «Wenn du damals nicht, dann könnten wir …». Was geschehen ist, könnte nicht einmal ein Gott ungeschehen machen. Jeder Streit um alte Kamellen ist zwecklos. Sinn macht nur ein Gespräch über zukünftiges Verhalten. Bringen Sie, was Ihnen missfällt, entweder sofort zur Sprache, oder haken Sie die Sache ab.

Immer- und Nie-Sätze. «Immer muss ich dir mit Geld aushelfen» oder «Nie bringst du den Müll herunter» – solche Sätze bringen den anderen garantiert auf die Palme. Warum? Ihnen missfällt ein bestimmtes Verhalten. Sie beobachten es nicht zum ersten Mal, haben aber bisher nichts dazu gesagt. Jetzt reißt Ihnen die Geduld. Daher verallgemeinern Sie das momentane Verhalten zu einem beständigen Charakterzug. Ihr Partner fühlt nicht nur sein Verhalten, sondern sich als Person abgelehnt. Seiner Selbstachtung zuliebe setzt er sich vehement zur Wehr.

Berufung auf eine allgemeine Norm. «Das macht man nicht» oder «Jeder anständige Mensch würde in dieser Lage …». Das ist der Versuch, die übrige Menschheit als Zeuge in eigener Sache aufzurufen. Ich verhalte mich wie alle, du aber stehst mit deinem Verhalten allein. Dieses Argument verspricht nur einen kurzen Sieg. Wenn Sie eine Moralnorm nennen, die Ihren Hang zur Sparsamkeit bestätigt, kann der Partner genauso leicht eine Norm finden, die Geiz verurteilt. Am Ende sind Sie vom konkreten Konflikt abgekommen und streiten nur noch «ums Prinzip».

Verweigerung. In einer echten Diskussion ist das Ergebnis offen. Doch oft teilen die Kontrahenten einander nur mit, dass sie nicht bereit sind einzulenken. Ich stelle eine Forderung – und wehe, du nimmst sie nicht an!

Auf die Art des Streits kommt es an

Diese Art von Streit zerstört die Sympathie. Aus Angst, Zuneigung zu verlieren, versuchen wir daher gern, heikle Themen zu vermeiden. Der andere spürt das Ausweichen. Warum sagt er mir nicht ehrlich, was er denkt? Bin ich eine Mimose? Hat er was zu verbergen? Es ergibt sich ein scheinbar unlösbares Dilemma. Der Streit kostet Sympathie, aber sein Vermeiden auch.

Wenn Sie sich in Ihrem Bekanntenkreis umschauen, werden Sie sich jedoch an Menschen erinnern, die kein Blatt vor den Mund nehmen und dennoch jede Menge Sympathie genießen. Denn auch sympathische Menschen sind eigen und tragen ihre Meinungsverschiedenheiten aus. Doch ihre Macken gelten als liebenswert. Und nicht als Charakterfehler, die es zu bekämpfen gilt. Was machen sie anders?

Der Unterschied liegt in der Art des Streitens. Nicht das Thema des Streits entscheidet über Sympathie oder Antipathie. Auch nicht die Tiefe der Gegensätze. Sie kennen sicher Ehepaare, die sich wegen lächerlicher Kleinigkeiten ständig in die Haare kriegen. Andererseits gibt es Multikultipaare, die trotz verschiedener Religion und Kultur prima miteinander auskommen. Sie betrachten ihre Unterschiede sogar als wertvolle Ergänzung. Es kommt also auf das Wie des Streitens an. Das wird klar, wenn wir einen Blick auf das Streitziel werfen:

Destruktiver Streit. Die Kontrahenten streiten um die Frage, wer recht hat. Der eine sagt: «Ich habe recht, und je eher du das einsiehst, umso besser.» Der andere entgegnet: «O nein, du irrst, ich habe recht.» Rechthaberei verhärtet die Fronten. Die Partner wirken uneinsichtig. Es scheint nur noch Differenzen zu geben. Der Graben scheint unüberbrückbar.

Konstruktiver Streit. Die Partner suchen nach einer Lösung für die Zukunft. Jeder hat von seiner Warte her recht. Sie suchen nach Gemeinsamkeiten. Sie einigen sich, wie sie auf dieser Basis mit ihren Differenzen umgehen wollen.

Vom zerstörerischen Zank zum fairen Streit

Wenn Sie in einen zerstörerischen Konflikt geraten – wie kommen Sie da wieder heraus? Wie gewinnen Sie Sympathie und finden außerdem noch eine praktikable Lösung für das Streitthema? Zwei Schritte führen Sie ans Ziel. Sie lösen sich zunächst aus der destruktiven Form der Auseinandersetzung heraus. Dann setzen Sie den Streit auf konstruktive Weise fort.

Ein destruktiver Streit neigt dazu, sich immer weiter zuzuspitzen. Er entfaltet eine Eigendynamik. Am Anfang steht ein harmloser Einwand. Der andere hält ein etwas kräftigeres Argument dagegen. Sie lassen sich nicht lumpen und ziehen noch stärker vom Leder. Das reizt den Partner zu prinzipiellem Widerspruch. Nach zehn Minuten werfen Sie sich Grobheiten an den Kopf, und am Ende fliegen vielleicht die Teller.

Dieses Aufschaukeln des Ärgers ist wie ein Sog. Er verleitet selbst die friedlichste Seele, Kränkungen auszuteilen. Nach und nach schalten Gefühle der Wut die Vernunft aus. Sobald Sie merken, dass Sie auf dem Weg in festen Krach sind, ziehen Sie die Notbremse mit unserer Regel «Wer fragt, der führt, wer argumentiert, verliert». Je eher, desto besser. Statt mit Ihrem vermeintlich stärkeren Argument gegenzuhalten, stellen Sie eine Frage:

«Warum denkst du so?»

«Wie kommst du darauf?»

«Was willst du erreichen?»

«Was sind die Gründe für deine Ansicht (für dein Verhalten, deine Absichten)?»

Bei unfairen Angriffen, wie ich sie vorhin geschildert habe, stoppen Sie ihn mit einer geschlossenen Frage. Die geschlossene Frageform ist im Streitfall sinnvoll, weil der Partner diesmal nicht ausführlich erzählen, sondern die Sache rasch auf den Punkt bringen soll:

«Welches Verhalten wirfst du mir konkret vor?»

«Tue ich das tatsächlich immer (bzw. nie)? Ohne Ausnahme?»

«Erklärst du mir genauer, wie du das meinst?»

Sehr wirkungsvoll ist die Frage: «Was schlägst du also vor?» Sie ändert die Stoßrichtung von Rechthaberei zur Lösungssuche.

Nun hören Sie zu. Das wird Ihnen schwerfallen, denn der Partner wird Dinge äußern, die Sie zum Widerspruch reizen. Trotzdem. Je länger Sie zuhören, umso eher dürfen Sie später sagen: «Ich habe dich ausreden lassen, höre nun auch bitte meine Ansicht.» Wenn der Partner abschweift, stellen Sie eine weitere Frage, die ihn auf das Konfliktthema zurückführt. Machen Sie das so lange, bis sich die emotionalen Wogen geglättet haben.

Im zweiten Schritt schwenken Sie auf konstruktives Streiten um. Vermeiden Sie eine Diskussion um Recht und Unrecht. Stattdessen sagen Sie: «Ich sehe, wir haben unterschiedliche Vorstellungen. Ich möchte meine Ausgaben planen, du möchtest das spontan handhaben. Wie können wir es trotzdem schaffen, das Geld für unseren Urlaub auf den Antillen zusammenzubekommen?»

Streiten und dabei Sympathie gewinnen

Ihre Mitmenschen werden die Art mögen, wie Sie Konflikte bereinigen, wenn Sie sich an einige wenige Regeln halten:

Bestimmen Sie die Streitziele. Erfragen Sie zunächst, was jeder Beteiligte erreichen will. Es hat wenig Sinn, zu streiten, ob ein Ziel sinnvoll ist oder nicht. Nehmen Sie die unterschiedlichen Ziele als gegeben hin und streiten Sie nur über eine Lösung, die beide Ziele berücksichtigt. Gegen das Ziel des anderen zu streiten, bringt nichts. Ihre Gegenargumente mögen noch so gut sein – der andere wird sie abwehren. Schon um sein Gesicht nicht zu verlieren. Müsste er einen Irrtum eingestehen, wären Sie noch schlimmer dran. Diese Blöße würde er Ihnen nie verzeihen. Die Sympathie wäre für lange Zeit dahin. Ist sein Ziel falsch, wird er es ohnehin merken, sobald es ans Verwirklichen geht.

Werden Sie persönlich. Nehmen wir an, Sie haben sich geeinigt, wer die Einkäufe erledigt. Doch nach einigen Tagen geht ein neuer Streit los, wie die Einigung gemeint war: «Ich soll alles allein einkaufen? Ich dachte, nur die große Einkäufe im Supermarkt, für die wir das Auto brauchen. Jede Zeitung, jeden Drogerieartikel? Da hätte ich nie zugestimmt!»

Die (Un-)Sitte, Vereinbarungen zu eigenen Gunsten auszulegen, trübt nicht nur das Klima in der Politik. Eine unpersönliche Redeweise begünstigt solche Unklarheiten. Statt «ich» und «du» sagen die Kontrahenten «wir», «man» oder «jemand». Sie nennen ihre Forderung zwar, lassen aber die konkrete Verantwortung im Dunkeln. Beispiele:

«Es müsste mal jemand Kartoffeln holen gehen.» Wer ist «jemand»? Alle nicken, und jeder hofft, ein anderer werde sich der Sache annehmen. Sagen Sie: «Kannst du bitte morgen auf dem Heimweg einen Beutel Kartoffeln besorgen?»

«Wir sollten das Wohnzimmer mal wieder renovieren.» Kündigt der Sprecher an, die Initiative zu übernehmen? Oder ist es eine Forderung an den Partner? Will er alles gemeinsam machen oder die Pflichten aufteilen?

«Das tut man nicht.» Solange die Mutter nicht erklärt, wer mit «man» gemeint ist, entscheidet das Kind von Fall zu Fall, ob es die Norm auf sich bezieht oder nicht.

Jedes «wir», «man» und «jemand» lässt persönliche Wünsche hinter einer anonymen Allgemeinheit verschwinden. Auf diese Weise kann sich manch schwelender Konflikt über Jahre dahinschleppen. Nennen Sie Ross und Reiter beim Namen. Zugegeben, wenn Sie sagen: «Ich möchte, dass du ...», können Sie sich eine Ablehnung einhandeln. Aber keiner kann so tun, als sei er nicht gemeint. Nach einem Nein können Sie um einen Gegenvorschlag bitten. Darüber verhandeln Sie, bis Sie eine Einigung erzielt haben.

Suchen Sie eine Einigung für die Zukunft. Am beliebtesten ist der Kompromiss. Beide kommen einander auf halbem Weg entgegen. Er ist ein halber Sieg – aber auch eine halbe Niederlage. Das zeigen jedes Jahr die Tarifkämpfe. Die Arbeitgeber müssen höhere Löhne zahlen, als sie wollten, aber nicht so viel, wie die Gewerkschaften forderten. Diesen Teilverlust können Sie vermeiden, wenn Sie eine andere Form der Einigung finden:

Abwechselndes Bestimmen. Heute geht es nach deiner Nase, morgen nach meiner. Beispiele: In diesem Jahr machen wir Urlaub, wo du willst, nächstes Jahr, wo ich will. Heute werde ich dich im Bett nach deinen Wünschen verwöhnen, morgen leistest du mir den gleichen Dienst.

Tolerieren. Sie einigen sich, sich nicht zu einigen. Stattdessen steckt jeder seinen privaten Heimspielplatz ab. Beispiel: Ich akzeptiere deine Fußballmanie, wenn du mir zugestehst, dass ich für ein eigenes Pferd Geld und Zeit aufwende. Viele Konflikte müssen gar nicht gelöst werden. Es reicht, eine Vereinbarung zu treffen, die jedem seine Vorlieben lässt.

Beiderseitiger Verzicht. Manchmal sind Wünsche unerfüllbar. Zum Beispiel, weil der andere eine unüberwindliche Abneigung gegen einen Vorschlag hegt. Oder das Geld nur für den Wunsch von einem ausreicht. Wenn er sich den neuen Computer leistet, fehlen die Mittel, um ihr auch noch das phantastische Designerkleid zu kaufen. In diesem Fall ist es klug, für einige Monate beide Wünsche zurückzustellen. In der Zwischenzeit kann sich viel ändern. Das Paar spart das Geld für beide Käufe an. Wünsche verlieren an Dringlichkeit, neue Ziele werden interessanter. Oder es findet sich zufällig eine andere Lösung.

Kreative Einigung. Finden Sie eine Lösung jenseits der Unterschiede! Vor allem, wenn ein Streit sich festgefahren hat, lohnt es, gedanklich Abstand zu gewinnen. Wenn sie seine Freunde nicht mag und er ihre Freundinnen nicht – streiten Sie vor dem nächsten Geburtstag nicht erneut, wer eingeladen werden darf und wer nicht. Feiern Sie eine große Party mit allen Freunden. Bitten Sie die Freunde, ihrerseits noch jemanden mitzubringen. Planen Sie Partyspiele, die Ihre Freundinnen und Freunde miteinander in Kontakt bringen. Oder verzichten Sie im Gegenteil ganz auf eine Feier. Fahren Sie stattdessen weit weg zu einem romantischen Urlaub zu zweit.

Versöhnung nicht vergessen. Sagen Sie, wie froh Sie über die Einigung sind. Dass Ihre Freundschaft diese Belastungsprobe heil überstanden hat. Dass trotz der gerade geregelten Differenz Ihre Gemeinsamkeiten überwiegen. Zählen Sie einige der Übereinstimmungen auf. Feiern Sie die Einigung mit einer Flasche gutem Wein. Damit bekräftigen Sie das Band der Sympathie.

Sieben magische Sätze, die Ihnen Zuneigung verschaffen

Zusätzlich hilft jeder der folgenden Sätze, den Knoten zu lösen:

«Wir können das auch noch morgen entscheiden.» Gestehen Sie sich bei schwierigen Fragen Zeit zu. Beide gewinnen inneren Abstand und werden den Konflikt am nächsten Tag mit mehr Gelassenheit betrachten.

«Wobei kann ich dir helfen?» Diese offene Frage ist wirkungsvoller als die geschlossene Variante «Kann ich dir helfen?». Sie signalisieren Aufmerksamkeit und bieten Unterstützung an.

«Lass mich das für dich erledigen.» Das ritterliche Angebot, eine Last zu übernehmen, wissen auch Männer zu schätzen. Neben der konkreten Hilfe signalisieren Sie auch Ihre Solidarität und Verständnis.

«Gemeinsam kriegen wir das hin.» Wichtiger als das Hilfsangebot ist die moralische Unterstützung. Sie lassen den anderen mit seinem Problem nicht allein.

«Lass uns am Sonntag zusammen etwas unternehmen.» Gemeinsames Erleben schafft Verbundenheit.

«In zwei Wochen habe ich diese Arbeit abgeschlossen.» Es gibt Licht am Ende des Tunnels. Dann werden Sie Ihren Freunden wieder Zeit, Aufmerksamkeit und Entspannung bieten können.

«Ich finde dich (Sie) sympathisch.» Die direkte Botschaft ist mehr als ein schönes Kompliment. Sie strahlt als Zuneigung auf Sie zurück.

Schritt 9:
Überwinden Sie Sympathiehürden

Es geschieht jeden Tag. In Bussen, Bahnen, Hauseingängen, Kaufhäusern, auf der Straße. Passanten rempeln Sie an, knallen Ihnen die Tür vor der Nase zu. Fremde bohren Ihnen Ellenbogen in die Rippen, stoßen Sie beiseite und schicken noch einen Fluch hinterher. Sie drängen ins Innere der Bahn, bevor Sie aussteigen können. Mit dem eigenen Auto sind Sie nicht besser dran. Drängler nehmen Ihnen die Vorfahrt, fahren gefährlich dicht auf und zeigen Ihnen den Stinkefinger, weil Sie sich an die Höchstgeschwindigkeit halten.

Das Problem ist nicht neu. Der Science-Fiction-Autor Stanislaw Lem erdachte sich schon 1981 eine «Tobine» (abgeleitet von «toben»), ein virtuelles Fahrzeug für schlecht gelaunte Fahrzeugführer. Es bietet eine Laserkanone zum Freischießen der Fahrbahn, einen Schimpfwerfer zum Aussenden von Flüchen sowie eine Trottelzange und einen Greisentferner gegen störende Fußgänger. Laut Lem verbirgt sich übrigens hinter dem Ärger des Fahrers der blanke Neid: Fußgänger sind nichts anderes als Autofahrer, die schon einen Parkplatz gefunden haben.

Kampfplatz Alltag

90 Prozent der Deutschen wünschen sich laut Umfragen mehr Höflichkeit im Leben. Dieselben Leute, die Ihnen in den letzten Tagen erst durch rücksichtsloses Verhalten aufgefallen sind! Denn sie haben selbst mangelnde Rücksichtnahme erfahren. Statt den Ärger herunterzuschlucken, reagieren sie ihn an ihrem Nächsten ab. Der verhält sich genauso. So kommt eine Abwärtsspirale in Gang, in der jeder jeden grob behandelt. Das Ergebnis ist eine Gesellschaft, die aus wenigen guten Freunden und vielen unsympathischen Fremden besteht.

Nun ist Sympathie ein wechselseitiger Prozess. Wer Ihren Zorn erregt, auf den wirken auch Sie nicht sympathisch. Sie ärgern sich über den ungehobelten Kerl, der Sie über den Haufen rennt. Er ärgert sich über Sie, weil Sie ausgerechnet in dem engen Gang stehen bleiben, durch den er zu seinem eiligen Termin sprintet. Zugegeben, so eine Zufallsrempelei ist kein langes Nachdenken wert. Wenn Sie versehentlich Ihren Einkaufswagen in die Hacken der Käuferin vor Ihnen steuern, werden Sie bedauernd die Schultern heben, lächeln und sich entschuldigen. Selbst wenn sie weiterschimpft, brauchen Sie sich den Vorfall nicht zu Herzen zu nehmen. Bis Sie der Frau das nächste Mal begegnen, wird sie den Vorfall vergessen haben.

Doch ähnliche Konfrontationen erleben wir jeden Tag auch mit Leuten, auf die es ankommt. Verschwitzte Termine, gedanken- und taktlose Bemerkungen, Missverständnisse, Zuhören mit halbem Ohr – es gibt zahlreiche Fettnäpfchen, die im Alltag lauern. Den Eindruck, den Sie bei solchen flüchtigen Begegnungen zwischen Tür und Angel hinterlassen, ist für Ihre Ausstrahlung entscheidend. Schon weil sie viel häufiger sind als tiefgründige Gespräche, in denen Sie Ihre Seele öffnen.

Wenn es Ihnen gelingt, die kurzen Konfrontationen des Alltags mit Sympathie zu bestehen, erzielen Sie einen doppelten Nutzen:

1. Sie wirken in Sekundenschnelle sympathisch auf die unterschiedlichsten Menschen.
2. Ihre Mitbürger verwandeln sich vor Ihren Augen von missmutigen Hektikern in nette Weggenossen. Denn wer Sie sympathisch findet, wird auch Ihnen seine sympathische Seite zeigen.

Die fünf häufigsten Peinlichkeiten

Wer kennt sie nicht, peinliche Situationen, in denen man am liebsten im Erdboden versinken möchte! Gerade wer immer ohne Fehl und Tadel erscheinen will, erlebt Vorfälle als unangenehm, die andere kaltlassen. Dabei ist die Angst, dass andere auf meine Blamage mit Verachtung reagieren, meist unbegründet. Beobachter eines Missgeschicks urteilen gnädiger, als der Pechvogel glaubt. Sie leiden mit, verurteilen den Verursacher aber nicht. Das zeigte eine Studie der Uni Essen. Vorwürfe macht sich nur der Unglücksrabe selbst.

Die wichtigste Regel, um Peinlichkeiten mit Sympathie zu bestehen: Versuchen Sie nicht, jeden Fauxpas von Vornherein auszuschließen! Wer mit so großer Vorsicht durch das Leben schleicht, dass er seine Umgebung wie ein vermintes Gelände betritt, ist erst recht anfällig für Missgeschicke. Es kommt nicht darauf an, Peinlichkeiten zu verhüten, sondern zu wissen, wie man sich elegant aus der Falle wieder herausmanövriert. Nur wer furchtlos durch das soziale Minenfeld schreitet, besitzt die natürliche Ausstrahlung, die Sympathie erzeugt. Wir kennen fünf Arten von Peinlichkeiten, die niemand für alle Zeit vermeiden kann:

Unbeabsichtigte Kränkung. Sie loben das volle Haar einer älteren Dame, aber es handelt sich um eine Perücke nach einer Chemotherapie. Sie sagen anerkennend: «Du hast abgenommen», die junge Frau hat aber gerade eine schwere Krankheit überstanden. Das Missverständnis entsteht durch fehlendes Wissen über die Lebensumstände Ihrer Mitmenschen und ist nie gänzlich zu vermeiden. Entschuldigen Sie sich kurz, bitten Sie um die fehlenden Informationen und zeigen Sie Mitgefühl.

Bloßstellung. Sie haben gelästert, und die betreffende Person hört zufällig mit. Sie wollten ein Geheimnis bewahren und werden beim Ausplaudern ertappt. Sie haben behauptet, einen Prominenten zu kennen – plötzlich betritt er den Raum, und Sie sind überführt. Da wir laut einer US-Studie bis zu 200-mal am Tag schwindeln – oft in guter Absicht, um empfindsame Gefühle zu schonen –, müssen Sie damit rechnen, ab und zu beim Flunkern erwischt zu werden. Am besten nehmen Sie Ihr Versagen mit Humor. Geben Sie Ihre Schwäche zu und lachen Sie über Ihre eigene Unvollkommenheit.

Unangemessenes Verhalten. Trotz aller Benimmkurse – manchmal verstößt auch der Besterzogene gegen die Etikette. Es ist nicht immer leicht zu erkennen, was in einer bestimmten Situation angemessen ist. Typische Beispiele: Sie stellen eine zu persönliche Frage und ernten peinliches Schweigen oder eine herablassende Belehrung. Sie schneiden ein Thema an, das alle anderen als geschmacklos empfinden. Sie treffen nicht den richtigen Umgangston. Oder Sie entgleisen nonverbal: Ihnen entfährt ein Rülpser, Sie schütten jemandem den Kaffee über das Jackett oder stolpern ins Büfett. In diesen Fällen ist eine kurze, zerknirschte Entschuldigung angebracht.

Unterlassung. Wer glaubt, Nichtstun schütze vor Fettnäpfchen, irrt. Auch eine Unterlassung kann peinlich werden. Zum Beispiel, wenn Sie vergessen, einen wichtigen Gast vorzustellen. Oder noch schlimmer, Sie haben ihn erst gar nicht eingeladen. Auch hier hilft nur eine Entschuldigung und Wiedergutmachung. Auf keinen Fall so tun, als hätten Sie dem fehlenden Gast einen sinnlosen Abend ersparen wollen!

Nichtwissen. Dieser Fehler passiert, wenn Sie etwas nicht wissen, wovon jeder glaubt, Sie sollten es wissen. Der bekannteste Fall, der in zahllosen Filmkomödien durchgespielt wurde, ist die Verwechslung. Sie reden jemanden mit falschem Namen an, laden den Falschen ein oder machen eine unsinnige Bemerkung, weil Sie das Gesprächsthema nicht richtig mitbekommen haben. Unterbrechen Sie sich sofort, wenn Sie merken, dass die Leute unangenehm berührt reagieren. Sagen Sie: «Offenbar habe ich mich geirrt.» Dann geben Sie Ihre Unkenntnis zu und bitten um die fehlende Information.

Wie Sie elegant aus dem Fettnapf springen

Grundsätzlich gilt: Wer auf seinem Irrtum beharrt, weckt Abneigung. Wer seinen Fehler zugibt und sich entschuldigt, weckt Sympathie. Jeder weiß, dass ihm selbst Peinlichkeiten zustoßen können. Jeder erinnert sich an eigenes Versagen. Deshalb rufen Menschen, die ihre eigenen Schwächen zugeben, Mitgefühl hervor. Hinzu kommt: Missgeschicke sind nicht nur dem Verursacher peinlich, sondern auch den Zuschauern. Auch sie wünschen sich, die Lage möglichst schnell zu bereinigen. Sie sind daher jedem dankbar, der den Vorfall schnell vergessen macht.

Warum sollten die Gäste Sie als Verursacher eines Fauxpas in Erinnerung behalten? Mit folgender Taktik bleiben Sie als sympathischer Helfer im Gedächtnis, der den Abend gerettet hat:

Entschuldigung. Ist das Missgeschick offensichtlich, hat es keinen Sinn, zu tun, als sei nichts passiert. Perfekt und unangreifbar ist nicht derjenige, der alle Fallen umschifft – das gelingt nur, wenn man sein Leben im einsamen Kämmerlein verbringt –, sondern wer mit seinen Schwächen souverän umgeht. Verzichten Sie darauf, Ihr Verhalten zu rechtfertigen. Auch wenn es gute Gründe für Ihren Irrtum gab, es bleibt ein Irrtum. Sagen Sie nur: «Es tut mir leid, die Sache ist mir äußerst peinlich.» Übertreiben Sie Ihren Fehler lieber, als Ihren Fehlgriff herunterzuspielen. Dann werden die andern nämlich Sie trösten und sagen: «So schlimm war es nicht.»

Ablenkung. Reiten Sie auf dem Vorfall nicht lange herum. Vermeiden Sie, dass der Fehltritt selbst zum Gesprächsthema wird. Stellen Sie eine Frage zu einem ganz anderen Thema. Die meisten von uns können sich nur schwer auf mehr als eine Sache konzentrieren. Ein neues Problem lässt den alten Fauxpas schnell vergessen. Einige Beispiele für gute Ablenkungen:

«Ich wollte doch noch den italienischen Rotwein probieren. Kommt jemand mit in die Küche?»

«Habt ihr schon gesehen, welch tollen Blick man vom Balkon hat?»

«Wo steckt eigentlich Jutta? Sie wollte uns doch von ihrem neuen Freund erzählen.»

Abbiegen. Manchmal bemerkt man den Fauxpas schon, während er noch im vollen Gange ist. Widerstehen Sie der Versuchung, den Satz zu Ende zu sprechen. Unterbrechen Sie sich sofort, und sei es mitten im Wort. Lenken Sie mit einer Frage die Gedanken Ihres Partners schnell auf ein anderes Thema (siehe vorigen Punkt). Ein Beispiel: Sie sind auf der Geburtstagsparty einer Freundin und entdecken eine kitschige Vase. Sie rufen spontan: «Na, wer schenkt denn so was!» Und sehen am Blick der Person vor Ihnen, dass sie dem Schenker gerade in die Augen schauen. Wenn Sie geistesgegenwärtig reagieren, wenden Sie Ihren Ausruf ins Positive: «So etwas kann sie gut gebrauchen.» Wenn nicht, lenken Sie ab: «Woher kennen Sie eigentlich Irina?»

Die häufigsten Taktiken – den Vorfall leugnen oder Ausreden erfinden – schlagen in aller Regel fehl. Wer gut erzogen ist, wird zwar so tun, als ob er die Ausrede glaubt. In Wahrheit ärgert er sich aber über den Versuch, ihn für so dumm zu halten. Das kostet Sympathiepunkte. Eine Ausnahme sind witzige Ausreden, mit denen Sie die Schuld nicht auf andere abwälzen. In diesem Fall bringt Ihnen Selbstironie Sympathie ein. Auch dafür einige Beispiele:

Nach einem Missverständnis: «Ich habe die ganze Zeit überlegt, warum mir dein Kleid so gefällt, und da habe ich nicht gemerkt, dass ihr das Thema gewechselt habt.»

Nach einer unsinnigen Bemerkung zum falschen Thema: «Ich komme gerade vom Zahnarzt. Da muss wohl die Betäubungsspritze noch nachwirken.»

Wenn Sie einen Namen vergessen oder verwechseln: «Ich hab eine ärztlich bescheinigte Gedächtnisschwäche. Diesmal wollte ich einen Schreibblock mitnehmen und alle Namen aufschreiben, aber den Block habe ich natürlich auch vergessen ...»

Der Umgang mit unsympathischen Zeitgenossen

Wenn Sie dieses Buch lesen, um Ihre eigenen Sympathiewerte zu verbessern – eine Reihe von Zeitgenossen hätten es weitaus nötiger als Sie. Sicher begegnen Sie immer wieder Leuten, um die Sie beim nächsten Mal gern einen großen Bogen machen möchten. Aber erstens ist das manchmal nicht möglich, zum Beispiel wenn es sich um Kollegen, Kunden oder die Ehepartner unserer Verwandten und Freunde handelt. Zweitens wirken auch Sie auf diese Leute nicht sympathisch – sonst würden Sie sich Ihnen gegenüber anders verhalten. In manchen Fällen kann Ihnen das egal sein. Für wichtige Kontakte benötigen Sie jedoch die Fähigkeit, auch bei abweisenden Personen Sympathie zu wecken. Sonst bleibt der Umgang mit ihnen immer unangenehm. Und drittens könnte es manchem von ihnen gehen wie Ihnen. Der erste Eindruck ist zwiespältig, aber hinter der rauen Schale verbirgt sich ein interessanter, liebenswerter Mensch.

Empfinden Sie einen Gesprächspartner als «schwierig», ist das immer ein Zeichen gestörter Kommunikation. In diesem Fall lautet die Grundregel: Die Störung nicht ignorieren, sondern neutralisieren. Erst danach wird ein Sympathiegespräch möglich. Ich stelle Ihnen Umgangsregeln für einige unsympathische Gesprächspartner vor.

Egomanen. Gemeint sind Personen, die andere nur als Spiegel ihres Egos wahrnehmen. Exzessive Selbstdarsteller sind eigentlich zu bedauern. Denn wer in seinen Gedanken nur um sich selbst kreist, erfährt wenig von der Welt. Neues lernt nur, wer sich für andere interessiert. Sie erkennen Egomanen unter anderem an folgenden Verhaltensweisen:

- Sie reden fast nur über ihre eigenen Heldentaten.
- Sie lassen Ihre Gesprächspartner nicht ausreden.
- Sie hören nicht zu. Sie lauern in den Äußerungen der anderen nur auf Stichwörter, mit denen sie ihre eigenen Lieblingsthemen wieder ins Gespräch bringen können.
- Sie fordern andere auf, ihnen Komplimente zu machen: «Habe ich das nicht toll hingekriegt?»

Einen Egomanen in seinem Redefluss zu bremsen, ist gar nicht so schwer. Sie unterbrechen ihn mit einer geschlossenen Frage. Sie erinnern sich: Eine geschlossene Frage ist so formuliert, dass sie nur eine kurze Antwort zulässt, zum Beispiel «Ja», «Nein» oder «Ich weiß nicht». Solche Fragen beginnen mit «Wer ...?», «Wo ...?», «Wann ...?» oder ohne Fragewort. Zum Beispiel:

«Ist dir das zum ersten Mal passiert?»
«Wo genau bist du ihm begegnet?»
«Wie heißt der Typ?»

Wenn der Egomane nach seiner kurzen Antwort mit seinem Monolog fortfährt, stellen Sie eine zweite und dritte derartige Frage. Ohne Erfolg? Danach haben Sie zwei Möglichkeiten:

Sie bringen ihn mit einer offenen Frage dazu, über ein anderes Thema zu reden, das sich nicht nur um ihn dreht, etwa so: «Dein Geschäftspartner hat dir offenbar übel mitgespielt. Wie müssten die Gesetze geändert werden, um so etwas in Zukunft zu verhüten?» Mit dieser Frage lenken Sie von seiner Person zu einem gesellschaftlichen Problem, das auch für Sie interessant ist.

Oder Sie kündigen an, dass Sie jetzt gern von Ihren Sorgen sprechen würden: «Interessieren Sie meine Erfahrungen in dieser Sache? Würden Sie sich meine Geschichte mal anhören?»

Wenn mehrere Personen an der Unterhaltung beteiligt sind, übergeben Sie das Wort an einen Dritten: «Mich würde interessieren, welche Erfahrungen die anderen gemacht haben. Yvonne, hattest du auch schon mal mit solchen Kunden zu tun?»

Schlagfertige. Sie kehren als Frau spätabends von einem Theaterbesuch nach Haus zurück. Sie verlassen Ihren Wagen und eilen auf Ihre Haustür zu. Da tritt Ihnen ein schwankender Typ mit Alkoholfahne in den Weg und rülpst: «Na, Baby, kennen wir uns nicht irgendwoher?» Sie antworten: «Aus meinen schlimmsten Albträumen.»

Sie unterhalten sich auf einer Party angeregt über Neuigkeiten aus Kunst und Kultur. Ein Gast möchte bei Ihnen punkten und ruft: «Sie sind aber gebildet!» Sie antworten: «Können Sie das denn beurteilen?»

Seit Harald Schmidt ist Schlagfertigkeit eine bewunderte Fähigkeit. Trainer bieten gut besuchte Seminare dazu an. In der Tat können Sie mit Schlagfertigkeit Beifall einheimsen – bei den unbeteiligten Dritten. Das Publikum wird Ihre sprachliche Gewandtheit bewundern. Ganz anders ist die Wirkung auf die Person, gegen die sie gerichtet ist. Sie empfindet die witzigen Worte als Angriff. Gegen einen ungehobelten Fremden kann man sich so zur Wehr setzen. Aber um Sympathie zu gewinnen? Schlagfertigkeit ist eine verbale Waffe. Sie teilt – wie der Name sagt – einen «Schlag» aus. Wer mag es schon, wenn man sich auf seine Kosten lustig macht!

Noch fataler ist die Lage, wenn der Witz gar nicht erkannt wird. Dann geht der Schlag ins Leere. Denn Humor ist oft zweideutig. Der Satz «Du siehst aber heute gut aus» kann Ironie sein. Er kann ein ernst gemeintes Kompliment sein, aber auch eine versteckte Kritik am gestrigen Outfit. Justin Kruger und seine Kollegen von der New York University fanden heraus, dass witzig gemeinte Nachrichten oft falsch verstanden werden. Bei E-Mails hatten nur 63 Prozent der Empfänger den beabsichtigten Spaß des Absenders richtig gedeutet. Bei Gesprächen von Angesicht zu Angesicht stieg die Quote auf 74 Prozent. Aber in beiden Fällen glaubten 90 Prozent, sich klar ausgedrückt bzw. die Botschaft richtig verstanden zu haben. Das bedeutet, mindestens jeder vierte Witz geht daneben.

Nichts gegen eine humorvolle Unterhaltung mit witzigen Einlagen. Man spielt einander die Bonmots wie Bälle zu. Aber Vorsicht, wenn sich die Ironie gegen einen der Gesprächspartner richtet. Helfen Sie ihm aus der Verlegenheit, indem Sie eine sachliche Frage stellen. Dann können Sie seiner Sympathie sicher sein. Wenn Sie selbst Opfer schlagfertiger Angriffe werden – auf keinen Fall mitspielen! Sie würden auf jeden Fall als Verlierer aus dem Match hervorgehen. Egal, ob Sie den Schlagabtausch gewinnen oder nicht. Wenn Sie gewinnen, wird Ihnen Ihr Gegner Ihren Sieg verübeln. Die Zuschauer werden zwar Ihre verbale Stärke bewundern. Aber insgeheim sagen Sie sich: «Ein liebenswürdiger Mensch hätte den Kampf nicht bis zum bitteren Ende durchgezogen, sondern wäre rechtzeitig mit einer versöhnlichen Geste ausgestiegen.» Wenn Sie verlieren, wird das Ihrer Selbstachtung nicht guttun. Selbst wenn die Zuschauer Mitgefühl für Sie empfinden.

Wie neutralisieren Sie ironische Angriffe? Dafür gibt es einige clevere Methoden, mit denen Sie sich Sympathie und Respekt verschaffen. Ohne zurückzuschlagen, ohne jemanden anzugreifen. Nehmen wir an, Sie haben gerade Ihre Meinung zur Gesundheitsreform gesagt und sich dabei auf eine Information aus der Presse berufen. Ihr Gesprächspartner witzelt: «Wie schön, dass es immer noch Leute gibt, die alles glauben, was in der Zeitung steht.»

Jetzt auf keinen Fall in eine Deckung gehen! Versuchen Sie nicht, Ihre Meinung mit weiteren Argumenten zu stützen. Damit würden

Sie dem Witzbold nur neue Angriffsflächen bieten. Viel eleganter sind folgende Taktiken:

Wörtliche Zustimmung und Nachhaken. «Stimmt. So einer bin ich. Aber Sie wissen offenbar mehr als die Journalisten. Sagen Sie mir bitte genau mit Quellenangabe, wie sich die Dinge in Wirklichkeit verhalten.»
Sachliche Fragen zum Thema. Sie gehen auf den Inhalt ein, ignorieren aber die ironische Kampfansage. «Welchen Informationsquellen glauben Sie in diesem Fall?»
Kompliment. «Sie sind offenbar ein kritischer Leser. Wie haben Sie herausgefunden, dass die Zeitung hier gelogen hat?»
Initiativwechsel. Sie entgegnen nur: «Ach ja?» Der Gesprächspartner ist nun gezwungen, seine Gegenmeinung zu begründen. Sie warten ab, bis er sich seinerseits auf Informationen beruft, die er selbst nicht aus erster Hand kennen kann. Jetzt können Sie sich zurücklehnen und fragen: «Welches sind Ihre Quellen? Woher wissen Sie, dass sie zuverlässig sind?»

Schlecht Gelaunte und schnell Gekränkte. Fast jede Woche finden Sie in den Unterhaltungszeitschriften Artikel über die Kraft der guten Laune. Fröhliche haben mehr Freunde, sind gesünder, leben länger und sind erfolgreicher im Beruf. Am Ende steht meist der Appell: «Denken Sie positiv!» Ich kann noch einen Punkt hinzufügen: Sie sind auch beliebter als schlecht Gelaunte. Denn der Umgang mit ihnen ist unkompliziert. Selbst wenn Ihnen mal eine taktlose Bemerkung entschlüpfen sollte – gut Gelaunte werden Ihnen nicht lange böse sein.

Ob jemand als Strahlemann oder Miesepeter auf die Welt kommt, ist zum Teil eine Frage der Gene. Das angeborene Temperament kann zwar im frühen Kindesalter noch geformt werden. Aber beim Erwachsenen ist der Charakter gefestigt. Im Klartext: Wer mit Anfang zwanzig empfindlich und grummelig auf Ihre Scherze reagiert, wird wohl auch mit vierzig oder sechzig nicht besser drauf sein.

Beim Umgang mit Nörglern und Trauerklößen ist die Fettnapfgefahr besonders hoch. Die oben genannten Fauxpas-Regeln sind für Sie ein wichtiges Überlebenswerkzeug. Darüber hinaus haben sich diese Tipps bewährt:

Vermeiden Sie Streit. Wenn Sie anderer Meinung sind, behalten Sie sie möglichst für sich. Sie müssen nicht zustimmen. Sagen Sie lediglich: «Ich verstehe, warum Sie die Dinge so sehen.»

Meiden Sie Vertraulichkeiten. Bleiben Sie distanziert-höflich. Vorsicht vor allem mit Scherzen und spontanen Einfällen! Behalten Sie eine sachliche, neutrale Redeweise bei. Studien haben gezeigt, dass Pessimisten eine realistischere Weltsicht haben als fröhliche Leute.

Entschuldigen Sie sich lieber einmal zu viel. Wenn Sie dennoch verbal aneinandergeraten, bitten Sie um Verzeihung. Auch wenn Sie sich im Recht fühlen. Es ist klüger, sich mit der Mimose nicht zu verfeinden. Damit Sie nicht lügen müssen, entschuldigen Sie sich nicht für Ihre Meinung, sondern wegen der verletzten Gefühle Ihres Gegenübers: «Tut mir leid, ich wollte Sie nicht kränken.»

Schwarzseher. Das sind Menschen, die nicht nur jammern und alles negativ bewerten. Sie neigen auch zu Misstrauen im Umgang mit anderen. Stellen Sie sich vor, Sie sind Anwalt und lernen auf einer Party eine junge Frau kennen. Sobald Sie Ihren Beruf genannt haben, sagt sie: «Also, Anwälten misstraue ich grundsätzlich. Sie bereichern sich am Unglück anderer Leute.» Widerstehen Sie der Versuchung, Ihren Berufsstand zu verteidigen, auch wenn Sie tolle Beispiele parat haben, wie Sie Klienten zu viel Geld verholfen haben. Fragen Sie lieber: «Das tut mir leid. Sie haben offenbar schlechte Erfahrungen gemacht. Erzählen Sie.» Wenn die junge Frau aus eigener Erfahrung urteilte, werden Sie zumindest eine interessante Geschichte zu hören bekommen. Vielleicht äußert sie aber nur ein angelesenes Vorurteil. In diesem Fall wird sie unsicher werden, sobald Sie genauer nachfragen. Und dankbar sein, wenn Sie nach einiger Zeit das Thema wechseln. Am Ende können Sie sich einigen, dass Anwälte auf jeden Fall zum Vorteil ihrer Klienten handeln sollten.

Einfacher ist der Umgang mit Personen, die lediglich alle Dinge um sie herum negativ beurteilen. Zeigen Sie Verständnis und setzen Sie ein Stück gute Laune entgegen. Auch der größte Pessimist umgibt sich lieber mit Menschen, die eine positive Grundhaltung ausstrahlen. Denn Pessimist ist er selber, und er mag es gar nicht, wenn andere mit ihm in puncto Schwarzseherei wetteifern wollen. Sagen Sie: «Ja, ich finde es auch traurig, dass die Paprika mit Chemie belastet sind. Aber wissen Sie – der Salat hier schmeckt wunderbar.»

Besserwisser und Richtigmacher. Kennen Sie auch selbst ernannte Fachleute, die bei jedem Zusammensein ellenlange Vorträge halten? Sie wollen bewundert werden und erreichen genau das Gegenteil. Doch der Missmut ihrer Zuhörer bringt sie nicht zum Verstummen, sondern facht ihren missionarischen Eifer noch an. Besserwisser erklären Ihnen die Welt. Richtigmacher beweisen sich als Experten praktischer Alltagsfragen. Sie wissen, was eine «richtige» Frau anzieht, wie eine «richtige» Mutter richtig den Haushalt führt und was die richtige Art ist, sich gesund zu ernähren.

Ihr Verhalten beweist ein mangelndes Interesse für ihre Mitmenschen. Die wissen sicher ebenso gut, worauf es bei der optimalen Ernährung ankommt – aber sie gönnen sich bewusst kleine Verstöße gegen den perfekten Lebensstil. Besserwisser neigen zum Monolog, weil ihnen für einen Dialog das Einfühlungsvermögen fehlt. Wie wehren Sie sich auf diplomatische Weise?

Behauptungen hinterfragen. «Wo hast du deine Fakten her? Wo genau steht das?» Wenn Sie widersprechen, würde das den Eifer des Redners weiter anfachen. Wenn Sie jedoch nach Details fragen, wird er vorsichtig. Er wird darauf achten, nur Dinge zu sagen, die er auch beweisen kann. Das bremst den Redefluss jedes Selbstdarstellers.

Themenwechsel. Hören Sie nicht aus Höflichkeit zu. Der Besserwisser wird Ihre Geduld gnadenlos ausnutzen. Wechseln Sie das Thema. «So? Was mich in diesem Zusammenhang interessieren würde ...» Dann fragen Sie etwas völlig anderes, etwa: «Wie geht es deiner Freundin Jutta?»

Gespräch beenden. Sie müssen nicht gelangweilt zuhören. Es verletzt nicht die Höflichkeitsregeln, wenn Sie sich dem Vortrag entziehen: «Tut mir leid, für das Thema Gesundheit bin ich heute Abend zu müde. Wie wär's mit einem Scotch mit viel Alkohol und wenig Eis?»

Distanzlose. Wie oft haben Sie sich schon über rücksichtslose Mitbürger geärgert? Technomusik bis nachts halb vier, Rasenmäher am Sonntagmittag, unangekündigte Besuche zu unmöglichen Zeiten, Kollegen, die in Ihren Sachen wühlen – die Liste ließe sich beliebig fortsetzen. Die Ursachen aggressiver Forschheit hatte ich schon im zweiten Schritt angesprochen. Meist merken die Betroffenen nicht, wie aufdringlich ihr Verhalten wirkt. Wie setzen Sie sich zur Wehr?

Wenn Sie das störende Verhalten genau eingrenzen können, hilft eine klare Ansage: «Ab acht möchte ich keinen unangekündigten Besuch mehr. Auch nicht ausnahmsweise. Ruf bitte vorher an.» Ihre Freundin wird im ersten Moment eingeschnappt sein, aber Ihren Wunsch respektieren. Nach einigen Tagen legt sich ihre Verärgerung. Wichtig: Entschuldigen Sie sich nicht für Ihren Wunsch. Geben Sie keine Begründung. Das würde sie nur als Einladung missverstehen, über diesen Punkt zu diskutieren, etwa so: «Na, hör mal, so oft kommt das nicht vor. Du weißt, ich kann nicht im Voraus abschätzen, wann ich Zeit habe.»

Ist die Distanzlosigkeit ein allgemeines Charaktermerkmal – also nicht auf ein bestimmtes Verhalten einzugrenzen –, fangen Sie an, mehr Distanz zu schaffen. Wir alle ordnen Menschen, die wir kennen, auf einer Näheskala ein, die von förmlich-distanziert bis kumpelhaft-informell reicht. Förmlich heißt, jemanden streng nach Benimmregeln zu behandeln. Das heißt unter anderem:

Meiden Sie vertraulich-intime Themen wie Klatsch und Tratsch. Wenn Ihr Gegenüber Ihnen fremde Geheimnisse anvertrauen will, wechseln Sie das Thema und fragen nach etwas Unverfänglichem.
Führen Sie formelle Umgangsregeln ein. Schlagen Sie vor, sich aus Zeitmangel nur noch nach Verabredung zu treffen, damit keiner un-

erwartet vor verschlossener Tür steht. Nutzen Sie diese Gelegenheit, um die Zahl der Treffen schrittweise zu verringern.

Bitten Sie notfalls um mehr Rücksichtnahme. «Könntest du dich etwas weniger dicht neben mich setzen. So wie jetzt fühle ich mich unwohl.» Auf die Gegenfragen «Hast du was gegen mich?» oder «Habe ich Mundgeruch?» wiederholen Sie nur: «Ich fühle mich wohler so.» Geben Sie keine Begründung, die zu Diskussionen einlädt. Sie würde die Entschiedenheit Ihrer Haltung aufweichen. Sie könnten versehentlich Dinge sagen, die den andern erst recht verletzen.

Die Rückkehr von Benimm und Manieren. Es ist erst wenige Jahre her, da wollten Eltern ihre Kinder in erster Linie zu coolen Mitgliedern der Ellenbogengesellschaft erziehen. Als Ende des letzten Jahrhunderts die Wirtschaft boomte, schien die besten Karten zu haben, wer sich ohne Skrupel über Rücksichten hinwegsetzte. Der Aktienabsturz ab 2000 hat dieses Bild gründlich verwandelt. Das ergab eine Umfrage im Auftrag des Bundesfamilienministeriums unter 2065 Müttern und Vätern, veröffentlicht Anfang 2006. Der Wunsch nach selbstbewusstem Nachwuchs ist auf einen der hinteren Plätze abgerutscht. Ganz vorn stehen nun bei den Erziehungszielen Benimm, Höflichkeit, Sparsamkeit und Gewissenhaftigkeit. Auch die Erwachsenen legen untereinander Wert auf Benehmen. Drei Viertel aller Frauen wünschen sich ausdrücklich einen «Mann mit Manieren». Da der wirtschaftliche Wohlstand seine Grenzen erreicht hat, gewinnen zwischenmenschliche Tugenden an Wert, die von keiner Konjunktur abhängen.

Seit 2004 boomt die Benimmbranche. Wer die Rituale des Umgangs beherrscht, erleichtert sich den sozialen Erfolg. Ähnlich wie im Straßenverkehr. Ob Porsche- oder Smart-Fahrer: Wer Vorfahrt hat, bestimmt nicht der Stärkere, sondern Verkehrsregeln, die für alle gelten. Manieren drücken Respekt aus. Der geht im alltäglichen Umgang oft verloren. Dann zieht zwischen Ehepartnern oder zwischen Chef und Kollegen ein frotzelnder Ton ein, der zwischen Missmut und leiser Verachtung schwankt.

Sollten Sie in eine Reihe derartiger Beziehungen verwickelt sein, könnte darin die Ursache für zu wenig Sympathie liegen. Auch wenn Sie es eigentlich nicht mehr nötig haben – begegnen Sie Ihren Nächsten mal für zwei Wochen mit formvollendeter Höflichkeit. Natürlich, ohne Allüren. Das bedeutet:

Keine Witzchen mehr über die Schwächen anderer.
Verhalten Sie sich korrekt in den kleinen Gesten. Tür aufhalten, freundlich grüßen, sich am Telefon mit vollständigem Namen melden.
Handeln Sie pünktlich und zuverlässig. Versprechen Sie nur, was Sie einhalten können. Gelingt es Ihnen ausnahmsweise nicht, sich an eine Zusage zu halten, sagen Sie rechtzeitig Bescheid.
Zeigen Sie Interesse für Ihre Mitmenschen. Reden Sie sie mit ihrem Namen an. Schauen Sie Ihnen in die Augen, wenn Sie zuhören und reden, statt schon nach dem nächsten Gesprächspartner Ausschau zu halten.
Geben Sie sich zuvorkommend in kleinen Dingen. Tun Sie gelegentlich etwas Uneigennütziges: einen Weg mit übernehmen, schwere Gegenstände tragen, beim Umräumen helfen.
Drängen Sie sich nicht auf. Bieten Sie freundlich Ihre Unterstützung an, aber lassen Sie anderen die Freiheit, ob sie auf Sie zurückkommen wollen oder nicht.
Weisen Sie andere nie auf Ihre Benimmfehler hin. Viele Absolventen von Benimmkursen nutzen ihre neuen Kenntnisse nicht, um sich anders zu verhalten als früher, sondern um ihre Umgebung nach Verstößen abzuchecken. Das zeigt, dass sie zwar die Regeln, nicht aber ihren Zweck verstanden haben.
Keine Angst vor Formfehlern! Das Wichtigste an den Manieren ist Ihre innere Haltung. Respekt und Geduld sind wichtiger als die richtige Reihenfolge beim Einander-Vorstellen. Nicht aus Angst vor Fehlern auf die Vorstellung verzichten!

Auf die innere Haltung kommt es an. Wenn Sie diese Aufzählung lesen, mag sie Ihnen selbstverständlich vorkommen. Doch der Teufel steckt oft im Detail. Prüfen Sie einmal, ob Sie aus Ihrer inneren Haltung heraus wissen, wie Sie sich in folgenden Fällen richtig verhalten:

Ihre Freundin fragt Sie, ob ihr das neue Kleid steht. Die ehrliche Antwort wäre Nein. Was sagen Sie?

Falsch: Die Person kritisieren, also: «Ehrlich gesagt, darin siehst du schrecklich aus.»

Richtig: Nur das Kleid kritisieren: «Die Farbe halte ich für problematisch. Darin sehen deine Haare und deine Haut blass aus.»

Jemand möchte Sie treffen, Sie haben aber kein Interesse.

Falsch: Ausflüchte erfinden wie «Ich darf keinen Besuch empfangen, da kriege ich Ärger». Das verleitet den Interessenten, weitere Vorschläge zu machen, um Ihr vorgeschobenes Problem zu umgehen.

Richtig: Freundlich, aber bestimmt ablehnen. «Dein Interesse ist schmeichelhaft für mich. Aber im Moment habe ich viel um die Ohren und keinen Nerv für eine Beziehung.»

Sie treffen jemanden, auf dessen Anrufe Sie wochenlang nicht reagiert haben.

Falsch: Sich mit einer unglaubwürdigen Ausrede entschuldigen. «Ich wollte wirklich anrufen, aber ständig ist was dazwischengekommen.»

Richtig: Reagieren Sie positiv. «Schön, dich zu treffen, da brauche ich nicht anzurufen.» Verabreden Sie sich oder nehmen Sie einige Minuten Zeit für ein Gespräch.

Sie sehen jemanden, der Ihnen bekannt vorkommt. Sie sind sich aber nicht sicher. Ansprechen oder vorbeigehen?

Falsch: Krampfhaft in ein Schaufenster oder (bei einer Party) in eine andere Ecke schauen, um im Zweifelsfall sagen zu können, Sie hätten ihn nicht bemerkt.

Richtig: Geht die fragliche Person auf der anderen Straßenseite an Ihnen vorbei, können Sie sie ignorieren. In einem geschlossenen Raum (Party, Warteraum) stellen Sie sich vor: «Sie kommen mir bekannt vor, aber ich weiß leider nicht, woher.» Damit vermeiden Sie den Fauxpas der Unterlassung (siehe oben) und beseitigen zugleich einen Zweifel, über den Sie vielleicht noch tagelang grübeln würden – es sei denn, der andere ist sich ebenso unsicher wie Sie. Dann kann das gemeinsame Herumrätseln zum Beginn einer wunderbaren Freundschaft werden.

Schritt 10:
Entfalten Sie Ihre Sympathie im Alltag

Sie haben bis hierher viele Tipps für mehr Sympathie und Beliebtheit gelesen. Der Vorteil: Selbst wenn Sie nur zwei oder drei befolgen, wird sich Ihre positive Ausstrahlung spürbar verbessern. Manchmal fällt es freilich schwer, alte Gewohnheiten im zwischenmenschlichen Umgang zu ändern. Denn Sie brauchen dafür Ihre Mitmenschen, und die wissen ja nicht, dass bei Ihnen ab heute einiges anders laufen soll. Deshalb schlage ich Ihnen zum Abschluss ein Zwei-Wochen-Einsteigerprogramm für ein Leben mit mehr gegenseitiger Sympathie und sozialem Erfolg vor. Ich greife darin einige zentrale Regeln dieses Buches heraus, die besonders schnell und wirkungsvoll einen Umschwung zum Positiven einleiten. Das Programm lehnt sich an den Wochenrhythmus an. Auf fünf Übungstage folgen zwei Ruhe- bzw. Wiederholungstage. Sie starten daher am besten an einem Montag.

Ihr Zwei-Wochen-Sympathie-Einsteigerprogramm
Tag 1. Behandeln Sie ab heute alle Menschen als sympathisch. Der grummelnde Nachbar, der cholerische Bürokrat aus der Lohnbuchhaltung, die zeternde Frau von der Essensausgabe, die nervigen Freunde Ihrer Tochter – wie würden Sie diese Leute behandeln, wenn sie Ihnen sympathisch wären? Was sie auch zu Ihnen sagen, fangen Sie keinen Streit an. Bleiben Sie freundlich. Widersprechen Sie nicht, sagen Sie schlimmstenfalls: «Ich verstehe, was Sie damit sagen wollen.» Ohne zuzustimmen. Falls Ihnen das bei dem einen oder anderen sehr schwer fällt – es ist ja nur für vierzehn Tage! Wenn Sie es am Ende unseres kleinen Einsteigerprogramms nicht mehr aushalten, dürfen Sie zu Ihrer bisherigen Ablehnung zurückkehren. Aber probieren Sie es aus und warten Sie ab, was passiert:

- Grüßen Sie alle freundlich.
- Reden Sie sie dabei mit ihrem Namen an.
- Erkundigen Sie sich nach ihrem Befinden, wo sie gerade herkommen oder was sie heute vorhaben.
- Nehmen Sie sich zwei Minuten Zeit, ihnen zuzuhören.
- Neutralisieren Sie unfreundliche Entgegnungen mit den Tipps und Tricks der Schritte 8 und 9.
- Wünschen Sie ihnen dann viel Erfolg und verabschieden Sie sich mit einem freundlichen «Alles Gute bis zum nächsten Mal».

Am ersten Tag ist das Ihre einzige Übung. Aber erproben Sie das neue Verhalten bei jedem, dem Sie an diesem Tag begegnen, und beobachten Sie, wie sie darauf reagieren.

Tag 2. Setzen Sie Übung 1 am zweiten Tag fort. Fügen Sie nun die ersten drei Kontaktübungen aus Schritt 4 hinzu: Gehen Sie an diesem Tag zu Fuß eine halbe Stunde durch eine belebte Straße. Nutzen Sie dafür den Weg zur Arbeit oder zum Einkaufen. Binden Sie Ihre Armbanduhr ab.

- Schauen Sie jedem Entgegenkommenden zwei Sekunden in die Augen und nicken Sie ihm kurz zu, wie einem alten Bekannten.
- Fragen Sie drei Personen nach der Uhrzeit und bedanken Sie sich für die Auskunft.
- Grüßen Sie fünf Leute, die Sie vom Sehen kennen (Verkäuferinnen, Briefträger), mit einem kurzen Lächeln und einem freundlichen «Guten Tag».

Planen Sie eine Party für den Abschluss Ihres Sympathie-Einsteigerprogramms, also am übernächsten Wochenende. Legen Sie das Datum fest und wen Sie einladen wollen. Machen Sie eine Liste. Bekommen Sie nicht genug Gäste zusammen, planen Sie etwas Kleineres: einen Spieleabend oder einfach ein lockeres Zusammensein aller Leute, die Sie sympathisch finden. Ohne großen materiellen Aufwand. Rufen Sie nun die Leute auf Ihrer Liste an, plaudern Sie ein paar Minuten und laden Sie sie ein. Wen Sie nicht erreichen, bitten Sie auf dem Anrufbeantworter um Rückruf. Ihnen bleibt genügend Zeit, um in den nächsten Tagen die fehlenden Telefonate nachzuholen.

Tag 3. Stehen Sie zehn Minuten früher auf als sonst. Starten Sie den Morgen mit einer Frühgymnastik der besonderen Art. Falls vorhanden, stellen Sie sich vor einen Ganzkörperspiegel. Machen Sie nun die fünf Übungen zur geraden Haltung aus Schritt 5:

- *Der emporwachsende Baum.* Eine unsichtbare Kraft zieht Ihren Scheitel Richtung Himmel, Ihre Schultern fallen nach hinten.
- *Das bebende Schilfrohr.* Spüren Sie mit geschlossenen Augen eine Minute lang, wie Ihre Muskeln durch Minibewegungen Ihren Körper in der Senkrechte halten.
- *Der fröhliche Sänger.* Gehen Sie einige Schritte durch Ihre Wohnung und trällern Sie aus vollem Hals ein fröhliches Lied. Dabei bringt der Körper Kopf und Hals in die optimale Haltung.
- *Die grazile Sonne.* Stellen Sie sich in der Haltung «emporwachsender Baum» vor einen Stuhl. Setzen Sie sich geschmeidig, ohne ruckartiges Stop und Go, wie eine rasch untergehende Sonne. Stehen Sie ebenso geschmeidig wieder auf. Spielen Sie eine Sonne, die zehnmal auf- und untergeht.
- *Der wandelnde Baum.* Auf dem Weg zur Arbeit gehen Sie fünf Minuten zu Fuß – notfalls drehen Sie noch eine Runde um Ihre Arbeitsstätte – in aufrechter Haltung, Kopf erhoben, Rücken gerade, Schultern locker nach hinten fallend. Fühlen Sie sich als Sieger, der den Tag mit Leichtigkeit bewältigen wird.

Versuchen Sie, diese Haltung den ganzen Tag beizubehalten. Auch während Sie die Übungen der ersten beiden Tage fortsetzen.

Tag 4. Setzen Sie die Übungen fort. Führen Sie zusätzlich mit einem Ihrer entfernten Bekannten ein Sympathiegespräch nach den Regeln von Schritt 8. Wählen Sie jemanden aus, zu dem Sie in einem neutralen Verhältnis stehen – weder Abneigung noch enge Freundschaft. Das kann ein Kollege sein, ein Nachbar oder jemand, mit dem Sie vor längerer Zeit etwas Gemeinsames unternommen haben. Falls Sie an diesem Tag keiner solchen Person begegnen, rufen Sie an. Fragen Sie in einer Angelegenheit, in der diese Person sich wahrscheinlich auskennt, um Auskunft. Beginnen Sie mit einem Kompliment. Beispiel: «Ich weiß, du verfolgst immer aufmerksam die Nachrichten und kannst dir diese Dinge phantastisch gut merken. Ist da nicht vor einiger Zeit der Sparerfreibetrag geändert worden? Weißt du, wie der aktuelle Stand ist?» Hören Sie zu. Fragen Sie nach Einzelheiten. Loben Sie das gute Erinnerungsvermögen Ihres Gesprächspartners. Oder wenn er selbst nicht Bescheid weiß, äußern Sie Ihr Verständnis, etwa: «Schlimm, nicht wahr? Bei den ständigen Änderungen kann man kaum auf dem Laufenden bleiben, selbst wenn man täglich Zeitung liest.» Wechseln Sie noch ein paar Sätze über persönliche Angelegenheiten (Job, Familie) und bedanken Sie sich für die Hilfsbereitschaft.

Tag 5. Sie setzen die bisherigen Übungen fort:

- Sie beginnen den Tag mit Übungen zum aufrechten Gang.
- Sie behandeln jedermann wie einen sympathischen Menschen.
- Sie grüßen Unbekannte mit einem Nicken und kurzen Lächeln, alle flüchtigen Bekannten mit «Guten Tag».
- Sie führen mit mindestens einer Person ein Sympathiegespräch.

Da das Wochenende vor der Tür steht, können Sie die letzte Übung um einen Schritt erweitern. Fragen Sie einen Bekannten, ob Sie kurz vorbeikommen dürfen, um sich einen Gegenstand oder eine Handlung (am Computer oder etwas Handwerkliches) erklären zu lassen. Sie können auch einem Freizeitsportler sagen: «Ich würde gern mehr für meine Gesundheit tun. Würdest du zehn Minuten mit mir laufen und mir zeigen, worauf es ankommt?»

Tage 6 und 7. Am Wochenende ist Trainingspause. Nehmen Sie die Verabredung wahr, die Sie am fünften Tag getroffen haben. Lassen Sie sich zeigen/erklären, wonach Sie gefragt hatten. Bedanken Sie sich und bieten Sie an, bei Bedarf auf Ihren Spezialgebieten Rat und Auskunft zu liefern. Zu Haus ziehen Sie Bilanz. Was haben Sie bei Ihren Übungen empfunden? Wie haben Sie die Begegnungen erlebt? Was hat gut geklappt, was nicht? Bereiten Sie sich gedanklich auf die Übungen der nächsten Woche vor.

Tag 8. Beginnen Sie ab heute mit der zweiten Stufe der Kontaktübungen aus Schritt 4:

Gehen Sie in ein Geschäft Ihrer Wahl. Kaufen Sie einen nicht zu teuren Gegenstand als Geschenk. Sagen Sie: «Ich bin mir unsicher, ob es das Richtige ist. Kann ich es notfalls umtauschen oder zurückgeben?» Kaufen Sie nur, wenn der Verkäufer Ihnen günstige Rückgabebedingungen zusichert.

Rufen Sie in Ihrer Bibliothek an und fragen Sie, ob ein aktueller Bestseller vorhanden ist: «Haben Sie ‹Die Vermessung der Welt› von Daniel Kehlmann im Bestand? Ist es da oder ausgeliehen?» Noch besser – fordern Sie die Kompetenz der Bibliothekarin heraus, indem Sie so tun, als ob Sie den Titel des Buches vergessen haben: «Ich suche einen Roman, in dem Humboldt und der Mathematiker Gauß einander begegnen. Es ist ein Bestseller von einem deutschen Autor, aber ich habe den Titel vergessen. Können Sie mir helfen?»

Sagen Sie ab heute zu Briefträger und Verkäuferinnen nicht nur guten Tag, sondern verwickeln Sie sie in einen kurzen Smalltalk über das Wetter oder ihre Arbeit.

Tag 9. Setzen Sie die Kontaktübungen fort:

Verwickeln Sie drei Nachbarn oder Kollegen anderer Abteilungen, die Sie zufällig treffen, in einen kurzen Smalltalk.

Gehen Sie in das Geschäft und geben Sie den gestern gekauften Gegenstand zurück. Bedanken Sie sich noch einmal für das großzügig eingeräumte Rückgaberecht.

Rufen Sie Ihr Finanzamt und das Einwohnermeldeamt an. Erkundigen Sie sich nach den Öffnungszeiten. Fragen Sie außerdem nach den Regelungen für eine Angelegenheit: «Wenn ich meine Jahreskarte für den Nahverkehr von der Steuer absetzen will, welche Nachweise muss ich einreichen?» Oder: «Ich will einen neuen Pass beantragen. Was muss ich mitbringen?» Bedanken Sie sich für die Hilfsbereitschaft, auch wenn Sie nur die Telefonistin am Apparat hatten, die Ihnen keine Auskunft geben konnte.

Rufen Sie eine Person an, die Sie lange kennen, aber nicht zu Ihrer Abschlussparty eingeladen haben, weil sie über hundert Kilometer entfernt wohnt. Erkundigen Sie sich nach Neuigkeiten. Sagen Sie: «Ich bedaure es sehr, dass wir uns wegen der Entfernung so selten sehen.» Was sie Ihnen auch berichtet – fragen Sie nach Einzelheiten. Überzeugen Sie sie von Ihrem Interesse und Ihrer Anteilnahme. Sie waren erfolgreich, wenn der oder die Angerufene auch nach zehn Minuten noch angeregt von sich erzählt.

Tag 10. Gehen Sie heute in ein Geschäft, in dem Sie lange nicht mehr waren. Lassen Sie sich einen komplizierten Gegenstand genau erklären. Sagen Sie ausdrücklich, dass Sie sich heute nur unverbindlich erkundigen und noch nichts kaufen wollen. Zum Beispiel: «Ich plane die Anschaffung einer neuer Hi-Fi-Anlage. Meine letzte ist zehn Jahre alt und nicht mehr auf dem neuesten Stand. Was muss man denn heute so haben?» Fragen Sie nach den Vor- und Nachteilen von Videorecorder, DVD-Recorder mit und ohne Festplatte, MP3-Player, USB-Anschluss und so weiter. Der Verkäufer sollte Ihnen zehn Minuten lang Auskunft geben, obwohl Sie am Ende kein Geld ausgeben. Flechten Sie ein paar positive persönliche Bemerkungen ein: «Wie schaffen Sie es, bei den vielen Neuerungen den Überblick zu behalten?»

Tag 11. Fügen Sie heute in jede Unterhaltung – auch in den kleinen Smalltalk mit Verkäufern, Tankstellenbesitzern oder entfernten Kollegen – ein Kompliment ein. Beispiele:

- «Sie scheinen einer der wenigen zu sein, denen ihre Arbeit noch Spaß macht.»
- «Ihr Angebot ist wirklich hervorragend. Bei Ihnen finde ich fast immer, was ich brauche.»
- «Jeden Tag mit dem Fahrrad die Post austragen, bei Wind und Wetter, kein Wunder, dass Sie so fit aussehen.»

Gehen Sie in der Rushhour im Supermarkt einkaufen und fangen Sie eine Unterhaltung in der Warteschlange vor der Kasse an. «Sie haben Auberginen im Korb. Ich hab damit noch nie selber was gekocht. Wie bereiten Sie die zu?»

Fragen Sie einen Kollegen, ob er in der Mittagspause zehn Minuten Zeit für Sie hat. Fragen Sie bei einem Problem um Rat. «Wenn sich die Aufgaben häufen, gerate ich leicht in Stress. Wie schaffst du es, Ruhe und Übersicht zu behalten?»

«Ich habe mit einem Kunden, für den ich zuständig bin, folgende Schwierigkeiten ... Was würdest du an meiner Stelle tun?»

Sagen Sie am Ende, Sie werden über seinen anregenden Rat nachdenken. Sie sind nicht verpflichtet, ihn zu befolgen, nur weil Sie gefragt haben. Zu erfahren, wie andere handeln würden, ist durchaus ein ausreichender Grund für ein Gespräch.

Tag 12. Gehen Sie in der Mittagspause – wenn Ihre Pause zu kurz ist, abends – in ein Restaurant. Befolgen Sie die Regeln der Übung «Nie mehr ignoriert werden» aus Schritt 4. Gehen Sie gleich beim Eintreten auf den Kellner zu. Lassen Sie sich einen Tisch empfehlen. Sagen Sie dann: «Ich glaube, ich setze mich doch lieber da drüben hin. Bringen Sie mir die Karte.» Sobald er sie Ihnen reicht, schauen Sie nur eine Sekunde hinein und fragen stattdessen: «Was können Sie heute empfehlen? Was ist Ihre Spezialität?» Lassen Sie sich zwei, drei Gerichte empfehlen, entscheiden Sie sich für eins davon, bitten aber um eine Abänderung: «Kann ich den Lachs auch mit Reis bekommen?» Behalten Sie diesen aktiven Stil bei, damit Sie die ganze Zeit als wichtiger Gast bedient werden.

Tag 13 und 14. Am Wochenende steigt Ihre Party oder Ihr lockeres Treffen in kleinem Rahmen. Bereiten Sie ein kaltes Büfett vor. Sie können auch Ihre Gäste vorab bitten, dass jeder etwas mitbringt, einen Salat, einen Kuchen oder eine Flasche Wein. Verwickeln Sie Ihre Gäste sofort in einen Smalltalk. Was Sie erlebt haben, seit Sie sich das letzte Mal sahen. Wie Sie heute wohnen und arbeiten.

Schlagen Sie nun das Partyspiel aus Schritt 5 vor. Jeder, auch Sie selbst, schreibt anonym seine drei wichtigsten Stärken und Schwächen in Druckbuchstaben auf. Dann wechseln Sie die Zettel per Zufall, lesen die Listen der Reihe nach vor und tauschen Meinungen aus. Möglicherweise wollen sich nun auch Ihre anderen Gäste beurteilen lassen. Falls einige sich erst an diesem Abend kennengelernt haben – kein Problem! Lassen Sie Vermutungen aufschreiben, die sich aus dem ersten Eindruck ergaben. In der Diskussion werden Sie einander näher kennenlernen.

Falls Ihre Gäste Lust auf einen weiteren Partyspaß haben, organisieren Sie ein Netzwerkspiel. Jeder schreibt alle Personen auf, zu denen er persönlich in Kontakt steht. Wenn alle fertig sind, fragen Sie: «Habt ihr daran gedacht, alle heute Anwesenden mit aufzuschreiben?» Das ist ein Anlass, alle noch einmal vorzustellen, um ihre Namen aufschreiben zu können. Danach vergleichen Sie die Listen. Unterhalten Sie sich darüber, warum einige viele, andere wenige Namen zusammengetragen haben. Wie sich der Bekanntenkreis zusammensetzt (Familie, Freunde, Kollegen, Kunden, nützliche Kontakte). Was für sie Freundschaft ausmacht. Wie viel Nützlichkeitsdenken in Beziehungspflege eingehen darf. Sie werden viel darüber lernen, welche Ansprüche Ihre Nächsten an Freundschaft und Sympathie stellen.

Betrachten Sie bitte dieses Zwei-Wochen-Programm als Vorschlag. Wandeln Sie es nach Ihren Bedürfnissen ab. Machen Sie es sich zur Regel, täglich ein Sympathiegespräch zu führen, dabei alle Antipathiefehler zu vermeiden und wenigstens eine Sympathieregel umzusetzen. Sie werden rasch positive Rückmeldungen von Ihren Mitmenschen bekommen. Sie werden Sie aufmerksamer und freundlicher behandeln. Sie werden Angebote und Unterstützung auf Gebieten erhalten, wo Sie früher nicht zu fragen wagten.

Bald werden Sie es aus eigener Erfahrung bestätigen können: Weder Reichtum noch überragende Intelligenz, sondern Sympathie ist die Kraft, die Menschen zueinander finden lässt.

Literatur

André, Christophe: Imparfaits, libres et heureux. Pratiques de l'estime de soi. Odile Jacob: Paris 2006.

Asgodom, Sabine: Eigenlob stimmt. Erfolg durch Selbst-PR. ECON: Düsseldorf 1996.

Bierhoff, Hans-Werner/Rohmann, Elke: Was die Liebe stark macht. Rowohlt: Reinbek 2005.

Bischoff, Sonja: Männer und Frauen in Führungspositionen der Wirtschaft in der BRD. Neuer Blick auf alten Streit. Bachem: Köln 1999.

Byrne, Donn: The attraction paradigm. Academic Press: New York 1971.

Cerwinka, Gabriele/Schranz, Gabriele: Die Macht des ersten Eindrucks. Souveränitätstips, Fettnäpfe, Small talks, Tabus. Ueberreuter: Wien 1998.

Eisenberg, Nancy: Empathy and Sympathy. In: Lewis, Michael/Haviland-Jones, Jeannette M.: Handbook of Emotions. Guilford Press: New York 2002, S. 677–691.

Fey, Gudrun: Kontakte knüpfen und beruflich nutzen. Erfolgreiches Netzwerken. Fit for Business: Regensburg/Düsseldorf 1999.

Goldsmith, Olivia/Collins, Amy Fine: Stil mit Gefühl. Kleider, die zur Seele passen. Wunderlich: Reinbek 1998.

Goleman, Daniel: Soziale Intelligenz. Droemer Knaur: München 2006.

Haas, Wolf: Das Wetter vor 15 Jahren. Hoffmann und Campe: Hamburg 2006.

Hecht, Martin: Wahre Freunde. Von der hohen Kunst der Freundschaft. Deutsche Verlags-Anstalt: Stuttgart 2006.

Hertzer, Karin/Wolfrum, Christine: Lexikon der Irrtümer über Männer und Frauen. Vorurteile, Missverständnisse und Halbwahrheiten von Autofahren bis Zuhören. Eichborn: Frankfurt am Main 2001.

Kehlmann, Daniel: Die Vermessung der Welt. Rowohlt: Reinbek 2005.

Lem, Stanislaw: Die Tobine. In: Lem, Stanislaw: Die Ratte im Labyrinth. Ausgewählte Erzählungen. Suhrkamp: Frankfurt am Main 1982.

Lewis, David: Die geheime Sprache des Erfolges. Mimik und Gestik verstehen und bewußt einsetzen. Heyne: München 1992.

Mehrabian, Albert: Non-verbal Communication. Aldine: New York 1972.

Naumann, Frank: Die Kunst des Smalltalk. Leicht ins Gespräch kommen, locker Kontakte knüpfen. Rowohlt: Reinbek 2001.

Naumann, Frank: Die Kunst der Diplomatie. 20 Gesetze für sanfte Sieger. Rowohlt: Reinbek 2003.

Naumann, Frank: Kleiner Machiavelli für Überlebenskünstler. 15 Gewinnerstrategien in Krisenzeiten. Rowohlt: Reinbek 2005.

Naumann, Frank: Schöne Menschen haben mehr vom Leben. Die geheime Macht der Attraktivität. S. Fischer: Frankfurt am Main 2006.

Pease, Allan und Barbara: Die kalte Schulter und der warme Händedruck. Ganz natürliche Erklärungen für die geheime Sprache unserer Körper. Ullstein: Berlin 2004.

Ruch, Floyd L./Zimbardo, Philip G: Lehrbuch der Psychologie, Springer: Berlin, Heidelberg, New York, Tokyo 1975.

Rudolph, Ulrike: Karrierefaktor Networking. Gestalten Sie Ihr Karriere-Netzwerk. Rudolph Haufe: Freiburg i. Br. 2004.

Schober, Otto: Körpersprache. Schlüssel zum Verhalten. Heyne: München 1992.

Tautz-Wiessner, Gisela: LebensArt. Erfolgreich und beliebt durch gute Umgangsformen. Ullstein: Frankfurt am Main, Berlin 1993.

Tembrock: Grundriß der Verhaltenswissenschaften. Gustav Fischer: Jena 1980.

Tendrjakow, Wladimir: Begegnung mit Nofretete, Volk und Welt: Berlin 1986.

Wlodarek, Eva: Mich übersieht keiner mehr. Größere Ausstrahlung gewinnen. Krüger: Frankfurt am Main 1997.

Wlodarek, Eva: Go! Mehr Selbstsicherheit gewinnen. Krüger: Frankfurt am Main 2002.

Wolf, Doris/Garner, Alan: Nur Mut zum ersten Schritt. Wie Sie auf andere zugehen und sich ungezwungen unterhalten können. PAL: Mannheim 2004.

Zimbardo, Philip G.: Nicht so schüchtern! Moderne Verlagsgesellschaft: Landsberg am Lech 1986.

Zunin, Leonard und Natalie: Kontakt finden. Die ersten 4 Minuten sind entscheidend. Moderne Verlagsgesellschaft: Landsberg am Lech 1998.

Im Internet
www.egonet.de
www.wissenschaft.de